地域文化観光論

新たな観光学への展望

橋本和也
Kazuya Hashimoto

ナカニシヤ出版

はじめに

　『地域文化観光論』は，地球上のどこにおいても観察される「地域文化」を対象とした観光についての考察である。観光はグローバルな人々の流れを表す代表的な現象であるが，本書では地域における人々の活動と，地域から外部に向けて発信する活動に焦点を絞っている。「地域」という「部分」における活動に注目し，考察することがグローバルな「全体」的動向を「推察(アブダクト)」することになるからである。われわれは目の前にある「部分」を吟味することでしか「全体」を「推察」できないことを認識したうえで，あらためて，なぜいま「地域文化観光」を研究対象とする必要があるのか考えてみよう。

1 はじめに

■ グローバルな関心とローカルな認識のズレ

　交通手段の高速化と情報技術の発達にともないビジネスの領域ではもちろん，文化の領域でも国境を容易に越えるグローバルな動きへの迅速な対応が地域では求められている。日本の国内をみても，有名な観光地のみならず，あらゆる場所に世界中からの観光者が足を踏み入れている。国によって，または使用言語によって観光者の関心が向けられる対象は異なるが，これまで対象として認識されなかった場所や事柄にも注目が集まっている。受け入れる地域の側にとっては，知らぬ間に思いもかけぬ観光者が突然訪れるという現象に直面している。グローバルな関心とそれに対するローカルな認識とのズレが生じているのである。また逆に，発信しようとする場合にも同様なズレを指摘できる。「地域の文化資源」を観光者に提示しようとする場合，地域の人々が提示するにふさわしいと思っても，海外の観光者のみならず国内の観光者にとってもそれが観光対象とはならないという現実が見られる。その「グローバル」と「ローカル」とのズレを解明する作業が，現在の地域には求められているのである。

　グローバリゼーションの波は外国人観光者の遍在という現象だけではなく，日常的に人々の手元にも押し寄せている。情報手段の発展で，写真のような静止画だけではなく，動画さえも手持ちの機器で即座に撮影・編集し，世界に発信することが可能になった。視聴者は世界中で，ただちに再生し，情報を共有する。この現象で

注意すべきは，多くの投稿者が拡がりに対して無自覚なことである。仲間内での反応や評価は想定しても，世界の果てまで拡散していることには気がつかない。しかし，だれが何に関心をもつのかに関しては，19世紀半ばに起源をもつ大衆観光との共通性を，今日の観光研究が明らかにしている。真実かどうかには関係なく，日常性を打ち破るもの，「ふだんとかけ離れている，違ったもの」「日頃の生活で周りにあるものと違った感覚を与えるような，または，並外れた大きさを持ったものなどで，特段に喜びの体験を与えるもの」に観光者のまなざしは向けられる。「比類のないもの」「だれでもが知っている絶対的に際立っている対象」［アーリ＆ラースン 2014：23-24］にまなざしが向けられるのである。今日の情報化が進んだ世界においても，19世紀半ばに英国のトーマス・クックが先駆者となった「大衆観光」においても，人間の関心をひきつけるものに変化は見られないことになる。

■ **翻訳・仲介と観光文化**

　問題は，グローバルとローカルとの関係をどのように保持するかである。その両者を仲介する存在や仕掛けが求められている。それが異なる文化間の「仲介作業」をおこなう翻訳者，ミドルマン，演出家，プロデューサー，ディレクターなどの「仲介者」であり，両文化の境界領域に創出される「観光文化」という仕掛けである。

　南太平洋の小さな島において観光者のグローバルな遍在を実感したことがある。フィールドワーカーよりも先にバックパッカーが滞在していたのである。1982年にはじめて南太平洋のフィジーに調査に行ったが，日本人研究者がまだ本格的な調査をしていない時代であった。ある島を調査で訪れたとき，そこには海外のバックパッカーが何人か宿泊していた。ある家には，数週間滞在した日本人女性2名からの感謝のはがきが保存されていた。人類学者は辺境で調査をするものとのイメージがあるが，それより先にバックパッカー観光者が足を踏み入れていたのであった。

　その村は薪で熱した石の上を裸足で歩く「火渡り儀礼」で知られており，キリスト教への改宗前の昔の信仰の名残りを発見することができるかもしれないと思い調査に入った。しかし，村での「火渡り」はもはやおこなわれていなかった。その代わり，週3回リゾートホテルに20数名のチームを上演のために派遣していた。チームは2組あり，週ごとに交代で三つのホテルで上演をしていた。村はホテルからの上演料で，他村に比べて豊かで，30-40人乗りの大型の船を所有して本島との往復を確保し，家屋を首長の家から順次改築してすでに半数ほどがコンクリート製の建物になっていた。夜には村所有の発電機が数時間全戸に灯りを供給していた。私

はもはや古い信仰を調査することをあきらめ，チームと行動を共にし，ホテルでの火渡り上演の様子を調査することにした。1985年の「フィジーの火渡り―ツーリズムの人類学的研究」[橋本1985]が，筆者の最初の観光研究の成果であった。

観光研究で最初に問題にしたのは「観光文化」の必要性であった。拙著『観光人類学の戦略―文化の売り方・売られ方』[橋本1999b]では，さまざまな要素が介入して形成される観光の今日的な問題を明確にするという戦略的な目的のもとに「（観光者にとっての）異郷において，よく知られているものを，ほんの少し，一時的な，楽しみとして，売買すること」[橋本1999b：55]と，大衆観光の特徴を明らかにするための定義をおこなった。そして「観光文化」に関しては，「観光者の文化的文脈と地元民の文化的文脈とが出会うところで，各々独自の領域を形成しているものが，本来の文脈から離れて，一時的な観光の楽しみのために，ほんの少しだけ，売買される」特徴をもつものとした。この観光文化の定義は，フィジーの「火渡り」チームと行動を共にした調査に基づくものであった。

同じチームによる「火渡りの上演」でも，拍手をもらう場を演出するかしないかによって，観衆の満足度がまったく違うことに気がついた。海外からの観光者はパフォーマンスに対して賞賛の拍手を送りたいと思っているが，その機会を与えなかった前夜の上演には，盛り上がりが欠け，観衆と上演者との一体感が醸成されず，観客は「面白くない。一度見れば十分だ」と不満を訴えていた。フィジー独自の「火渡り」ではあるが，ショーとしては魅力に欠けており，「一度見れば十分」な観光対象でしかなかった。しかし，次の夜，同じチームが同じ内容の上演を別のホテルでしたときは，観客の反応がまったく違っていた。このホテルでは上演者に，焼けた石の中央で立ち止まり，ひと呼吸おいて観衆を見回すという演出を付け加えていた。上演者が立ち止まって視線を観客に向けるたびに，大きな拍手がわき起こった。これだけの演出で，一体感を醸し出すことができ，観客は満足した様子を示していた。フィジーでは村人が訪問客に踊りを見せる場合がよくあるが，上演者はもっぱら踊るだけで，演者に贈り物などをしてその場を積極的に盛り上げるのは観衆の役割である。地域では当たり前とされるやり方で上演をしても，上演文化（ショー文化）の異なる海外からの観光者は戸惑うばかりで，満足することはない。そこに「観光文化」の必要性を実感した。

二日目の夜の「火渡り」上演では，各上演者が焼けた石の中央で止まり，ひと呼吸置いて観衆を見渡すという所作が加わっていた。最低限の変更ではあるが，伝統文化の改竄と批判される可能性もある。しかし，これはホテルでの観光者相手の上

演である。むしろ「観光文化」における適切な演出として評価されるべきであろう。まもるべき伝統文化は，地域内の文脈で，観光者とは別の場を設定して上演されることが望ましい。グローバルな観光者とローカルな上演者が出会う場（境界）での上演を満足のいくものにするには，両者の異なる文化的文脈（上演文化）を「翻訳」する作業が必要であった。その翻訳作業を経てはじめて観光者が満足できる上演が可能になった。ここに「観光文化」の生成を見ることができる。「地域文化観光」を考察するうえで必要な基本的な課題が，ここにはすべて見られた。

　フィジーの事例だけではなく，世界中で，そして日本の各地でも，地域の人々が地域の文化的資源を観光者に提供する場において，このような両者間のズレに戸惑う事例が数多く報告されている。現場ごとに事情は複雑に入り組み，一つとして同じものはない。さまざまな立場からの「地域づくり」「まちづくり」，そして本書の主題となる「観光まちづくり」が活発におこなわれている。いまこそ，それらに対処しうる「地域文化観光論」が必要とされているのである。

■「地域文化観光」とは

　ブーアスティン［Boorstin 1961］が観光とは擬似イベントであるといい，マキァーネル［MacCannell 1976］が「真正なるもの」を求めていながら演出された「真正性」にしか出会えないのが近代の観光者であるという。両者に結論として共通していることは，現代の大衆観光においては「真正性」は重要視されず，「ほんもの」ではなくても，「よく知られたもの」であれば，観光者はまなざしを向けるという現実を指摘している点であるといえよう。

　拙著『観光経験の人類学──みやげものとガイドの「ものがたり」をめぐって』［橋本 2011］が，観光における「真正性」を問題にしているというのは誤解である。第一にしたことは，「大衆観光においては真正性が問題にならない」という点を確認し，強調したのである。しかし，そうとなると，（神の存在が否定された状況下でいかに生きるべきかという課題に人間存在が直面するのと同様に）「真正なる観光対象」が存在しない状況下で，観光者や観光を提供する側は，何を基準として観光を考えていけばよいのかという，「実存的な問題」に直面する。それが本書『地域文化観光論』を執筆する理由であった。

　ポストモダン観光の洗礼をうけた現代の観光者は，モダン（近代）の特徴であった唯一性や独創性を表す「アウラ」［ベンヤミン 1999］の尊重や，種々の文化的領域での区分を否定する。そして生活次元とは異種のものだと主張されてきた芸術に

対しても,パスティーシュ,コラージュ,アレゴリーなどへ主眼を移動させ,精神放散状態で消費しているとアーリはいう[アーリ&ラースン 2014:152-154]。このように現代の観光者は,本来の文脈から切り離されて観光の場に提示された「伝統文化」などには,もはや「真正性」が存在しないことを認識している。しかしながら,自らの観光経験に関しては「真正」であることを求めているのである。その矛盾した状況を乗り越える可能性をもつのが「地域文化観光」である。

地域の人々が発見し,新たに創造し,場合によっては他地域から借用してきた,一見「まがいもの」のように見えるかもしれないモノを,熱心に育て上げて「ほんもの」にした「地域文化」を発信するのが「地域文化観光」である。湯布院,内子,遠野,またはニュージーランドのマオリの事例などで[橋本 2011:154-182, 237-239],自らの地域文化を「真摯」に提示する人々にじかに接した「地域文化観光者」は,彼らの誠実さを「信じ」,自らの観光経験を「真正」だと感じることができるのである。『地域文化観光論』の大きな特徴は,「伝統文化」ももちろん含まれるが,新たに発見・創造された「地域文化」も,「地域の人々」の活動の蓄積によって「ほんもの」になるという,「ホットな真正化」のプロセス[Cohen & Cohen 2012]に注目する点にある。高知で戦後はじめられた「よさこい祭り」を借用して,北海道札幌ではじまった「YOSAKOI ソーラン祭り」などに対しては,いまや「ほんものかどうか」が問題にされることはないのである。

2 本書の目的と特徴

本書『地域文化観光論―新たな観光学への展望』は,各地域で創出されている「地域文化観光」が,「部分的につながり」合い,これまでの観光の現実に揺さぶりをかけ,新たな全体を目指す様子を描こうとするものであり,かつ研究領域において「地域文化観光論」(部分)と「観光学」(全体)との「つながり」方を明らかにすることからはじめる。

■「部分的つながり」と全体

具体的な事例(部分)としては,2013 年から 2016 年まで「観光まちづくりと地域振興に寄与する人材育成のための観光学理論の構築」(科研(C)代表橋本)で調査をした,熊本県小国町の「九州ツーリズム大学」,北海道の「北の観光まちづくりリーダー養成セミナー」,地域アートプロジェクトの代表といわれる「越後妻有 大

地の芸術祭」「瀬戸内国際芸術祭」などを対象とする。そして「地域文化観光」の枠組みさえも超える新たな事例としては，京都文教大学のCOC事業の一環で調査をおこなった小布施を対象として考察をおこなう。小布施は観光者数の増加を安易に求めない「まちづくり」のあり方を考えるうえで重要な事例であった。これら一つひとつの事例は個別的（部分）であるが，観光の全体を明らかにするとの意図をもって個々の事例を深くかつ広い視点から，事例（部分）と事例（部分）とのつながりを探り，その過程を通して全体を「推察」する試みをおこなっていく。これは「地域文化観光論」から「観光学」を展望する挑戦となる。

　本書は，「地域文化観光論」という視点から，現在全国で推進されている「観光まちづくり（Community Based Tourism）」への理論的な寄与を目的とする。まずは，「地域性」「地域文化」についての理論的な解明を，「真正性」の議論との関係でおこなう。「観光まちづくり」の現場となる地域において，これまで他地域の事例を大いに参考にしていてもこれといった成果をえられなかったのは，「地域性とは？」「地域の文化とは何か？」という根本に立ち戻るような理論的な問いかけを怠って，他の成功事例をただ模倣しようとしてきたからである。地域で発掘された伝統，そこで新たに創造された「地域文化」，さらには他地域から借用し独自に発展させた「地域文化」を観光の場に提出することに対して，これまでのように「客観的な真正性」を問題にするのではなく，提供者と享受者にとっての「主観的な真正性」の問題へと理論的に転換することが必要とされているのである。それに対応できるのがこの『地域文化観光論』である。その代表的事例として『観光経験の人類学』［橋本2011］では湯布院をあげた。しかし，本書ではその先をいく小布施の事例をも考察の対象として取り上げ，さらなる「地域文化観光論」の進展を目指す。「観光人口ではなく，交流人口を」と主張する小布施の事例は，もはや「観光によるまちづくり」ではなく，その先の地域のあり方（「交流によるまちづくり」），さらには観光学が今後目指すべき方向を展望するうえで大いなる参考となった。観光学は，観光業者だけではもちろんなく，観光者にとって，観光者を迎える地域の人々にとって，さらには観光とかかわるほとんどすべての人類にとって，観光がビジネスとして，地域の人々の日常生活に対して，地域づくりや地域の活性化にとって，そして人間としてのあり方にとって，どのような意味をもつのかを考察するべきである。われわれ研究者には，全体を展望するという志をもって，個々の事例（部分）を詳細に深く考察することによってしか，観光の全体を「推察」することはできないのである［橋本2013：19-34］。

はじめに　vii

■「地域芸術祭」と「地域文化観光」:「地域化＝ローカル化・土着化」の過程

　本書を書く直接の動機となったのは,「地域芸術祭」といわれる「越後妻有 大地の芸術祭」と「瀬戸内国際芸術祭」を 2015 年と 2016 年につづけて調査したときに受けた刺激であった。これまでのどの「地域文化観光」の事例とも違った感慨を味わった。過疎・高齢化地域に現代アートを求めて多くの「鑑賞者・観光者」がわざわざ訪れているのである。その数は越後妻有で 50 万人以上,瀬戸内海の島々で 100 万人以上にのぼる。過疎地域を現代アートによって活性化させる目的ではじめられ,当初の目的を達成していると評価されている。しかし,本書の関心からは,地域にとって外来の要素となる現代アートとアーティストたちによる「芸術祭」が,「地域文化」となっているかどうかを明らかにする必要がある。すなわち,単なる「観光対象」が地域に導入・移入されただけなのか,外来のものを地域の人々が受け入れ,それを自分たちの文化として育み提供するまでになっているのかを「地域化＝ローカル化・土着化」という「地域文化観光論」の視点から分析する必要があった。

■「地域芸術祭」とアクターネットワーク理論（ANT）

　現代アートによる地域活性化のプロジェクトにはさまざまなアクターが関与している。とくにアートという「モノ」が重要なアクターとなっている現場であった。この事例こそ,「観光まちづくり」の研究,とくに「観光空間の創出」に関するアクターネットワーク理論（ANT）からの解明が求められていると実感した。しかし,まだ本格的な研究がなされていない領域である。本書では,現代アートによる「観光まちづくり」を,人とモノを「対称的」に捉える ANT の視点からの分析をおこなうことはもちろんだが,それだけでなく,それに新たな視点を加えようと考えている。「アート」なるモノがエージェンシーを人に対して発揮するときに,そのモノのもつ「ものがたり」に注目する視点である。廃校でのアートプロジェクトでは,最後の小学生 3 人のもつ「ものがたり」が作家に作品のアイデアを与え,地域の人々を動かして制作に参加させ,観光者を動かして辺境の廃校舎にまでわざわざ訪問させる力を発揮している。ANT ではモノのエージェンシーに注目するが,そのときモノがなぜ,どのようにヒトを動かすのかについての分析が求められる。モノにまつわる「ものがたり」の解明なくしては,その作用を明らかにすることはできないと考えている。

■ 交流人口の「地域化」

　日本における「観光まちづくり」の実践事例は世界的にみても先進的である。小布施では年間130万人以上来訪する観光者に対し農家民宿などで対応しようとしているが，宿泊施設は不足しており，近くのスキー場などからくる観光者が立ち寄るだけの観光地になっている。観光に関しては，小布施はそれでよいと考えている。「観光者数が増加する必要はない」と言い切り，実質的な「交流人口」の増加をこそ目指すべきだと関係者は語る。さらにその交流人口を「地域化」させるために「若者会議」を開き，都会のサラリーマンの参加を募り，小布施の今後について考えてもらっている。その交流によって小布施を魅力ある地域にし，一時的な観光者よりも，実質的な交流人口・移住人口を確保しようという方針である。また先の「現代アートプロジェクト」を実施している地域においても，移住者の流入が見られるという。この交流人口の「地域化」，または「交流によるまちづくり」は，「地域文化観光」の一歩先をいく取り組みといえる。

2018年2月
橋本和也

目　次

はじめに　i

第Ⅰ部　「観光学」と「地域文化観光論」：観光学への展望

第1章　大衆観光から「地域文化観光」へ：真正性への問いかけ —— 2
1　大衆観光の特徴　3
2　真正性と「地域文化観光」　14

第2章　「地域性」「地域文化」の創造，そして「地域文化観光論」へ：「地域化」と「真正化」——— 18
1　「地域化＝ローカル化・土着化」について　18
2　真正性について　29
3　「地域化」と「真正化」　37

第3章　アクターネットワーク論（ANT）と「地域文化観光」——— 39
1　アクターネットワーク論（Actor Network Theory：ANT）　39
2　ANTへの批判　43
3　「存在論的転回」へ　44
4　積極的評価と発展的応用　50
5　観光研究とANT　53
6　まとめ：ANTと歴史的過程　57

第4章　「地域文化観光論」と「観光学」：部分と全体との「つながり合い」——— 60
1　部分と全体　60
2　部分的つながりとANT　72
3　大学における「新たな観光教育」の展開とアクターネットワーク理論　74

第 II 部 「地域文化観光」論：地域性，地域文化の創造

第 5 章 「九州ツーリズム大学」の試み ——— 82
1 「九州ツーリズム大学」 82
2 小国町での展開 93
3 「地域文化観光」へ 98

第 6 章 二つのツーリズム大学：「北の観光まちづくりリーダー養成セミナー」と「九州ツーリズム大学」——— 103
1 「観光まちづくり教育」の目的と教授法 103
2 二つの「ツーリズム大学」：地域からの「観光まちづくり」 116

第 III 部 「アクターネットワーク理論」と「地域芸術祭」：「地域化」の過程

第 7 章 「越後妻有 大地の芸術祭」——— 124
1 「大地の芸術祭」 124
2 「地域おこし」と「アートフェスティバル」：北川フラムの視点から 127
3 現代アートと地域 130
4 行政の視点 137
5 山地は何で芸術祭を受け入れたか 141
6 まとめ 143

第 8 章 「地域文化観光」としての芸術祭：「瀬戸内国際芸術祭」と「大地の芸術祭」——— 145
1 アートプロジェクトの展開 145
2 「瀬戸内国際芸術祭」 147
3 アクターネットワーク理論（ANT）より 151
4 「地域化」について：「ローカル化」か「土着化」か 157
5 まとめ 162

第IV部 「交流によるまちづくり」と「地域化」論：まとめ

第9章　交流人口を活かす小布施 ─────── 170
  1　さまざまな仕掛け　170
  2　セーラ・マリ・カミングスの小布施での事業　179
  3　小布施の力：まとめ　184

第10章　交流人口の「地域化」 ─────── 188
  1　「地域化論」にむけて　188
  2　現代アートの「地域化」：
    越後妻有，瀬戸内，神戸，京都，木津川アート　195
  3　アートプロジェクト批判への批判　202
  4　まとめ　207

第11章　「観光まちづくり」と「地域文化観光」 ─────── 210
  1　アフォーダンスとモノのエージェンシー　210
  2　「部分」としての「地域文化観光論」と，「全体」としての「観光学」　220

おわりに　227

引用・参考文献　231
事項索引　238
人名索引　241
地名索引　243

第Ⅰ部

「観光学」と「地域文化観光論」
観光学への展望

　第Ⅰ部では，4章にわたり「地域文化観光論」という部分的な研究から「観光学」という全体を展望する。第1章では，今日圧倒的な数の観光者を動員している大衆観光の特徴についてまず明らかにする。「擬似イベント」論や「演出された真正性」などの議論を紹介し，「ポストツーリズム」的状況下にある現在の観光者の現状について述べる。そして大衆観光批判後のさまざまな観光の形態についての検討をおこなったあと，「地域文化観光論」における「真正性」，とくに人々による「真正化」に注目する必要性について指摘する。第2章では，「地域芸術祭」において，外来の現代アートやアーティストが過疎高齢化の集落に導入されるときに大きな問題となる，外来の要素の「地域化」過程を分析・考察するための重要な概念である「ローカル化」と「土着化」の違いを明らかにする。また外来の要素が受け入れられて地域にとって「真正なもの」になるかという「真正性」についての詳細な議論もおこなう。第3章では，本書の中心的理論であるアクターネットワーク理論（ANT）の成立過程とそれが受けた批判を検討し，それをどのように応用していくのかについて述べる。第4章では「地域文化観光論」という「部分」と「観光学」という「全体」との関係のあり方について，ストラザーンの『部分的つながり』（2015）を参照して考える。

第1章

大衆観光から「地域文化観光」へ
真正性への問いかけ

　20世紀から21世紀にかわったときに，日本および世界の観光は大きく変わった。日本においては，20世紀末には団体旅行から個人旅行への移行が顕著になっていたが，リーマンショックによる世界的な経済不況の波を受けて大型リゾート施設や企業の保養施設が次々に閉鎖されるなど，観光の状況が大きく変化した。日本の経済が停滞し，外国為替市場で日本円が弱く安くなるにしたがって，外国人観光者にとって日本は訪れやすい観光地となり，徐々にインバウンド観光者数が増加していった。その背景には，21世紀最初の世界的に注目すべきことであるが，個人が操作できる情報機器の発達があった。いまや誰でもが手元の情報機器で全世界に向けて情報を発信する機会を手にしている。国家の観光関連機関が海外に向けた観光キャンペーンをすべきであると気づくはるか以前に，外国人観光者は日本での自らの経験をインターネット上に掲載し，そこから情報を得た賛同者がその経験を追体験しに訪れていた。現地の観光施設がキャンペーンを仕掛けたわけではないのに，外国人観光者の数が増えるという現象が各地で見られる。京都の伏見稲荷駅でも10年前には珍しかった外国人観光者が，いまでは京都駅に向かうどの電車にも大勢乗り込んでいく。現地の人々が知らぬ間にネット上で情報が拡がり多くの観光者が訪れる現象は，「アニメ聖地巡礼者」の事例においても顕著になっている。これらは21世紀の大きな特徴である情報機器の発展とともに生じた現象である。

　「地域文化観光」とは，21世紀になって日本各地で盛んになった「観光まちづくり」の先進的な事例を分析するなかで導き出した概念である。20世紀末期において農山村地域においては過疎化・高齢化が進み，「地域振興」「まちづくり」が盛んに喧伝されていた。しかしながら，高齢化が進む過疎地域に外部から資本が投下されることはなく，地域の資源をいくら開発しようとしても成果は見られなかった。低

予算で,外部の観光者を呼び寄せる「観光まちづくり」に注目が集まったのが21世紀初頭であった。『観光経験の人類学』[橋本 2011] では,1977年から博物公園都市構想「遠野ピアプラン」という市の統合計画をはじめた遠野,1970年代後半から「まちづくり」活動をはじめた湯布院,1982年に重要伝統的建造物群保存地区(伝建)に選定された内子,1986年に「町並み委員会」を発足させ,1999年に「伝建」に選定された川越など,(2000年以後使われる用語であるが)「観光まちづくり」として評価がすでに定まっていた先進地域を紹介した。それらの事例を調査・分析をするなかで導き出した概念が「地域文化観光」であった。

本書では,1997年にはじまった「九州ツーリズム大学」,2008年からの「北の観光まちづくりリーダー養成セミナー」,2000年からの「越後妻有 大地の芸術祭」,2010年からの「瀬戸内国際芸術祭」などの新たな取り組みを事例として取り上げる。これらの事例は全国的にも,国際的にも注目されてはいるが,まだ調査・分析がはじめられたばかりで,研究の蓄積がほとんどないのが実情である。現代アートや芸術家を中心に据えた国際芸術祭のような外部的要素を多く含む新たなイベントが,果たして「地域文化」となるのか,そして地域の人々が発見・創造し,それを観光者に提示する「地域文化観光」となるのかを本書では検証していく。

本章では,まず大衆観光の特徴を明らかにし,その後の変遷を概括する。

1 大衆観光の特徴

■ 1-1 人類学的考察

「地域文化観光」の特徴を明らかにするためには,いまも活発に展開されている大衆観光の特徴を確認する必要がある。本章では,社会学的研究と人類学の研究を紹介するが,両者の大きな違いは,現場のフィールドワークによる調査に基づいて理論を積み上げるかどうかにあるといえよう。

1) スミス,ナッシュの定義

観光人類学の古典『ホスト・アンド・ゲスト―観光人類学』[Smith 1978] においてまずおこなわれたことは,世界各地の観光現象の事例を記述し分析することであった。その序論で編者のヴァレン・スミスは,産業社会の人間が観光者となることを前提とし,労働と余暇を分離しない社会における「訪問」や「祝宴」などを除外する。そして観光のタイプを「民族観光」「文化観光」「歴史観光」「環境観光」

「レクリエーション観光」の五つに分類し［Smith 1978：2-3］，観光者を「一時的に余暇にある人物で，何らかの変化を経験するために，家から離れた場所を，自発的に，訪問する者である」と定義した。それに対して，「人類学的主題としての観光」［Nash 1981］や『観光人類学』［Nash 1996］のなかで，D. ナッシュは狩猟採集社会などにおいても観光が存在するとの立場から，別の定義を提示した。非産業社会において日常の作業から離れて仕事をせず，親類や友人を一定期間訪問する例も「余暇観光」に分類できるという。余暇を通文化的に主要な義務から自由になることだと指摘し，「観光者」を「主要な義務から離れた余暇状態にあり，自ら所属する社会の外に移動し，日常の生活からのなんらかの変化を求めるが，他社会への移住者ではない者」と定義した［Nash 1981：462-463］。

2）大衆観光の戦略的定義

筆者が『観光人類学の戦略』［橋本 1999b］で目指したことは，現代の大衆観光（マス・ツーリズム）の特徴を明らかにし，民族文化・生活文化を大衆観光の影響からまもる「観光文化」の創出に関する考察であった。そのためにはまず大衆観光の特徴を明らかにする必要があった。その戦略として，観光と形態が似ているが観光とは異なる目的をもつ「巡礼」や「訪問・接待」との比較をおこなった。ともに筆者が何年間か現地調査をおこなった事例（日本の御岳巡礼とフィジーの饗宴（feasting））を大衆観光と比較・検討することによって，大衆観光の特徴を明らかにした。そして観光を「①（観光者にとっての）異郷において，②よく知られているものを，③ほんの少し，④一時的な，⑤楽しみとして，⑥売買（消費）すること」と定義した。

詳しく説明すると，①自宅で観光的な映像を楽しむようなポストモダン的な観光者を除外して考えることを前提とし，非日常的空間へ移動することを観光者の必須条件とした。②では，ブレンドンの『トマス・クック物語』［1995］における「観光とはよく知られたものの発見である」との定義を参考にして，「観光とはよく知られたものの確認」であるとした。③「ほんの少し」という語は，（専門家やファンのように）本来のものを十分に堪能することはなく，つねに垣間見るだけという観光の特徴を表し，④「一時的な」では，限られた「観光の期間中」であることを強調した。そして，⑤「楽しみとして」（観光の一番の目的は楽しむことである），⑥「売買（消費）すること」と定義した。ここでは，大衆観光者（マスツーリスト）が，産業社会における余暇にあり，もっぱら消費者として提供されるサービスを購入し

ている点を強調した。この「一時的な，楽しみ」は，「本来の文脈から切り離され，集められて，新たな「観光文化」を形成する」。そして「観光文化」は，「観光者の文化的文脈と地元民の文化的文脈とが出会うところで，各々独自の領域を形成しているものが，本来の文脈から離れて，一時的な，観光の楽しみのために，ほんの少しだけ，売買される」ものであると定義をおこなって，「巡礼」や「訪問・祝宴」と観光との違いを，「真正性」に関する議論を媒介にして明らかにしていった［橋本1999b：54-56］。

そして大衆観光の弊害を乗り越える可能性をもつと考えられたエコツーリズムに関しても，フィジーのアンバザ村の調査をもとに将来的な可能性を考察した。しかし現場が主体的に取り組まないかぎり，大衆観光にのみ込まれ，観光者にとっての単なる選択肢の一つとされる危険性を指摘した［橋本2003：54-82］。

以上のように具体的な当該社会のフィールドワークに基づく事例の記述と分析をもとに理論的な考察をおこなうのが人類学の大きな特徴である。そして次の段階においては一つの事例（部分）を個別の現象として考察するだけではなく，地域性とテーマ性のそれぞれの観点からつながりのある事例との比較（「部分的なつながり」）を繰り返し，全体を志す［ストラザーン 2015］。一見遅々としてなかなか進まぬ作業の繰り返しのように思えるが，観光の全体に迫るには一番着実な方法であると考えている。

■ 1-2 社会学的考察

一方，社会学の領域における理論的考察の特徴は，これまでの先行研究を土台にした理論構築をおこなうことに焦点が絞られる点にある。一つの学問領域だけではなく他の領域とのつながりを求めることは重要であり，人類学が明らかにした観光の現実をテーマ性において理論的な流れのなかに位置づけるときに社会学とのつながりを探ることは有効である。須藤廣の「再帰的社会における観光文化と観光の社会学的理論」［須藤 2010：3-21］は，社会変容に対応する社会学理論の変容を明らかにしながら，観光研究の理論的位置づけを明らかにしている。

1)「擬似イベント」：ブーアスティン

観光現象の理論的な解明で最初に取り上げられるのは，1960年代にD. ブーアスティンが『幻影の時代』［Boorstin 1961］のなかで観光批判のために使った「擬似イベント」という概念である。須藤はブーアスティンの「擬似イベント」論は，現代

人の生活環境がメディアを介するようになったことの指摘にとどまらず，メディア環境によって世界が過剰にスペクタクル化し，それが感情的な経験も含めて，人々のリアリティを構成してゆくといった，ポストモダン社会における文化の物象化という現象をいち早く見通し，この現象を近代の「主体」の危機として受け止めたものであったと評価する［須藤 2010：5］。

　須藤の説明にそって，「現実」が「虚構」的様相を呈するようになった経緯をたどると，伝統的には人間の生活は直接交わり経験できる環境のなかで営まれており，そこでは人間の行動は伝統を参照しながら「宿命的」になされるものであったという。交通手段と情報手段の発達に伴って，近代社会においては生活環境が直接経験する世界と，間接的にしか経験できない世界とに分化し，われわれの「現実」は両世界から自らが「主体的」に選び出すものとなった。メディアが作り出す表象は，当初はオリジナルを「正しく」再現すべきものとされ，自然科学の領域でもさらには芸術の領域においても，表象は自然を模倣すべきものであった。しかし「1920年にジャーナリストのリップマンが発見し，1960年代にブーアスティンがはっきりと確認した「現実」は，以前のそれとは違った「虚構的」な様相を呈していた」［須藤 2010：6］のである。本質は「幻影（イメジ）」に取って代わられ，メディアの「イメジ」こそ現実を創作しているのである。複製技術が作りだした「イメジ」がモノ化し，現実は「イメジ」によってすり替えられ，「疎外」されていることが知識人に意識されるようになった。このように，観光の現実を「疎外論」の線に沿って理解したのがブーアスティンであると須藤は指摘する。

　ブーアスティンの視点はエリート主義的視点にたつものであり，一方的なものと評されるが，彼の観光への批判は「われわれは現実によってイメジを確かめるのではなく，イメジによって現実を確かめるため旅行をする」という点にあると須藤は指摘する［須藤 2010：6］。旅行経験は「希薄化され，あらかじめ作り上げられたもの」になってしまった。「あらかじめ作り上げられた」人工的なサービス商品としての近代観光は「擬似イベント」体験としての「ツアー」である。直接的な現実体験としての「トラベル」であった産業化される以前の観光に比べ，現代では「ツアー」体験によって「トラベル」体験の本質が「疎外」されていると批判する。彼の現代文明批判を評価しつつも，擬似イベント論が「現実」についての素朴な実在論であり，観光についての本質論を脱していないと須藤は指摘する［須藤 2010：7］。1970年代になると構造主義や構築主義的な立場から，「現実」と「虚構」とははっきりと区別されるものではなく重層的なものであるとの批判を受けることになる。

2)「演出された真正性」:マキァーネル

1976年に刊行された『ザ・ツーリスト』[マキァーネル 2012]でマキァーネルは，ブーアスティンのいうような「現実」と「虚構」の分化は不可能であり，「現実」が重層化していることを指摘する。そして，現代人の日常生活という舞台装置上のパフォーマンスについて，ゴフマンが使った「表局域（front region）」「裏局域（back region）」という概念を援用して，現代観光の舞台装置として分析する。「現代観光の舞台装置の中においても，観光客は表舞台（表局域）にある「擬似イベント」だけを求めているわけではなく，舞台裏（裏局域）にある「本もの」を求めているのである」[須藤 2012 : 26]。マキァーネルの「演出された真正性」は，さまざまなところで引用され議論されている[マキァーネル 2012 : 111-112 ; 橋本 2014 : 169-173]。『ザ・ツーリスト』では，単純な「現実」実在論や観光対象についての本質論は克服され，演出の効果に焦点があてられる。マキァーネルは観光者「個人」が経験する観光のセッティングの重層性に注目し，観光対象の「リアリティ」は，観光のために用意された「体裁」＝「見せ物」（表局域）の背後に，いきいきとした人間関係に裏づけられた「内密の，リアルな」局域（裏局域）を想定することによって得られるという[須藤 2010 : 7-8]。

3)「観光のまなざし」:アーリ

J. アーリは，観光者の「まなざし」が社会制度によって形成されることは，その他の人間の行為と同様であるという。そのまなざしを向ける対象は，夢想とか空想を通して，自分が習慣的に取り込まれているものとは異なった尺度，あるいは異なった意味をともなうものであり，それに強烈な楽しみを期待できるものが対象になるという[アーリ 1995 : 5]。時代とともに制度が変化すれば，そのまなざしの性格も変化を被る。観光地の差異を明確にするために，アーリは三つの二項対立による分類を提案する[橋本 1999b : 46-47]。観光地が「ロマン主義的なまなざし」の対象であるか「集合的まなざし」の対象であるか，「歴史的」か「現代的」か，「ほんもの」か「まがいもの」かという対立による分類である。とくに，「ロマン主義的」か「集合的」かの二項対立は興味深い。「ロマン主義的なまなざし」は，孤独，隠遁，そしてまなざしの対象との個人的で半ば精神的関係に主眼点がおかれる。観光者は対象を，ひそかにあるいは少なくとも「大切なだれか」とだけ見たいと思い，さらにひそやかな新しいまなざしの対象を求めていくのである。人のいない浜辺や山頂，人里離れた森，山間の清流などが対象になる[アーリ＆ラースン 2014 : 29]。これ

はエリート主義的な見方であり,「邪魔のはいらない自然美」などを目指すこのまなざしが観光を地球的規模に広げたメカニズムであったと指摘する［アーリ 1995：83-84］。一方,「集合的まなざし」は多数の「他者」を必要とする。自分と同じような他の観光者がいることが重要であり,海浜リゾートや国籍不明な大都会などが代表的な事例となり,混雑や過密は問題にならず,観光者用のサービスを提供する施設の開設が促され,ますます人が集まることになる［アーリ 1995：80-82］。集合的まなざしには親睦的な雰囲気があり,他人も同じ場所を見ていることが,愉快さ,祝祭的気分,活況を与える。たくさん他人がいることがその場「らしさ」を醸し出す。こういう活況や他人を見ることがその場の集合的消費には必要であると指摘する［アーリ&ラースン 2014：30］。

『観光のまなざし 増補改訂版』［アーリ&ラースン 2014：30-31］では,さらに六つのまなざしを加えて解説している。

1. 「傍観的まなざし」：集合的一瞥とでもいうような,通りすがりのきわめて短時間にちらっと見ただけで,変わった記号の収集をする。
2. 「畏怖的まなざし」：タージマハルなどの聖なる場をイスラム教徒などの信者が精神的に消費する。
3. 「人類学的まなざし」：それぞれの観光者が観光名所をどのように眺め,対象を歴史的意味と象徴のなかに位置づけるかを探り,多文化的解釈で説明していく。
4. 「環境的まなざし」：学術的,NGO 的言説で,種々の観光を精査し,「環境」につけられたその足跡を測定し,いちばん足跡が少ないものを選択する。
5. 「メディア化されたまなざし」：集合的まなざしの一つで,何らかのメディア的な「表象」によって有名になった観光地を観る。映画やドラマの場面などで表象化されたまなざしの例としては,映画のロケ地訪問などがある。
6. 「家族的まなざし」：視覚的に際立つ雰囲気の中で,家族愛を演出するような観光写真が撮られる。

『観光のまなざし 初版』［アーリ 1995］はさまざまな観光研究者から注目され,多方面からの考察が加えられた。その後の新たな成果が以上の六つのまなざしに反映されている。また,まなざしの対象に関する分析として,「歴史的」か「現代的」か,「ほんもの」か「まがいもの」かという 2 種類の二項対立を初版では適用していた。

しかしながら，現代の観光は，対立する要素間の境界が曖昧となる「脱分化」的な「ポストモダン」的特徴をもち，「遊戯的ポスト大衆観光」（「ポストツーリズム」）と呼ばれるべきであろうと述べている［アーリ&ラースン 2014：176-178］。

4）「ポストツーリズム」：ファイファー，アーリ

アーリは，M. ファイファー［Feifer 1985］が提唱する「ポストツーリズム」の特徴として遊戯性が考えられるといい，①「見るために家から離れない」，②「多様な選択の中で，キッチュ，相似形，土産の三つと戯れる」，③「アウトサイダーとして，多種多様なテクストを伴った一連のゲームを楽しむ」という3点にまとめている［アーリ 1995：179-181；橋本 1999b：52］。

これは現代の観光の大きな特徴を表すものであり，詳しく見る必要がある。①に関しては，典型的な観光体験が「よく知られた」景観を「枠」を通して見ることで実現されるのならば，いまや容易にインターネット，テレビやビデオなどのメディア機器の「枠」を通して体験できることになる。そこでは何度でも繰り返しが可能で，観光は「ほんもの」とも「一回性」とも無縁になり，「観光のまなざし」の卓越性もポストモダンの大衆文化となることで失われ，特別なものではなくなっていく。②の遊戯性に関しては，ハイカルチャーから脱した観光者は，次から次へと関心，まなざしを移し，相互に対照して楽しむ。通俗的なもの，にせもの，土産物などあらゆるものと戯れて楽しんでいる。③では，観光者は，自分が観光者として観光というゲームを楽しんでいることを十分に認識している。観光者にとってはもはや，唯一とか正当な観光経験などはなく，いわゆる舞台裏を知る「リアリスト」として，アウトサイダーとして「観光的」なるものを遊ぶだけであるとアーリは説明する［アーリ 1995：179-181；橋本 1999b：52］。

このような「ポストツーリズム」的状況におかれた現在の観光者にとって，観光はありふれたポストモダン的大衆文化の楽しみの一つになり，特別なジャンルとしてはもはや成立しないのであろうか。いま観光を考察することは，「昔の観光」スタイルを懐かしむだけの意味しかないのであろうか。筆者は『観光人類学の戦略』［橋本 1999b：53］において，以上のような疑問を呈した。それに対して，第三世界の人々にとっては，「観光開発」は世界経済の渦に巻き込まれることを意味し，自文化の見直しを迫られており，「ポストツーリズム」的娯楽を楽しむ状況にはないと応えた。観光はまさに生存をかけた戦いの場であり，民族・国家にとっての現実的な大問題であることを明らかにした。この疑問は19年後の現在にも生きている。そし

て「地域文化観光」を扱う本書では，過疎化・高年齢化の問題を抱えた地域が，以上の「ポストツーリズム」的特性をもあわせもった観光者をいかに迎えるかという課題に取り組んでいる。いまや観光者は「原初的観光」から「プレモダン観光」，そして「ポストモダン観光」まで，あらゆるタイプの観光を同時に楽しむことができる。そのなかで地域が「地域文化観光」を押し出す意味を明確にする必要があるのである。

■ 1-3 大衆観光批判以後の観光のさまざまな形態

ここでは大衆観光を批判するものとして提唱された「オルタナティヴ・ツーリズム」，そしてその「オルタナティヴ・ツーリズム」への反省として提唱された「レスポンシブル・ツーリズム」の流れをまとめておきたい。『観光学キーワード』[山下2011]のなかで解説されている大衆観光，オルタナティヴ・ツーリズム，エコツーリズム，グリーンツーリズム，エスニックツーリズムなども参照しながら，流れを追っていく。

1）大衆観光批判

現代観光では，社会の構成員の大多数が参加可能な状況があり，この状況を大衆観光（マスツーリズム）と呼ぶと，稲垣はいう［稲垣2011：114-115］。誰でも気軽に旅を楽しめる条件が整ったのは比較的近年になってからにすぎず，イギリスでは19世紀半ばのトマス・クックによる禁酒キャンペーンのための汽車旅行がはじまりだといわれている。アメリカでは自動車が普及し道路網が整備された1920年代から，日本では新幹線が開業した1960年代に，交通機関などのモビリティを支える社会的基盤と観光サービスが整った状況下で大衆観光が成立し，爆発的な成長を迎えた。大衆観光の特徴として商品化を稲垣はあげる。観光商品とは予期される観光体験が流通過程に乗り，取り引きされるもので，許容範囲の観光体験を継続的かつ確実に生産するために，偶発的な出会いや光景に伴う感動が制度化されコントロール可能な擬似イベントに置き換えられていくという。このため体験が「真正性（authenticity）」を欠き，稀薄化したものになっているとか，団体旅行が匿名性による無責任な行動の原因となると批判されることになった。

2）オルタナティヴ・ツーリズム

1980年代になると，大衆観光を超えたポスト大衆観光時代の観光を編み出そうと

いう模索がはじまった。この動きは大衆観光に変わる新しい観光という意味で，代替えの観光＝オルタナティヴ・ツーリズムと呼ばれるようになった。海津は大衆観光の弊害として，各地の観光者向けの施設が大型化し，自然環境の破壊や伝統的な生活文化の変容，土地開発，治安の低下などをあげ，さらに，南北間の経済格差を利用して盛んになった国際観光のマス化が，地域内の経済構造を歪め，先進国による資源の搾取を生んだという［海津 2011a：116］。大衆観光の負の要素を取り払い，大衆観光では実現できない新たな旅のスタイルが追求された。訪問先の住民のもつ文化を尊重し交流を求めるエスニックツーリズム，自然環境を保全しながら観光を楽しみ地域振興に結びつけるエコツーリズム，農村でのんびり安価に過ごし，かつ農村の振興対策となるグリーンツーリズムなどがあげられる［海津 2011a：117］。

「観光のもうひとつ別の形態（alternative forms of tourism）」という標語は世界中から一時的には同意を得られるような魅力にあふれていたが，結局は「ありえないものを実現しよう」という内実のないものであった［Lanfant & Graburn 1992：89］。1989年に開催された世界観光機関のセミナーでは「責任ある観光（responsible tourism）」という標語が新たに採用され，「ホストと，自然的・文化的環境や建築物を尊重し，ホストやゲスト，訪問者，観光産業，政府などすべての関係者の利益を尊重するあらゆる観光形態」と定義された［Smith & Eadington 1992：xiv；橋本 2003：63］。

このオルタナティヴという用語は，「非・大衆観光」という内容を示すだけで，それ自体が質的な内容を示すものではなく，観光事業は依然として大衆観光を志向しつづけ，観光者の大半が大衆観光者であるという状況に変化がなかった。観光者にとっては，旅のスタイルのバリエーションが多様化しただけであった。現在では，大衆観光の対置概念としては，より理念的な背景を反映する「持続可能な観光（sustainable tourism）」という用語が使用されている。

3）エコツーリズム

生態系や地域固有の文化などの地域資源をまもりながら，地域活性化を図ることを目的にする観光がエコツーリズムである。それまで観光と環境保全は相容れないものとみなされてきたが，これを覆して観光事業のなかに自然保護や地域振興の考え方を組み込み，観光者を自然保護や地域振興の協力者に育てる発想へと切り替えたことが，エコツーリズム誕生の背景となった［海津 2011b：118］。ラテンアメリカの国立公園計画（1978年）やコスタリカでアメリカ人クエーカー教徒たちが周

囲の環境を傷つけない旅のスタイルを主張したことが発端だといわれている。また，東アフリカ諸国で野生鳥獣を絶滅の危機から救い，地域住民を違法ハンターから合法的なガイドへ生まれ変わらせようと1980年から政府主導の人材育成をおこない，「獲る観光から観る観光」への転換を図った。1982年に開催された国際自然保護連合の世界国立公園会議で，自然保護のための資金調達手段とした観光として「エコツーリズム」が提起された。2002年に国連は観光における持続可能な開発のあり方としてエコツーリズムを重視し，2002年を「国際エコツーリズム年」と定めた。

　エコツーリズムの理想を実現している先進的な事例はいくつか紹介されていても，多くの現場では問題点が山積している。筆者が体験したフィジーの山村での「エコツアー」では，「エコツアーガイド」ではなく単なる「ツアーガイド」が道案内をしてくれただけであった。エコツーリストが期待するものと現場の地域の人々が期待するものとのギャップに注目する必要がある。それは「地域文化観光」において地域の人々が提供しようとするものと観光者が期待するものとのギャップと同じである。エコツーリストのまなざしは，世界的に貴重な自然であると評価された「特別な地域」に向けられる。理念的にはすべての自然が対象となるはずであるが，彼らが保全を訴えるのは「よく知られた」自然である。「特別な」環境に対して「特別な」まなざしが向けられているのである。エコツーリストは「手つかずの自然」を堪能しようとやってくる。しかしながら対象地域では，岩場ばかりで食物を栽培できず「手もつけられずに放置されていた自然」が現金収入の手段になると聞いて，それを当てにしているのである。いままで「手もつけられずにいた自然」が金になるならと，彼らは木材会社と伐採契約を結んだ。しかしその契約がご破算になったあとにエコツーリズム開発の計画が持ち込まれると，環境を保全して金になるならと受け入れた。すなわち，第三世界の現状は，「自然」が金になるなら「自然を売ろう」と考え，「自然保護」で金になるなら「自然」を保護しようと考えるのである。どちらにしても手元には「自然」しかないのである［橋本2003：64-65］。エコツーリズムを享受しようとする側とそれを提供しようとする側の経済的・意識的なこのギャップを乗り越える展望を考えるのが本書『地域文化観光論』である。

4）グリーンツーリズム

　農村観光，農業観光を指すグリーンツーリズムの発祥地はヨーロッパで，都市化のかたわらで過疎化する農村の振興対策や農村景観の保存などを目的として，各国政府主導で導入された観光戦略がその起源であったという［海津2011c：120］。

1970年代以降増加した余暇時間を，農村でのんびり安価に過ごすという都市住民の新しいライフスタイルとして年次有給長期休暇制度を取り入れた国々から徐々に普及が進み，ルーラルツーリズム，アグリツーリズムなどとも呼ばれる。グリーンツーリズムの伝統国といわれるのは，1936年に「バカンス法」を成立させたフランス，1970年代から農山漁村やナショナルトラスト観光が普及したイギリス，古くから「農村で休暇を」事業がすすめられ1961年から景観美化運動コンクールが継続しているドイツなどである。

日本におけるグリーンツーリズムは，農林水産省が1992年に山村地域活性化のために，農家が副業的に農業体験を提供する交流事業として提唱したことにはじまる。そして1994年に「農山漁村滞在型余暇活動のための基盤整備の促進に関する法律」(通称グリーンツーリズム法)が成立し，観光者を農山漁村に向かわせ，観光業と農林漁業を連携させて地域振興に結びつけようとした［海津2011c：120-121］。2008年度に総務省・文部科学省・農林水産省の連携事業として，全国2万3,000校の小学5年生の子供たちが農山漁村での1週間程度の宿泊体験活動に参加することを促す「子ども農山漁村交流プロジェクト─120万人・自然のなかでの体験活動の推進」が実施された［海津2011c：121］。小学生だけでなく幼児から中高生までを受け入れる事例として，本書第5章では「九州ツーリズム大学」の「おぐに自然学校」の取り組みを紹介する。幼児向け「どんぐりの冒険」，小学生向け「とんぼの学校」，中学生向け「うるるん体験・教育ツーリズム」で農泊体験を提供しており，「九州ツーリズム大学」事業の一つの柱になっている。

5) エスニックツーリズム

エスニックツーリズムは，一般的には「自らとは民族的あるいは文化的背景を異にする人々と接触することを主たる動機とする旅行行動」と説明される。ホスト社会の文化を「直接体験する」ことを第一義的な目的とし，ツアーのアトラクションとして提示される民族文化ショー鑑賞などの第二義的な位置づけの体験は含まれないとの立場を山村はとる［山村2011：122］。そこでの直接的な異文化体験とは，「集落や現地住民の家庭を訪問し，その土地の慣習や儀礼，舞踊，工芸，その他の伝統的な活動を見学・体験・学習する」という形をとることが多く，「先住民族(indigenous people)との顔の見える交流」が重要になるという。これはゲストの体験内容に着目した分類であるが，1990年代からホスト側の主体性に着目した「先住民族が管理面や提供する資源面で直接関与する観光活動」を指す「先住民族観光」

という用語が着目されるようになったという。この背景には，国連総会での「先住民族の権利に関する国際連合宣言」（2007年）に見られるような先住民族の権利回復に関する国際的な関心の高まりがある。日本においては先住民族であるアイヌ民族の権利回復と先住民族観光のあり方が問題となっている。

本書の「地域文化観光」においてグローバルな流れに巻き込まれる地域の人々と，西欧列強の植民地政策に翻弄される先住民族とは，個別的状況は異なってはいるが，互いに通じる点も多い。F.ファノン［1998］が描くように，被植民者にとっては，人格の内奥まで「植民地の人間」につくりかえられてしまった状況［大谷 2006：267］からいかに「主体性」を取り戻して抜け出すかが大きな問題になる。地域の人々も自覚的にならぬかぎり，画一性を押しつけるグローバルな流れやナショナルな流れのなかに受動的にのみ込まれるだけで，過疎化・高齢化が進む地域の状況から主体的な取り組みによって抜け出すという課題には対応できないことになる。

2 真正性と「地域文化観光」

「オルタナティヴ・ツーリズム」（もう一つ別の形の観光）も結局はグローバルな大衆観光の波にのみ込まれ，その一形態となっている現状がある。ここでは観光研究における重要なテーマとなる「真正性」に関する議論から，「地域文化観光」論の位置づけを探っていくことにする。

■ 2-1　近代観光と真正性

近代観光は「擬似イベント」体験のツアーであるとの先に紹介したブーアスティンによる批判は，多分にエリート主義的視点からの指摘であるといわれるが，「われわれは現実によってイメジを確かめるのではなく，イメジによって現実を確かめるため旅行をする」という彼の指摘は的確であると須藤はいう［須藤 2010：6］。しかしながら，本来の観光は産業化される以前の「トラベル」にあり，現代の「ツアー」体験はその「トラベル」体験が疎外されているという「擬似イベント」論は，「現実」についての素朴な実在論に基づいており，観光についての本質論を脱していないと批判される［須藤 2010：6］。

観光者を「擬似イベント」の体験を求める存在と考えるブーアスティンに対して，マキァーネルは疎外された近代人を観光に「真正な経験」を求める存在であると捉える［マキァーネル 2012］。これまでの「真実」や「現実性」といった重要なカ

テゴリーを社会的に再定義することを求められ，実存を脅かされた近代人は，自らの生を再び獲得するためにもがき苦しんでいる。近代における観光は，このような「社会の分化」に対して，近代的全体性の超越を求めるある種の集合的興奮，近代性の断片を統一的な経験に取り込む方法として求められている。しかし結局は，全体性の構成を目論んでも分化を讃えてしまうので，失敗する運命にあるという。近代人は，自ら営む実生活を自ら生きるべき現実とはみなせなくなり，遠くに存在する他者の「実生活」に魅惑されるようになる。他者を代表する「未開人」は，おそらく，自らの真正性に悩み煩うことはなく，真正性を問題にすることもない［マキァーネル 2012：112］と観光者は考えて自社会を離れる。しかし，どこに行ってもその「真正なるもの」には出会えず，あるのは近代化の影響を受けた「演出された真正性」だけである［橋本 2014：170-171］。

　そして現在の大衆観光，とくに「ポストモダン観光」の現場では，まがいものでも「よく知られたもの」にまなざしが向けられ，もはや「真正性」が問題にされないのが現状である。「ほんもの」とも「一回性」とも無縁になり，遊戯的で，ハイカルチャーから脱し，次から次へと関心とまなざしを移し，相互に対照して楽しみ，通俗的なもの，にせもの，土産物などあらゆるものと戯れて楽しんでいるのが，現代の観光者である［アーリ 1995：179-181；橋本 1999：52］。

　観光研究で当初問題になっていた「真正性」は，以上のような曲折を経て，本来の文脈から切り離されて観光の文脈におかれたとき，伝統文化や儀礼などは「真正性」を喪失することをポストモダンの観光者はみな認識している。現在の「ポストモダン観光」の場では「真正性」の議論はふさわしくないという結論になったように見える。しかし，ここまで議論されてきたのは「客観的真正性」の問題であった。「主観的真正性」に関する議論が大きな問題として残っている。上演される「観光文化」を「ほんもの」と感じる観光者がおり，そう考える地域の人々がいる。とくに地域の人々が地域の資源を発見・創造し，地域文化として育てあげ，観光者に提供する「地域文化観光」においては，この「主観的真正性」が重要なテーマとなる。

■ 2-2　客観的真正性と主観的真正性

　観光研究における議論として，本章「1-1 人類学的考察」のなかでも，そして本書全般においても，「真正性」は重要なテーマとなっている。E. ホブズボウムと T. レンジャーが著した『創られた伝統』［1992］では，伝統文化といわれるものが創造・構築される過程が明らかにされた。常に創造され，更新される「伝統文化」の姿を

目の前にして，誰が，何をもって「伝統」と名づけるかなどに注目が集まるようになった。多くの観光の現場では，この「伝統」も含めて，地域文化に根ざした観光対象が観光者に提示されている。これまで地域の生活や儀礼の場にあった技術やパフォーマンスが，本来の文脈から切り取られて観光の場という異なる文脈で提示・上演されることは，もはや本来のものとはいえず「真正」ではないと『観光人類学の戦略』［橋本 1999b］において筆者は考えた。たとえ同じものであっても，本来の文脈から切り離されて観光の文脈におかれたとき，本来の意味を失い「まがいもの」になる。しかし，観光者は「よく知られたもの」であればその「まがいもの」をもまなざしの対象にする。観光において，とりわけ大衆観光においては，観光対象の「真正性」，すなわち「客観的真正性」についての議論はなじまないとの立場をとっている［橋本 2011：10］。この大衆観光における「真正性」に対する考えは本書でも変わっていない。

■ 2-3 「地域文化観光論」における主観的真正性

しかしながら「主観的真正性」が「地域文化観光論」では重要なテーマになる。地域の人々にとって，そして観光者にとって，この「主観的真正性」を担保することが重要になる。それは観光者の観光経験の「真正性」を保証することに関わる。本来の文脈から切り離されて観光の場に提示されるとき客観的真正性が喪失することは大前提であるが，それにもかかわらず，現実の場面では「真正性」がさまざまな意味合いで問題になる。とくに「観光まちづくり」の現場では「昔からの伝統」や「ほんものかどうか」といった議論が取り上げられることが多い。その場合，真偽を定めるのは誰か，が重要な問題となる。現場では立場によって利害関係によって判断が分かれるが，それを考慮に入れたうえで，真偽を定めるのは主体的に活動する地域の人々であるとの立場に筆者は立っている。

「地域文化」や「地域性」は，グローバルな流れやナショナルな流れから画一性を押しつけられるときに姿を現し，ローカルな主体の生産に関わる［アパデュライ 2004：328］。本書ではその「ローカルな主体」として現れた地域の人々が，「発見・創造」した文化資源を，「地域文化」に「育てあげ」，それを観光者に提示する活動（＝「地域文化観光」）に注目する。「地域性」を反映する「地域文化」を「ほんもの」にするのは，このような地域の人々の活動なのである。この活動を通した「真正化」の過程において，「発見・創造」された「地域文化」は「ほんもの」になっていくのである。また，この場合の「地域の人々」とは，単に行政的に区分された住

民を指すのではなく，当該地域に愛着をもつ人々で，「地域文化」創出活動に自発的に参加する人々と，その活動を通して行政的な枠組みを超えて結ばれていく人々を指している［橋本 2011：155-156］。

　観光対象が本来の文脈から切り離されて観光の場に提供される場合は，切り離された時点で「客観的真正性」が喪失することを現代の観光者は認識している。しかし，地域の人々が誠実に「真摯」に自分たちの文化を伝えようとしている場合には，その人々の姿勢を「ほんもの」であると評価することがある。ホストがゲストに真摯に応対し，ゲストもそれに応えるとき両者の間に信頼関係が生まれる。この信頼関係に基づいて，観光者は地域の人々を信じ，彼らが提供する文化を「ほんもの」だと信じる。そしてこの両者の信頼関係に基づく自らの観光経験を観光者は「ほんもの」だと判断するのである。「地域文化」の提示の場面はいまや世界中において同じように見られるが，提示者により，それを受け取る観光者によって観光経験は同じものにはならないという現実が現出している。「真正な」観光経験にとって重要な要因となる「主観的真正性」および「真正化の過程」については，第2章2-1, 2-2で詳しく論じる。

第2章

「地域性」「地域文化」の創造,そして「地域文化観光論」へ
「地域化」と「真正化」

　「地域文化」とは,地域に伝統的に所与のものとして存在するものではない。地域の人々が発見・創造し,育てあげたものが「地域文化」である。「地域文化」は地域の特徴を刻印された「地域性(ローカリティ)」と深く関係し,「地域性」を反映するものと考えられる。その「地域性」もまた所与のものではなく発見・創造され,人々によって育てあげられるものである。このように生成・構築されるものとして「地域性」をとらえると,「まちづくり」の現場で取りざたされることの多い,「昔からの伝統」や「ほんものかどうか」といった議論に引っ張られることなく,地域の人々が創造性を発揮する自在な場を確保することができる[橋本 2011：155-156]と,『観光経験の人類学』[橋本 2011]のなかで「まちづくり」と地域文化観光との関係を述べた。本章では人類学の基本に戻って地域と地域性との関係について考え,その地域性を反映する地域文化観光についての知見を深めていく。

1　「地域化＝ローカル化・土着化」について

1-1　「地域性」について：ローカリティの生産,ローカルな主体の生産
　地域の人々とはどのような人々なのであろうか。本書では単なる行政的な地区に所属するだけの人々ではなく,何らかの仕方で,受動的であれ能動的であれ,自らが「地域」の成員であることを容認した人々を「地域の人々」ということにする。人類学的表現を用いれば,自らに「地域」の刻印を印すことを容認した人々を指すことになる。
　ほとんどすべての社会に民族誌的事例として「通過儀礼」に関する記録が残されている。慣例的,受動的に集団への所属を示すために,身体になんらかの徴を刻印

する儀礼がおこなわれ，親族や同胞，友人から構成される共同体に所属する者となるのである。この「ローカルな主体」を生産するための社会的技法が「通過儀礼」であるとアパデュライは「ローカリティの生産」［アパデュライ 2004：319］で述べる。通過儀礼としては命名や剃髪，隔離，割礼などの行為が報告されているが，これらはローカリティを身体化する手法でもある。ここで注目すべきことは，社会的・空間的に境界を定められた「地域」を身体に刻み込むことを容認した者が「ローカルな主体」であるという点である。「地域文化観光」の事例においては，さまざまな主体が地域の人々として登場してくるが，どの場面で，どのような「ローカリティ（地域性）」を身体化しているのかを検証する必要がある。

　さて，アパデュライは「ローカリティとは，何よりもまず関係的でコンテクスト的なものであって，スケールに関わるものでも，空間的なものでもない」［アパデュライ 2004：318］という。それは，社会的直接性＝非媒介性の感覚，相互行為の技法，コンテクストの相対性が連続的に結びつくことによって構成されており，ある種のエージェンシー（行為性）や社会性，再生産性のうちに表出するものであるという。それに対して，「ネイバーフッド（近接）」という用語で，ローカリティが価値として現実化される現に存在する社会形態をいい表す。この「ネイバーフッド」は，条件づけられた共同体であり，空間的であれ仮想的であれ，現実性と社会的再生産の可能性をその特徴としている［アパデュライ 2004：318］。この「ネイバーフッド」が「地域」に相当すると本書では考えている。

　アパデュライは，ローカリティとは本来的に瓦解しやすい社会的達成であるという。最も親密な，空間的に囲い込まれ，地理的に孤立した状況のもとでも，ローカリティはさまざまな敵から慎重に守られなければならない。境界内の社会関係が分裂的で，ネイバーフッドの解体へ向かう持続的な傾向をもっている社会があり，また，生態系とテクノロジーが住居や居住空間の絶えざる移動を強いるために，社会生活に対して特有の不安感や不安定感を抱いている社会もある［アパデュライ 2004：319］。そのような脆いローカリティではあるが，ローカルな主体の生産と同じく，物質的に生産されるプロセスも民族誌的記録のなかには多く存在する。住居の建築や，道や道路の編成，田畑や庭園の造成と整備，人間を超越した空間や狩猟採集民の地勢の地図化と交渉などは，ローカリティの「空間的生産」を支える技法であった。それが，「ローカリティの生産」の事例として，すなわち社会生活の一般的属性であると同時にその特定の評価としてみなされることがなかったとアパデュライは指摘する。物質的な達成は，記述上，住居建築や庭園造成などを支えるテ

クノロジーへと解体されてしまうが、ローカル化の一般的なテクノロジー（と目的論）の契機として考えるべきだと指摘する［アパデュライ 2014：320］。

本書では、現代アートを過疎地において制作し、展示するという「地域芸術祭」を扱うが、それはローカリティの空間的生産を支える技法として捉えることが可能である。単にアート作品の展示場所として地域があるというだけではない。それによって地域（ネイバーフッド）が生産されるという指摘も可能になる。アパデュライは、人類学者によって歴史的に研究されてきた社会における（たとえば、島嶼部や森林、農村、狩猟民の野営地で見られる）ローカリティの生産は、ローカルな主体ばかりでなく、ローカルな主体性をコンテクスト化するネイバーフッドを生産する問題でもあると指摘する。空間と時間はそれ自体が、パフォーマンス、表象、行為という複雑な意図的実践を通じて、社会化されローカル化されている。これらの儀礼過程の一般的性質のなかで最も特筆すべきことは、それが優れて特殊な方法で持続や拡張をローカル化し、名称や属性、価値や意味、徴候や解読可能性を与えていることである。場所を名づける技法や、田畑や動物などの再生産される空間や資源を保護する技法、季節の変化や農業のリズムを作り出す技法、新しい住居や井戸を的確に配置する技法、境界を的確に定める技法は、空間と時間の社会化の技法であることをアパデュライは強調する。それらは、ローカリティの時空間的な再生産の技法である。小規模社会は無数の方法でローカリティを、現実的にも可能性のうえでも、所与のものとして扱うことを回避していた。力を尽くした規則的な苦役がローカリティの物質性の生産や維持を請け合わないかぎり、ローカリティは儚きものなのだ、と思い込んでいるかのようであると述べる［アパデュライ 2004：321］。

過疎地域に無謀にも評価の定かでない現代アートを展示するという並々ならぬ努力を必要とするプロジェクト（苦役）を実践することでしか、この儚いローカリティの生産が達成できず、さらにそれを維持するためにさらなる努力を継続することが求められていることに注目するならば、小規模社会が直面している問題の共通性と同時代性に気づかされる。

■ 1-2 「ローカルノレッジ（固有の知）」へのアプローチ方法

ここで「ローカルノレッジ（固有の知）」について考えてみよう。クリフォード・ギアーツは『ローカル・ノレッジ』［1991］のなかで英米の法伝統とイスラム的、インド的、マラヨ＝インドネシア的法伝統を対比し、その法伝統が直接的、実際的に対立せざるをえない現代世界においてこのような相違がどのような意味をもつのか

を論じている。彼が描写するのは弁証法的な往復運動である。法律家の見地から物事を見ることと人類学者の見地から物事を見ることとの間，現代西洋の先入見と古典的中東やアジアの先入見との間，規範的観念の構造としての法と一連の決定手続きとしての法との間，広く行きわたった感受性と直接手元にある事例との間，自律的体系としての法伝統と互いに競合するイデオロギーとしての法伝統との間，そして最後に「固有の知識（ローカルノレッジ）」の小さな想像性とコスモポリタン的意志の大きな想像性との間の対比をおこなっている［ギアーツ 1991：22-23］。

1）文化解釈学的アプローチ

本書では，ギアーツのように事実と法との関係を扱うわけでは，もちろんない。本書では「地域文化」を扱うための方法についてヒントを得るために，この「ローカルノレッジ」的方法を参照するのである。ギアーツは序文で，「問題は芸術（あるいはどのようなものでも）が普遍的か否かではない。問題は，西アフリカの彫刻や，椰子の葉に描かれたニューギニアの絵や，イタリア 15 世紀の画法や，モロッコの詩作について，それらが互いに何らかの光を投げかけ合うような形で語ることができるか否かである」という［ギアーツ 1991：16］。このような「意味するもの」がどのように，そして何を，意味するかを理解するためには，それらを図式的パラダイムのなかに押し込めたり，それらを「生成する」とされる抽象的規則体系にまでやせ細らせていくよりも，それらを社会的文脈のなかに位置づけることの方が有益であることを示そうとしたという。「これらの事例について同時に語ることが有益なのは，それらはみな共有の感受性を刻んでいるから，ある固有（ローカル）の人々に固有の形で固有の心を提示しているからである」［ギアーツ 1991：17］という。地域に固有の現象をとりあげ，徹底的にローカルであることが，かえって全体的理解に通じるという。本書でも同じように「地域」にこだわり，そこから全体を見通そうとする立場をとっている。

「場所に関するわざ」についての指摘も示唆的である。法および民族誌は，帆走や庭造りと同じく，また政治や詩作がそうであるように，いずれも場所に関するわざ（クラフツ・オブ・プレイス）であるという。それらは，地方固有の知識（ローカルノレッジ）の導きによってうまく作動する。たとえば，ポトラッチや擬娩のような一定の地域に見られる慣行や，とりとめのない学識，風変わりな雰囲気，そしてそれに加えて人類学と法学が共有するその他のものがなんであれ，両者はいずれも局地的な事実のなかに広く普遍的な原理をみつけ出す職人仕事に属するものとい

ってよいと指摘する［ギアーツ 1991：290］。

　さらに異なる伝統をもつ学問間の共同研究についても，人類学と法学の双方において，相手側の分野とはいったい何かについてのきわだった，そしてより厳密な認識が必要であるという。まさに，観光学という新たな分野を展開させようとするときにも，必要なものは相手側の分野とはいったい何かについてのきわだった，厳密な認識が必要とされよう。これまでおこなわれてきたやり方よりももっと法と人類学をバラバラにしてしまう方法の必要性を示しているように思われる。すなわち無条件につべこべいわずに法を人類学に接合するのではなく，二つの分野の交差する道に存在する分析的な争点をみつけ出すことがそれに当たる。その方法は二つの領域の間を，解釈学的に方向を変えながら進んでゆくことである。まずある分野の方向に，そして次は別の方向にジグザグに進んで，両分野にその性格を与える，道徳的，政治的，知的な争点を系統立ててゆくことであると述べる［ギアーツ 1991：294］。

　さらには，異なった「固有の知」同士を対峙させ，相対化する必要性を述べる。人類学を悪名高くしている「相対化」ではあるが，この「相対化」において，自己知識と自己認知と自己理解の過程が，他者の知識と他者の認知それに他者の理解の過程と接合するものであり，この接合によってわれわれが何ものであり，そしてわれわれは誰のあいだに存在するのかを特定し，ほとんど完全に見分けることができるとの再評価をおこなっている。ギアーツは「文化解釈学」への方向性を示す。少なくともある部分では人類学の傾向が変わり，個人および個人からなる集団が生をまっとうするために必要な意味の構造に強い関心を払うようになり，そうした意味の構造を形成し，伝達し，課し，共有させ，改変し，再生産する象徴および象徴体系に対する関心が強くなっていると1980年代初頭の学問的状況を説明する［ギアーツ 1991：313-314］。

　彼は文化解釈学，つまり行為の意味論を提唱する。「私は，文化固有のオリに耽溺し，理屈づけの手だてに熱中して，象徴体系のただ中に真逆さまに飛び込んでゆこうと思う。そうすることで世界が手元から逃げてゆくことはない。むしろ反対に，そうすることで一つの世界が見えてくるのである。いや，一つではない，さまざまの世界が視野に入ってくる」［ギアーツ 191：316］という。この「固有の知」にこだわり，固有の象徴体系のなかに飛び込んでゆく姿は，人類学のもはや基本的な姿勢になっている。

2）「ローカルな主体の生産」

しかしながら，ギアーツのこのような文化解釈学的なアプローチに対して，アパデュライは「ローカルノレッジと考えられてきたものの大部分は，実際のところ，ローカリティをさまざまな条件下（不安やエントロピー，社会的摩擦や社会的流動性，不安定な自然環境や容易に変化する宇宙，親族や敵，精霊，粒子など常に降りかかってくるありとあらゆる偶然的な現象などの条件下）で生産かつ再生産する手法についての知識である」と指摘する。そしてローカルノレッジでいうローカリティとは，「交渉の余地がないいま＝ここに埋め込まれているという意味や，かたくなに事物一般への無関心を貫いているという意味に留まるものではないし，また，それが主たる意味であるわけでもない。このような特性が，［…］決定的に重要だ，としてもである」［アパデュライ 2004：321-322］と批判し，「ローカルな主体の生産」に焦点を当てることを主張する。「ローカルノレッジがその対象としているのは，何よりもまず，ローカル的だと信頼しうる主体を生産することである」と強調する。それはこうした主体を認識し編成することを可能にする，ローカル的だと信頼しうるネイバーフッドを生産することにも関わる。この意味で，ローカルノレッジは，「他のノレッジ（観察者がローカル化の程度が低いとみなすようなノレッジ）との対照によってではなく，それ自身のローカルな目的論やエートスによってその本質が発現する」と述べる。「ローカルノレッジとは，即自的にローカルであるばかりでなく，さらに重要なことに，対自的にローカルでもある」という［アパデュライ 2004：322］。

本書で扱う「地域芸術祭」について，本格的な調査や考察が十分に蓄積されていない状況のなかで，美学サイドからの批判がはじまっている。その批判については後で（第10章第3節）詳しく紹介するが，たとえば「お祭りの楽しさの中にこそ「美」があるとしたら，「批評」の居場所がない」［藤田 2016b：32］とし，外部からの批評を受けつけない「地域アート」は政治的・経済的なプロジェクトでしかなく，参加者たちの素朴な感想の輪のなかで「芸術」が充足してしまっていると批判される[1]。さらにはそこに参加しているボランティアの活動を，「ある種のやりがい搾取を肯定し，非正規雇用者のアイデンティティを維持させるための道具」［藤

---

1) 本章2-2で説明する「ホットな真正性」の特徴である，「外部からの批判を逃れる傾向にある」のは，「地域芸術祭」においても，また「アニメ聖地巡礼」においても見られる特徴である。また，後で述べるが，外部からの批判を逃れる傾向にあるのが，この「ホットな真正性」の特徴でもある。

田 2016b：22]であると批判する立場もある。まさにこのような現場を扱うときに必要とされるのが，ここで「ローカルノレッジ」研究について述べたように，他の領域（芸術批評など）との対照によってではなく，まずは現場に耽溺し，ローカルな目的論やエートスに深く触れ，そこにこだわり，味わいつくすことからはじめることである。それと同時にギアーツのいう弁証法的に「二つの領域の間を，解釈学的に方向を変えながら進んでゆく」ことが求められる。まずある分野の方向に，そして次は別の方向にジグザグに進んで，両分野にその性格を与える，道徳的，政治的，知的な争点を系統立ててゆくことが必要である。そのなかで，アパデュライのいう「ローカルな主体の生産」に注目し，安易な批判に回収されない見識をもつことが求められるのである。

■ 1-3 「地域化」：「ローカル化」「土着化」の視点から

　本書で問題にするのは，「地域文化」を対象とする観光である。「観光まちづくり」の文脈では，地域の人々が主役となって発見・創造した地域の文化資源をもとにして構築する観光に焦点があたる。本章のはじめに触れたように，「地域文化」とはその地域に伝統的に所与のものとして存在するものではない。地域の人々が発見・創造し，育てあげたものが「地域文化」である。「地域文化」は地域の特徴を刻印された「地域性」を反映するものと考えられる［橋本 2011：155-156］。この「地域性」や「地域文化」は，先のアパデュライの「ローカリティの生産」で検討したように，グローバルな流れやナショナルな流れから画一性を押しつけられるときに，「ローカルな主体」とともに姿を現す。観光の場において近年議論されるようになった「真正化」の過程に注目するなら，「地域性」を反映する「地域文化」を「真正（ほんもの）」にするのは地域の人々の活動である。それが「地域文化」となる過程を「地域化」として考察をしていく。

　「観光まちづくり」の現場では，「地域の独自性」とか「その地域らしさ」など，地域を代表する特徴が「地域性」だと考えられている。その「真正性」に関して，特別には議論の対象とならず，漠然と「地域のものはほんものである」と考えられている。ここでは構築主義的に，どのような過程を経たものが「地域のもの」になっていくのか，すなわち，どのような過程を経たものが「真正なもの」と認められるのかについて考える。外来の要素が地域のものとなる典型的な事例として，第三世界における植民地時代以前・以後のキリスト教と近代スポーツがあげられる。本書では外来の要素である現代アートが過疎地域にもち込まれて「地域芸術祭」が展開さ

れる事例を扱うが，2000年からはじまったばかりであり，評価が十分に確定していない現象である。それを分析するために参照するのが「ローカル化（localization）」と「土着化（indigenization）」に関する議論である。

1）キリスト教の土着化：フィジー・キリスト教

　南太平洋のオセアニア地域にキリスト教は18世紀末に伝道され，「土着化」した。19世紀後半になるとその土地でキリスト教を学んだ現地の島嶼人宣教師が未改宗地のソロモンやニューギニア島嶼部に出向き，キリスト教を伝えた［Brown 1978：75-76；橋本 1999a：50-51；橋本 2001：2］。外来のものが「ローカル化」し，さらに「土着化」して，「地域のもの」となる事例であった。フィジーのキリスト教会を研究したティペットは，キリスト教信仰が伝播され，それを地元が受容し，現地人によって運営されるものを「ローカル教会」として説明した［Tippet 1980：2］。この段階は，教会を地元の人々が運営するようになっても，取り入れられた概念や教えは外来のままであると理解されている。「ローカル化」はしているが，「土着化」はまだしていない状態である。「土着化」とは，「ローカル化」の状態が世代を経るにしたがって地元の文脈のなかで理解され，血肉化されて自分たちの「伝統」になったと認識されるまでになる過程である。現在，先住民であるフィジー系住民の99％以上がキリスト教徒であり，その大半が所属するメソディスト教会ではフィジー語で「ロトゥ（キリスト教信仰）はヴァヌア（土地，土地の伝統）とともに歩む（*lotu lako vata na vanua*）」とよく語られる。その意味は「キリスト教信仰は土地の人々の伝統とともに歩む」ということであり，キリスト教の「土着化」を示す言葉になっている。この土着化した「ロトゥ」では，習合して地元の祖先神もキリスト教徒の祈りの対象となり，フィジー・キリスト教はもはやフィジーの「伝統」となっている。キリスト教会の組織は，そのあり方，活動，行事のどれをみても「在来のあり方（ヴァヌア）」と矛盾なく共存し，むしろその「ヴァヌア」を積極的に推し進める基盤となっており［橋本 1996：164-165］，「土着化」が達成された段階にあるといえよう。

2）スポーツの土着化：インド・クリケット

　アパデュライは，インドにおけるクリケットの「土着化」に注目する。クリケットはイギリスのピューリタン精神の価値観を表象しているので，「土着化」は一見ありえないように思えるが，インドでクリケットは「脱植民地化」し，深く「土着化」

している。いまや人気スポーツとなり，人々は真性のクリケット熱に罹患しているという。注目すべきは，この「土着化」はいままでの文化的パターンとは切断された，「近代化」という集合的で見せ物的な実験のなかで現出した点である［Appadurai 1995：24］。インドでの近代スポーツの「土着化」を検証する場合には，次の6点に注目する必要があるという。

> 1. クリケットがいかに運営され，支援を受け，宣伝されるか
> 2. インド人プレイヤーの階級的背景や，彼らがヴィクトリア時代のエリートの価値観を模倣する能力といかに関係するか。
> 3. チーム精神と民族感情との弁証法について。民族感情はクリケットに内在し，かつ帝国における境界を侵食するものとなるか。
> 4. いかに才能をもったプレイヤーが，都市部のエリート層以外の場所で形成・養成され，インド内部での自己充足が可能になるのか。
> 5. いかにメディアと言語がクリケットから「英国性」のくびきを外すのか。
> 6. いかにクリケットに身体的な競い合う力と男らしい民族主義を充填し，ポストコロニアルな男性の見せ物に仕上げていくか。

以上の6点から，アパデュライは「土着化」を検証する。インドにおけるクリケットの「土着化」は，パトロンの「土着化」，エリート階層の模倣，ナショナリズム，プレイヤーの育成，地元言語化による英国性からの離脱，男性性などの領域の問題が相互に関係しながら進展していったのである［Appadurai 1995：24-25；橋本 2001：4］。

クリケットは，インドにおいては複雑な過程を経て「土着化」が達成された。本来は貴族の余暇の遊びだったものが，インドでは英国軍兵士やインド人王子たちが支援し，インド人チームが結成されて競い合うことになり，上手な平民出身者が上位チームに迎えられるようになった。1930年代になると「真のクリケッターが真のインド人」であるといわれるまでになった。その頃には英国人たちはインド人の実力を認めていたが，まだ「骨がないようだ」とか「魔術師だ」といった評価を下していた。その後，インドでは「クリケットをするのがインド国民だ」という理念さえ成立し，メディアによる言語レベルにおける「土着化」も進展した。英語ではなく，地元の言葉でクリケットを語りはじめ，都市民以外もクリケットというコスモポリタン文化に参入することになった。この言語は「スポーツ・ピジン」とい

われる英語と現地語を混ぜた言葉で，スポーツの「土着化」に重要な影響を与えた［Appadurai 1995：30-34］。ラジオでの地元語のコメントがクリケット熱を広め，その後のテレビ放映が大きな転換をもたらしたという［Appadurai 1995：37］。

1980年代になると，インドでは支援者となる地元企業によって商業化が進み，メディアによって民族的パッションが煽動された。地元企業によるスポンサーの「土着化」は，観衆に受け入れられ，クリケットの商業化を推し進めた。国家も助成金を拠出してサポートし，企業は選手を雇う形で支援をはじめた［Appadurai 1995：40-43］。

以上のような経過を経てクリケットの「土着化」が達成されたのである。「ローカル化」と「土着化」の基準を適用すれば，クリケットが人気をえて地元で選手をリクルートできるようになり，地元の人々によって運営されるまでが「ローカル化」である。その後地元言語化されるにいたって「土着化」が進み，地元の文脈でクリケットが考えられ語られ，「地域のもの」になり，国家レベルでは「国民スポーツ」になっていったのである［橋本 2001：3-5］。

3）近代スポーツの「土着化」：フィジー・ラグビー

フィジーでは1835年にフィジーに上陸したキリスト教が「ローカル化」を経て「土着化」を達成している。そのキリスト教と同様に近代スポーツのラグビーも「土着化」を遂げている。1874年にイギリスの植民地となり，1884年にフィジー人兵士とヨーロッパ人兵士との間でラグビーの最初の試合がおこなわれたという記録があるが，活発になったのは第二次世界大戦以後である。競技人口のほとんどが地元の人間になり，競技大会を運営する組織やスポンサーからイギリス人が減少し，地元民が中心になっていく「ローカル化」を実現した。その後，地元なりの発展をとげ，他国から「フィジアンマジック」と評価されるような華麗なステップとパス回しを育み，1987年の第1回ラグビー・ワールドカップでベスト8に入った。このような「土着化」の過程を経て，「国民スポーツ」となった［橋本 2006：9-11］。もともと7人制ラグビーの世界大会では何度もチャンピオンになっていたが，2016年にはじめてオリンピック種目となった7人制ラグビーにおいて初代金メダル獲得者になった。

筆者との会話のなかで「ラグビーとはロトゥ（キリスト教信仰）だ」とナショナルチームのマネージャーが語ると，それを聞いた首都スヴァのチームのマネージャーが「同じパッションだ」とその語りを受ける。ラグビーをキリスト教信仰とのアレ

ゴリーで語るこの語り口はフィジーではかなりの普遍性をもち，地元の人々に受け入れられている。フィジー・ラグビーは，フィジーの近代化の流れのなかで「フィジー性」を獲得してきた。先のアパデュライの「土着化」に関する六つの基準に照らしてみると，パトロンに関しては，国家がパトロンとなり選手のプロ化を推進した。チーム精神，民族感情は国民意識と一致しており，才能をもった選手はフィジー全体からリクルートされ，フィジー国内で充足されている。メディアでは，新聞やラジオ，テレビなどでラグビーは十分に現地語化され，「スポーツ・ピジン化」もされ，男性のフィジー人らしさの代表としてラグビー選手は賞賛されている。「ロトゥ」「ヴァヌア」とともに語られる「ラカヴィ（rakavi＝ラグビー）」はキリスト教信仰と同じく「土着化」し，フィジー人のアイデンティティを支える基盤となっているのである［橋本 2001：15］。

　本書では外来の要素が地域に受容され，どのように「ローカル化」と「土着化」の過程を経て，「地域のもの」となっていくのか（＝「地域化」の過程）を検証している。後に述べる「真正化」との関係でいうと，「土着化」の過程までたどり着いたものを「ほんもの」，すなわち「地域化されたもの」＝「地域のもの」と考える。外来の要素の「地域化＝ローカル化・土着化」に本書では主に焦点を当てているが，地域においては一方で「グローバル化」現象も見られる。インドにおけるクリケットの土着化の過程とは対称的な過程を経て，インドの土着のスポーツであったカバディは国際的なスポーツとなった。ルールと言葉が世界的な「標準化」の過程を経ていったのである。アルターは，カバディの標準化は，空間と時間と身体運動のために厳格に輪郭づけされたヨーロッパ流の基準を設定するという「新たな植民地化」であると主張する［Alter 2000：96］。カバディは地方ごとの土着性を失うにしたがって，国民全体のスポーツとなり，さらにはインド性を失うにしたがって国際的なスポーツとなった。しかし，カバディは近代的で国際的なスポーツになるにしたがって「インド性」を失ったのであろうか。それとも新たな「インド性」を獲得したのであろうか。英国のサッカーは世界各地でそれぞれの国の国民的スポーツとなっていても，英国内におけるサッカーの位置と意味は揺るがず，「英国性」を表象するスポーツであることに変わりはない［橋本 2001：5］。しかし忘れてはならないことは，世界的な位置づけが変わるとともに，英国における意味もまた新たなものになっていることである。次章でアクターネットワーク理論に言及するが，あるアクターが他のさまざまなアクターを取り込んで新たなネットワークを形成するとき，これまでのアクター間の関係と役割，そしてそれぞれのアクターに付与さ

れる意味は変化する。「国際化」または「土着化」という過程においては，そこに取り込まれるアクターの種類を変化させ，個々のアクターに付与される意味もまた変容するのである。

「地域化＝ローカル化・土着化」の理論とアクターネットワーク理論（ANT）との関係については，第3章で明らかにする。

2 真正性について

■ 2-1 「真正性」再考

本節ではコーエンとコーエンによる「クールな真正性」と「ホットな真正性」における「真正化のプロセス」［Cohen & Cohen 2012：1298］を検証するが，そのまえに第1章で紹介したマキァーネルの「上演された真正性」以後の議論をふりかえってみよう。

1）客観的真正性

コーエン［Cohen 1988］によれば，人々が真正性にこだわりはじめたのは近代以降のことであり，「文化の商品化」は地域の文化的製品の真正性を損なうと考えられたという。マキァーネルの「上演された真正性」の議論では，観光者はまがいもののアトラクションを「真正なもの」だと誤って信じさせられ，「いつわりの観光観」が作りあげられる。「文化の商品化」は，地域の人々のための文化的製品の意味を損なうだけではなく，観光者にとっての意味も損なうと指摘する［Cohen 1988：372-373］。マキァーネルの「真正性」に関する議論には，感情に関わる真正性と知識に関わる真正性の二つの論点があったとセルウィン［Selwyn 1996：6-7］は述べる。とくに「真正な経験」というときには，感情の領域で経験する真正性を指している。そして「上演された真正性」を語るときには，オリジナルな事物がもつ客観的真正性，すなわち知識に関わる真正性を問題にすることになり，観光者が「上演された真正性」にだまされるという結論になるという。

「真正性」は客観的に存在するものではなく，過程構築主義的に「出現する」という指摘がその後の議論の中心になっていく。「真正性」とは「原初」に与えられたものではなく，交渉可能なものであり，はじめは「まがいもの」と思われていても，時間とともに受け入れられ，真正性を獲得していくという過程を経る事例も多いとコーエンは指摘する［Cohen 1988：379］。この指摘を受けてワンは，観光対象の「客観

的真正性」に関する構築主義的議論を次の2点にまとめる。第一は，文化は常に動態的な過程のなかにあり，オリジナルなものの真正性を保証する絶対的で静態的な起源は存在しないという議論である。第二は，「伝統の創造」研究における，起源や伝統はそれ自身が創造され構築されるという議論である。伝統や起源の構築には権力と社会的過程が含まれ，真正性は事物本来の性質ではなく，歴史解釈を争う利害関係者の議論にさらされる社会過程・葛藤である［Wang 1999：355］という。当初は真正ではなく人工的だといわれても，時とともに新たな真正性を帯びる事例としてディズニーランドをあげ，「観光者は真正性を追求している」とワンは述べる。観光対象は客観的に真正であるのではなく，社会的構築の結果として現れる「象徴的な真正性」をもち，リアルであるから真正なものとして経験されるのではなく，「真正性の記号または象徴」と受け取られるから真正なのだと指摘する［Wang 1999：355］。

このような構築主義的議論を経て，「主観的真正性」へと焦点が移行していくのである。

2）観光者にとっての真正性：観光経験の四つの型

客観的な真正性に関する議論ではなく，観光者の経験する真正性，すなわち主観的な真正性に注目して議論を進め，観光者が真正性を求める度合いによって「気晴らし型」「レクリエーション型」「体験型」「実存型」の四つにコーエンは分ける［Cohen 1988：377］。観光対象に本来の真正性を見出そうとするか，真正性には無関心で単なる楽しみの対象とするかで分類する。「気晴らし型観光者」は真正性についての問題意識さえももっていず，「レクリエーション型観光者」の真正性にたいする基準は広くゆるいという。「体験型観光者」は，他者の「真正なる生活」を体験しようとし，真正性に関する自分なりのかなり「厳格な」基準をもっている。そして「実存型観光者」は自ら近代性を捨て，観光対象となる他者を自ら想定した場所に設定し，その「真正なる世界」に入り込んでいく。しかし彼らは人類学者や学芸員と違って客観的な真正性に関する基準をもっていないので，マキァーネルのいう「上演された真正性」の餌食になりやすい。真摯な観光者を信じ込ませる「上演された真正性」は，見せかけだけのまがいものよりも陰険で悪質であるという。

コーエンのこの四つの型の分類には，依然として観光対象の客観的真正性の有無が前提とされていることを指摘する必要がある。筆者は，これまで述べてきたように，大衆観光では対象に関する「真正性」の有無にはこだわることなく，まがいものでも「よく知られたもの」にまなざしが向けられることを強調してきた。客観的

第2章 「地域性」「地域文化」の創造，そして「地域文化観光論」へ　　31

真正性に関しては，本来の文脈から切り離されて，観光の文脈におかれたとき「真正性」は喪失する。それを現代の観光者はすでに承知のうえで，観光の場に赴いているのである。そのうえで，観光者が「自らの観光経験が真正であること」を求めているとは，どういうことかを考察する必要がある。『観光経験の人類学』［橋本 2011］では，観光者が求める「真正なる観光経験」は，観光対象の客観的真正性を吟味する認識論的な経験ではもはやなく，その真正性は，客観的な白か黒かの問題ではなく，もっと幅広い範囲の，豊かな曖昧性と関わり，観光者が紡ぎあげる「ものがたり」の内容と関係すると指摘した。客観的真正性に関して，専門家が「真正ではない」「上演された真正性である」と判定したものを前にしたときにも，多くの現場で観光者が自らの観光経験を「真正」であると判断する現実がある［橋本 2011：217-219］。

3) 主観的真正性へ

ここで問題となるのは観光者の観光経験に関しての「主観的真正性」である。それには二つの議論がある。真正かいなかは観光者各自がもつ観点や解釈の結果であるという議論と，観光経験の真正性は，観光者が懐くイメージや期待通りのステレオタイプ化された文化を経験できるかどうかにかかっているという議論の二つである。それゆえ，第一の「真正なる経験」かどうかは，観光者自身が自らの観光経験をどう理解するかにかかっており，多元的で相対的なものになる。観光者自身が観光経験を真正なものだと主観的に判断すればそれは「ほんもの」になる。第二の場合に，真正性は観光対象に対して観光者自身がもつ信仰，期待，好みを反映する。観光者にとっての「真正なる経験」とは，現地の人々がほんものだと同意するものよりも，観光者自身の文化的価値観を反映したものとなる［橋本 2011：221-222］。

構築主義者が真正性を救出しようとしながらも墓を掘り，ポストモダニストが真正性を埋葬したとよくいわれる。第1章で紹介したように「遊戯的ポスト大衆観光」では，観光者はインターネットやテレビなどの今日のメディアを利用して「名付けられた景観」を垣間見，次から次へと関心とまなざしを移し，通俗的なもの・にせもの・みやげものなどあらゆるものと戯れ，楽しむ。唯一とか正当なものなどはなく，観光的なるものをただ遊ぶだけである［アーリ 1995：176-181］。そのようなポストモダニストにとって，オリジナルなものの真正性は過ぎ去ったものであり，真正性の概念とともに捨て去り，観光現場における非真正性を正当化しさえしている［Wang 1999：358］といわれる。次に述べる実存的な体験を求める観光者もま

た，以上のような今日の事情は十分に認識しているが，そのなかで自らの観光を選択し，その体験を真正なものと評価できるかどうかが重要な問題となってくるのである［橋本 2011：225］。

4）実存的真正性

実存的アプローチでは現代人を真正性を求める存在だと措定するが，それは単純ではない。近代社会が非真正的だから，真正性を求める自己は社会と対立し，葛藤する。疎外された現代人は，どこか他の場所に真正なる生を求める。しかし真正性は社会的に構築されたものであり，交渉可能な概念である。その交渉の仕方こそが研究のテーマとなるべきであるとコーエンはいう［Cohen 1988：373-374］。実存主義哲学では，真正性は人間存在の特別な状態を指し，そこで人間は自身に対し真実であることを模索する。神の存在が否定されたとき，所与の情況のなかでいかに「真正なる生」を選択し生きるかが問題になる。「神なる存在」から与えられた真正性はもはやなく，神なき状況下で生きることを選択した人間にとっての真正性が問題となるのである。それを観光の場に置き換えると，観光対象が真正性を付与されているかどうかに関係なく，観光者が自ら選択し経験した観光を，自らの責任でいかに享受し，真正なるものと評価するかが問われることになる。『観光経験の人類学』で筆者は，このような志向をもつ大衆観光者が存在するのかとの疑問を提出した［橋本 2011：227］。本書では，そのような「真正なる観光経験」を望む観光者を，もはや大衆観光者ではなく，地域の人々との交流を中心に据えた「地域文化観光者」と名づけている。

「真実の世界」を経験する「知識としての真正性」を「クールな真正性」とセルウィンは名づけ，それに対して「真実の自己」を経験する「感覚としての真正性」を「ホットな真正性」と名づける［Selwyn 1996：21-28］。セルウィンのこの分類は，「観光対象の真正性」から「観光経験の真正性」を分離し，観光経験の実存的アプローチに導く。

5）観光経験の真正性

キューバの踊り「ルンバ」の音楽や身振りに誘われて，踊り方を知らずにまねているうちに踊りに加わっていく事例を取り上げて，踊りがもつ創造的で精神浄化的作用のおかげで，このダンスはある意味の「実存的真正性」を生みだすとワンは指摘する［Wang 1999：360］。観光経験を問題にするときには，踊りが真正かどう

かは問題にならない。自己自身には認識論的に真実かどうかを決める基準はないが，近代社会で求められる「真正なる自己の追求」について検討することは可能であるとワンはいう［Wang 1999：360］。それは近代における「真摯さの崩壊」や「みせかけ」に対する反応として生じ，「真の自己の喪失」と密接に結びつく。過去や幼年時代は自由で，無垢で，より本当の生き方が存在したと考え，そのようなロマンティックな生が観光地にはあると考える。この場合観光者は，対象がもつ文字通りの「真正性」に関心をもっているのではなく，観光対象や観光行動を媒介にして，自らにとっての真正なる自己を探しているのである［Wang 1999：360］。ここで経験できる「実存的真正性」には，「個人的真正性」と「間人的真正性」があるが，本書で問題となるのはおもに「間人的真正性」である。

6) 個人的真正性と間人的真正性

個人的真正性において，ワンはまず身体感覚の重要性を強調する。旅行は身体的な苦痛ではあるが，この苦痛があるから絶頂の経験が可能になり，非日常的な性格があるからこそ魅力となる。「自己形成」や「自己のアイデンティティ形成」に関しては，日常生活では真正な自己の実現が難しいが，登山の愛好家は自然やアドベンチャーのなかでもう一つの「真正な」自分を見つけ出すという［Wang 1999：363；橋本 2011：232］。

「間人的真正性」について，ワンは実存的真正性は間人的関係のなかにあるという。他者の真正性だけでなく観光者は自己自身の真正性も求めている。とくに伝統的・情緒的共同体がもつ社会的真正性（または自然的社会性）が希求されるときには，既存の共同体の代わりに「連携」が求められる。その例として，家族の絆と「観光者コミュニタス」の二つをワンはあげる。家族の絆は「間人的真正性」の具体的な例であり，現代人が「真実の自己」を経験するプライベートな領域である。「われわれ・関係」，すなわち「真正な連帯感，一体感」を達成し強化する最初の観光者グループが家族であり，家族旅行ではリアルな家族的な親密さを実感する［Wang 1999：364］。「観光者コミュニタス」は，V. ターナーのいうコミュニタス概念を「真正に」経験する機会である。ターナーは巡礼において，聖なる価値を付与されるとともに高い情緒的連帯をも経験し，人間性に基づく，人間と人間との，平等で純粋な関係を体験すると述べる［ターナー 1981：146, 169-171］。伝統的儀礼におけるリミナル領域での「本当のコミュニタス経験」は，実存的に「真正なる生」を保証する場所になる。カリブ海のチャーターヨットに乗り合わせた人々が「自然に，友

好的で，真正に」お互いが知り合い，打ち解ける事例は，観光がコミュニタスを経験する機会を提供する可能性を示す［Wang 1999：365］。

　しかしながら，ワンの提示するこの事例はターナーのいう「擬似コミュニタス」的な人間関係であり，本来の伝統的な儀礼の「リミナル領域」で経験する理想的な「コミュニタス」とは性質を異にすることに注意すべきである。現代社会の特徴を反映させた「リミノイド」（リミナルもどき）という修正概念をターナーは提案している。それは「半・巡礼的」な性格をもつ観光での経験で，ターナーは「擬似コミュニタス」と名づけている［ターナー 1981：340-341］。現代社会の隙間に現れる船上やリゾート地での擬似的コミュニタスで作られた関係は，現実世界にもち込むことは必ずしも歓迎されない。そこは仕事現場や家庭などの日常から離れた観光者同士が，リアルな社会関係をもち込まない一時的な観光の空間で，「本当の自分」をさらすことができると夢想する者同士が出会う場所である［橋本 2011：234-236］。筆者は『観光経験の人類学』［橋本 2011］のなかで，先のワンが船上の「コミュニタス」に「実存的真正性」を過度に求めるのは問題であると指摘した。観光対象の「非真正性」と観光現場で体験する「擬似コミュニタス」をも考慮に入れて，自らの観光経験を実存的に「真正」であったかどうかを判断しているのが現代の観光者であることを考慮し直すべきである［橋本 2011：236］。

　その一方で，観光を提供する側にとっては，一貫して「誠実で真摯な」態度を保つことは，観光者の観光経験を「真正なもの」にするために必要不可欠であることを指摘したい。それに応じるのは大衆観光者ではなく，本書で提案している「地域文化観光者」である。

7）観光経験と「真摯さ」

　真正性を求める観光者が舞台裏を訪ねても，そこにはすでに用意された「見せ物」用の舞台裏しかないことをマキァーネルは指摘した。その「上演された真正性」には真剣な観光者ほどだまされることになる。このような事態に対し，ニュージーランドの博物館の事例を紹介するテイラーは，「真摯な」訴えをする上演者と，「真正なる」観光経験を探求する観光者との間の相互行為に注目する［Taylor 2001：16］。観光対象の客観的真正性の議論を超えた，上演者と観光者の「真摯で真剣な」観光経験の共有に注目する視点が，さらなる実存的アプローチに道を拓くのである［橋本 2011：237］。

　「多くの博物館では文化を客体化し，文化を殺し，死者を流用しているが，ニュ

ージーランドでのマオリ文化の提示は，威厳をもって行われている」とテイラーはいう［Taylor 2001：16］。「上演された真正性」の議論では，上演者も観光者も非真正なるものとしか関わっていないことになる。「真正性」のみならず「真摯さ」の概念も加えて考察すべきである。「マオリ・ヘリテージ・ツアー」は，企画者やコミュニティと相互的な交流ができるツアーを企画し，観光業者やメディアの宣伝による否定的なイメージやステレオタイプを正すために，聖なる場所でありコミュニティの中心である「マラエ」に観光者を迎える。会社の創設者は「マオリの歴史解釈が正当におこなわれていないことを知り，我が民が動き続けていることを見てもらいたいというパッションに動かされ」て会社を設立したという。マラエ・ツアーは，現地の人々とのコミュニケーション体験を企画し，「真摯さ」と「ほんもの」をアピールして「真正性」を生みだそうとしていると説明する。テイラーは「真正性」と「真摯さ」の概念を区別すべきだと主張する。「真摯さ」はコンタクト・ゾーンで関与するグループや個人の間に生成するものであり，一方「真正性」は事物，自己，他者それぞれがもつ個別的な性質であり，「真摯さ」と「真正性」とは本来関係をもたない。このツアーが「上演された真正性」であるとの批判は正しいが，このツアーは「真摯なる」出会いを生みだしている。この「真摯さ」に注目すべきだというのである。

このように「真摯さ」の概念を導入すると，文化体験の評価は「真正性」の議論を超えることができ，現地の人と観光者の「間人的」関係に焦点が絞られることになる。テイラーの提案に，『観光経験の人類学』では，実存的アプローチから「観光経験の真正さ」をさらに付け加えるべきことを提案した［橋本 2011：239］。地域の人々が提示する「真摯な」ツアーによって，間人的関係のなかで観光者の観光経験が「真正なものがたり」として構築されていく過程が検証される。観光者が求めるものは対象の客観的「真正性」ではない。観光者は，観光経験を豊かなものにし思い出深い「真正なものがたり」にする地域の人々との出会いと，彼らの「真摯」な対応を求めているのである。この「真摯さ」に注目することは，観光における「真正性」の議論を大きく進展させることになる。

■ 2-2 「真正化の過程」

コーエンとコーエンは，クールな真正性とホットな真正性における「真正化のプロセス」に注目し，両者の真正化の過程は孤立しているのではなく，相互にリンクしていると指摘する［Cohen & Cohen 2012：1298］。「クールな真正化」は，コピ

ーやにせものではない，オリジナルで，真正でリアルなものであると科学的な知識に基づいて宣言されることによって達成される。この行為は特別な知識をもつと権威づけられている者によってなされる。今日の世界では，証明書や国家資格などが真正化をおこなっているが，観光の領域ではその評価基準がほとんどないのが現状である。そのようななかでユネスコの世界遺産認定・登録は，画期的な「真正化行為」であった。また，みやげものや工芸品を制作・販売している先住民は協会を結成して，基準を満たしている製品を認定し証明書を発行し，「民芸品（folklore）」と「にせもの（fakelore）」との違いを明確にし，関係者の利益をまもろうとしている［Cohen & Cohen 2012：1298］。

　本書ではとくにホットな真正性における「真正化のプロセス」に注目する。ホットな真正性においては訪問者によるパフォーマティブな実践が訪問地のサイトやイベントの「真正性を創出，保全，増強する」［Cohen & Cohen 2012：1300］。ホットな真正性には，特別な真正化の行為の過程も権威づけのエージェントも欠落している。証拠ではなく，一種の「信仰」に基づいているので，外部からの批判を逃れる傾向があり，訪問者が参与・参加するので自己投企や関わりの度合いが高くなる。ホットな真正性の持続性は，宗教的に繰り返される礼拝・敬礼・敬意表明，そして供物を捧げるなどのパフォーマティブな行為に依存する。このようなホットな真正性にかかわるパフォーマティブな行為には，社会的アクター同士の間に情緒的な表明が伴い，先に述べたようなV. ターナーのいうコミュニタス的な意味合いが見られる［橋本 2016：7］。

　「ホット」に真正化された対象や場所は物質的に表現される。訪問者は誓いの供物やさまざまな贈り物，落書き，署名，書かれた祈願（絵馬）などを納めていく。このような品物が蓄積されることで，訪問者にとってのホットな真正化が強化される。クールな真正化は人々の参与を必要とせず，証拠に基づいた宣言という静態的行為によってなされる。それに対しホットな真正化は信念・信仰に基づき来訪者の参与という過程を経て維持され増大していき，ダイナミックに社会的に構築される［橋本 2016：7-8］。コーエンとコーエンは「ここで強調したいのは，実践によって形作られ，強化されるという点である。パフォーマンスが信仰を強化する。訪問者である彼や彼女は，他者によって真正化された場所や対象物，イベントの観察者ではなく，真正化過程の部分となっている」［Cohen & Cohen 2012：1301-1302］と述べる。このホットな真正化のパフォーマティブな行為は，実践者個々人を個人的な「実存的真正性」へと導くことになる。

クールな真正化とホットな真正化は相互に関わり合い，影響し合いながら，緊張関係を保っている。ホットな真正化においては，観衆はこの真正化の過程に含まれる存在で，観光魅力を構成し，変容させるのである。そこに参加する人々のパフォーマティブな行為・振る舞いによって徐々にホットな真正性が創出されるので，当初は目立たないことがよくある。知名度が上がるにしたがって継続的に力を得ていく。こうしてホットな真正性がさらに強化されるというプロセスを踏むことになるのである［Cohen & Cohen 2012：1304］。

筆者は，「スポーツ観光研究の理論的展望―「パフォーマー・観光者」への視点」［橋本 2016］で，スポーツ観光における「パフォーマー・観光者」は，これまでの「まなざす」だけの観光者，通り過ぎるだけの大衆観光者とは異なることを指摘した。「ツール・ド・フランス」のスポーツ観光者は，歴史的・伝説的な競い合いがあったアルプスの山岳登攀に自ら自転車で挑戦することで，またはマラソン・ランナーという「パフォーマー・観光者」がオリンピック選手と同じ大会で，同じルートを走ることで，自らの「実存的な真正性」を実感する。そしてその行為がフランス・アルプスやマラソン・コースの真正性を「ホット」に強化し増幅する役割を担うのである。このようなスポーツ実践は，コーエンとコーエンのいう「ホットな真正化」の過程における「礼拝・敬礼・敬意表明・供物を捧げ，誓い，臨席するなどのパフォーマティブな行為」にあたることを指摘した［橋本 2016：14］。

3 「地域化」と「真正化」

外来の要素が地域の人々によって受容され，育まれる過程を「ローカル化」といい，さらに地域の人々の活動によって地域のものとなっていく過程を「土着化」という。この過程はあらゆる文化において見られる現象である。本書では，「地域文化観光論」の立場からこの二つの過程を「地域化」といい換えることにする。これは外来の要素だけにあてはまる概念ではなく，地域で発見・創造されたものが地域の人々に受け入れられる過程にも適用される概念である。

ここまで「ローカルな主体の生産」についてはあまり触れてこなかったが，地域性をどのように身体に刻み込んで「地域の人」となるのかもまた重要な問題となる。それにはある種の「通過儀礼」が必要となるが，本書の具体的な事例のなかで詳しく検証をしていく。「地域文化観光」の文脈では，地域に生まれたからといって自動的に「地域の人」になるわけではない。自らが発見・創造したものを「地域文化」と

して育み，それを発信するという活動を通して「ローカルな主体」＝「地域の人」となるのである。

真正化の過程が重要になるのは，たとえば，現在日本で活発におこなわれて「観光まちづくり」に貢献することもある「アニメ聖地巡礼」においてである。それまでまちなかの何でもない場所に，突然見知らぬ訪問者が訪れ，公園のブランコを写真に撮る。しばらくすると同じような訪問者が増え，騒がしくなっていく。何も知らない地元の人々にとっては挙動不審者の増加であったが，そのブランコはアニメの有名な舞台になっており，ファンにとっては訪問すべき重要な場所であったという事例が各地で見られるようになった。これは「コンテンツツーリズム」の一つの事例であるが，アニメファンによる事物・光景の「真正化」として捉えるべきである。まさに，コーエンとコーエンがいうように，観光者のパフォーマンスがこの真正化の過程に含まれ，観光魅力を構成しているのである。そこに参加する人々のパフォーマティブな行為・振る舞いによって徐々にホットな真正性が創出されるので，当初は目立たないことがよくある。知名度が上がるにしたがって継続的に力を得ていく。こうしてホットな真正性がさらに強化されるというプロセスを踏むことになるのである［Cohen & Cohen 2012：1304］。しかしながらこの「アニメ聖地巡礼」の「真正化」の過程には，「地域文化観光論」の立場からは重要な要素が欠落しているといわざるをえない。外部からの訪問者の行為がいくら蓄積されても，地域の人々の活動が欠落していては「地域文化観光」とはならないのである。アニメ「らき☆すた」の舞台となった埼玉県久喜市の鷲宮の事例［岡本 2009：133-144］のように，地域の人々が外来の要素を受け入れ，それをアニメファンとともに「地域のもの」に育てあげたときに，はじめて「地域文化」となるのである。

「真正化」の過程を検証するにあたり，「ローカル化」の段階にあるのか「土着化」の段階にあるのかを見きわめる視点をもつことは重要である。そのときどのような要素がローカルなものに置き換わっているのか，そして受け入れるだけではなく，自分たちのものとして作り・育てあげるまでになっているのかが問題となる。それが「真正なもの」，すなわち「地域のもの」と認められるまでになる「真正化の過程」を明らかにする必要がある。

第3章

アクターネットワーク論（ANT）と「地域文化観光」

　「地域文化観光論」は，過疎化・高齢化の問題を抱えた人々が観光という手段を使って地域の活性化を目指そうとする「観光まちづくり」や，観光開発後の観光者離れに悩む地域が新たな観光者誘致を計画する「再開発」を研究するという側面をもつ。そう考えると，人類学の大きなテーマであった「開発の人類学」と共通の議論が可能になる。本書でとりわけ対象としているのは，現代アートという新たな要素を過疎地域に「取り込み」，「地域芸術祭」を開催している事例である。アクターネットワーク論からは，現代アートというモノを中心にした異種混淆のアクターからなるネットワークを形成している「擬似物体」としての「地域芸術祭」と定義される。本書では，この「地域芸術祭」をアクターネットワーク論の視点から記述と分析を試みようと考えている。

1　アクターネットワーク論（Actor Network Theory：ANT）

　アクターネットワーク論（以後 ANT と記す）とは，B. ラトゥールや M. カロン，J. ローらが提起している人とモノについての研究枠組みで，人とモノの媒介過程をネットワークというメタファーを用いて論じるものである［足立 2001：6］。科学技術が作り出される過程を人類学的なフィールドワークによって明らかにし，そこに登場する人とモノ（技術，機械，自然物など）の異種混淆な「アクター」（またはアクタント）が，相互に媒介し合いながら生成する流動的なネットワークの連鎖に着目し，それらが最終的に安定したときに新しい法則や技術として現れる過程，もしくは壊れて変形していく過程を検討するものである［足立 2009：180］。

　アクターネットワーク論（ANT）の日本における先駆的研究者であった足立によ

る説明をみてみよう。この ANT は，近代的存在論が前提とする人／モノ，社会／自然，マクロ／ミクロといった二元論から出発することなく，人とモノを対称的にあつかうという「非近代的存在論」によって議論を展開する。数少ない用語（翻訳，媒介，ネットワーク，純化，ブラックボックスなど）を使って社会と自然，マクロとミクロを横断してつながる人とモノのネットワークを記述する特徴をもつ。人とは異なる情動や，記憶や，言語をもたないモノとの対称性を確保するため，人のもつそのような側面に触れることを控える。それは同時に，これまでの視野のなかにありながら消されてきた多くのモノを取り戻し，近代的な存在論を批判的に検討する革新的な戦略にもなるという［足立 2009：181］。近代的なものの見方では，人とモノ，社会と自然を横断して形成されている巨大な異種混淆のネットワークがモンスターのように増殖しているにもかかわらず，それらの全体像が視界に入らないというのがラトゥールの主張である。

■ 1-1 「開発」研究と ANT

本節で参照とするのは足立による「開発の人類学―アクターネットワーク論の可能性」［足立 2001］である。足立は，開発による負の影響を受けるものの声を無視するのではなく，彼らの声も含めてさまざまなアクターの「声」を考慮に入れながら，さまざまな開発にかかわる要素を本質化せず，関係論的に記述し分析するという立場を提唱する。それは，開発に関わるさまざまな人やモノや人工物すべてを，「存在論的対称性（シンメトリー）」にこだわり，自然と社会の異種混淆の「擬似物体」として捉えようとする立場である［足立 2001：3］。

「地域文化観光」の現場と同じく，開発の現場に関わる多様な登場人物や事物として足立は「援助国，援助機関，国家，役人，技術者，NGO，農民，漁民，都市住民，灌漑施設，建築企画，トラクター，農薬，高収量品種，水田池，水，雨，土壌細菌，文化，アイデンティティ，表象，知識，開発計画書，開発スローガンの看板，開発経済学，開発学，熱帯農学，熱帯医学，大学，研究機関」などをあげる。それらは人間／非人間，社会／自然，観念／モノ，近代／前近代という区別を超えて関係づけられており，異種混淆なアクターからできた「擬似物体」として捉えられる。このように異種混淆のアクターからなる現象として開発を捉えることを提唱する［足立 2001：4-5］。この ANT の視点からは，「地域文化観光」もまた異種混淆のアクターからなる「擬似物体」と捉えることができる。

■ 1-2　ネットワーク構築者による「翻訳」「取り込み」

　ANTの基本的な立場では，事物や出来事，知識というモノは，ネットワーク構築者が自らの意志・目的を満たすために他のアクターに働きかけ，他のアクターの目的を自らの目的に合うように「翻訳」しながら彼らをネットワークに「取り込み」，管理していく過程であり，その結果であると考える。このような過程は偶発的であり，ネットワーク構築者が「取り込み」に失敗したり，一度「取り込」んだアクターを逃がしたりすることで，この試みが一瞬にして消えることもある［足立 2001：7］。近代の学問では，科学の「事実」や技術的な「発明」といった結果を前提として世界をみて，自然のみに焦点をあてて「事実」として「純化」してきた。しかしANTでは，そのような「事実」や「発明」が生みだされる過程を追うことを目的とし，いかに多くのアクターが関与し，「事実」や「発明」として定着する過程で，多くのアクターが捨象され，間違って表象されていくのかという点を明らかにするのである。ある実験結果が「事実」となるためには，人間と非人間のアクターの利害をこの科学者の利害に一致した形で「翻訳」し，それらのアクターすべてを実際に「取り込む」必要があるのである［足立 2001：7-8］。

　ANTの基本的な戦略として「翻訳の社会学」を提示したカロンは，一連のネットワーク構築過程の戦略を「翻訳」とし，四つのステップに分けている［Callon 1986；足立 2001：8］。

> 1. 問題化（problematisation）：ネットワーク構築者が目指すネットワーク構想
> 2. 関心づけ（interessement）：アクターの役割，アイデンティティの安定化
> 3. 取り込み（enrolment）：役割の同定とアクターへの付加
> 4. 動員（mobilization）：取り込んだアクターを一列に並ばせる

■ 1-3　関係的規定性，異種混淆性，ブラックボックス

　ANTでは注意すべき点が三つある。一つ目は関係的規定性で，アクターの性格はアクターネットワーク形成の結果として生ずるもので，アクター間に働く力は個々のアクターに存するのではなく，他のアクターとの交渉活動に従属するという点である。力（権力）も既成のものとしてあるわけではなく，関係的に規定されるものとなる［足立 2001：8-9］。二つ目は異種混淆性で，アクターとしては，ネットワーク構築者も取り込まれる他者も，社会に属するとされるヒトや組織，自然に属するとされる生物や自然物，それに概念，知識といったモノまでが含まれている。

足立は科学的論文を例にして，それが雑誌のなかにあるときは単なる紙の上の文字であるが，研究者の目に触れたとき，その内容を動員し，他の研究と結びつけて変えていく能力をもった読者を「作り出す」と説明する。つまりその論文は行為するアクターとなっているのである［足立 2001：9］。三つ目は，さまざまなアクターを「取り込み」ながらネットワークが構築され，すべてのアクターが納得し安定化したとき「ブラックボックス」と呼ばれる状態になる点である［足立 2001：9］。ネットワークを構成している異種のアクターの存在が隠され，一面的に，たとえば「社会科学」とか「自然科学」などと表象されることになるのである。

　三つ目の「ブラックボックス」という概念は，既存の概念を解体する契機となる。近代における社会科学と自然科学という学問体系も「ブラックボックス」である。近代の学問は二つの対立した社会科学と自然科学という「ブラックボックス」を作り上げてきた。そして事象や出来事，事物を説明したり理解するときに，それらを「社会的側面」と「生態的・自然的側面」に分け，研究対象をそのどちらか一方から説明したり解釈したりするような矛盾を抱え込んでしまったのである。「非近代」の学問を主張する ANT は，近代学問の概念である階級，資本，社会構造，国家，生態系などといった概念を「ブラックボックス」とし，それらを説明原理として用いることを避けたのである。ANT 的分析はできあがった事物，終わった出来事，完成した知識から分析をはじめるのではなく，フィールドワークを通してそれらの形成過程を異種混淆のアクターの絡まりとして把握し，事物や出来事，知識などの誕生，変容，消滅といったダイナミズムを研究し，安定しブラックボックス化された「心理」や「常識」となった事物，出来事，知識を脱構築するのであると足立は説明する［足立 2001：10-11］。

　以上の説明から，「地域文化観光」としての「地域芸術祭」を考察する際にこの ANT による記述・分析が有効であることがわかる。第Ⅲ部の第 7 章と第 8 章で詳述するが，「地域芸術祭」のプロデューサーやディレクターなどのネットワーク構築者としてのアクターは，現代アートによる芸術祭を立ち上げるときに，さまざまなアクターを「取り込み」，ネットワークを作り上げようとする。そこにはアーティストはもちろん，県や市などの行政機関，地域住民，ボランティア，ガイド，受付，空き家，廃校，体育館，校庭，映画館，アート作品，素材，空き地，棚田，オリーブ畑，展示場，ショーウィンドー，バス，鉄道，フェリー，売店，食堂，アクセス道路，砂防ダムなどさまざまなアクターが取り込まれ，異種混淆のアクターネットワークが構築される。しかしながらこの「擬似物体」においてはまだアクター相互

間の関係は安定せず，既存の「ブラックボックス」とは認識されず，それぞれのアクターは相互の不安定な関係性のなかで新たな意味を常に付与されるという状況が継続している。

2 ANTへの批判

　ANTに対してはさまざまな立場からの批判が出されている。批判を検討することでANTの特徴と限界が明らかになる。ANTの前提である人間と非人間を「対称的」に扱うことに対する疑問がまず表明される。

　青山は「エージェンシー概念の再検討」の対象として，カロンが提示した「ハイブリッド・コレクティヴ（混淆的集合性）」という概念を挙げる［青山 2012：166］。カロンは東京から京都へのドライブを例に，車のキーを回すやいなや，ドライバーは次のすべてを動員することになるという。デザインしたエンジニア，材料の抵抗を調べた研究者，砂漠で石油を掘削した会社，ガソリン精製所，高速道路建設とメンテナンスをおこなう土木建設会社，運転教習所の教員，交通法規策定者，警察官，保険会社など，一人のドライバーを「東京から京都へ運ぶ行為と関係する人間および非人間物の拡張されたネットワークを動員する。つまり，私が車を運転するという行為は集合的（コレクティヴ）なのだ」［カロン 2006：45］という。この事例は，主体が他のアクターと無関係にエージェンシーを発揮することはありえず，さまざまなアクターとのネットワークのなかで主体になること，つまりエージェンシーは人間と非人間とを含む集合的なものだということを明確にする［青山 2012：166］。しかしこの事例では，ドライバーが特権的な位置にあることを認めており，ドライバーという人間と車などの非人間は，明らかに対称的ではないと青山は批判する。このように人間と非人間とでは文化的，歴史的に作られてきた過程に差異があり，それを対称的に扱うことはかえって人間と非人間のもつ特徴を見えにくくしてしまうと指摘する［青山 2012：167］。

　以上のような批判に対してはそれぞれの立場からすでに3名の提唱者が応えている。先の青山の批判は，すでにピカリング［Pickering 1993］が人間とそれ以外のものを分ける「意図性」についての批判として提出していた。それに対してカロンとローは，もし意図や動機を分析に加えると，意図や動機は言語でしか関係づけがおこなわれず，言語をもたない実態が無視されることになるといい，「アクターネットワーク分析に言語というもので示される意図性を特権的に持ち込むことは，エージ

ェンシーの異種混淆性に目をつむることになる」[Callon & Law 1995；足立 2001：12]と反論している。

またアクターネットワーク論者は既存の社会科学的概念を忌避しているとの批判がある。しかし ANT ではこれらの概念はネットワーク形成過程で生みだされる「ブラックボックス」とみなしているために採用しない。また，アクターネットワークを形成するのは強い力をもったアクターであり，そのアクターに注目が集まることになり，弱者が排除される傾向があった。その指摘に対して，ロー[Law 1991：1-24]は，追う対象としてのアクターを変え，弱者などの問題に接近しようと提案し，批判性を担保しようとした。これらの意見の違いについて，足立は，より社会の側から世界をみようとする社会学者らの戦略と，アクターネットワーク論者の戦略における違いであると説明する[足立 2001：14]。

本書では，評価の定まっていない現代アートによる「観光まちづくり」に焦点を当てるが，まさに，この「アクターを追う」ことによって見えてくる，既存の「自然と人間の共存」などとは異なるアクターネットワークの形成と変容の過程のなかで，各アクターの帯びる意味の生成と変容を記述する方法を模索しているのである。

3 「存在論的転回」へ

ANT に対して安易な批判と安易な応用がはじまっている。ラトゥールはそれまでの科学における人的なものへの偏重を批判して，人とモノを「対称的」に捉えるという立場にたつが，それに対する安易な批判がおこなわれている。

■ 3-1 安易な批判・応用を超えて

ANT は，モノ的なものと人的なものとの基本的本質的差異を見誤ったところに起因があり，物的なものは人間によりコントロールされて動くものであるがゆえに，基本的には人間の解明により物的なものの解明もなされうると考えるべきものであるという批判を受けることがある。また，これまでの既存の立場から「権力と支配の問題では原因と結果を取り違えているといわざるをえない」との勘違いな批判もある。その批判では，ANT は社会的なものと自然的なものとの統合的協働という大義のもとに，結局，社会的なものの独自性や自然的なものの所有関係を見落としているという。これらの批判は「生成」に関する観点を欠いた評者の単なる誤解であるといわざるをえない。所有に関してもまた，アクターネットワークのなかで不

確定に結果として生成されるものであり，ネットワークのあり方によってその所有関係も，所有することの意味自体も変わるという生成論的な過程を視野に入れるべきである。また，企業における組織変革のためのイノベーションに関して ANT が参考にされる場合がある。有効なリーダーは，何らかの非人間アクターを用いたり，非人間アクターに影響を与えたりしながら社会的現実に対して影響力を行使しているという［伊藤 2014：154］。リーダーがシンボルを利用することによって組織文化という社会的現実に対して影響をあたえる事例において，シンボルの意味や社会的現実がどのように形成されるのか，その際にリーダー以外のあらゆるアクターがどのような役割をおこなうのかに関しての説明が必要であるが，ANT を用いれば，リーダーがシンボルを用いた社会的現実への影響力の行使を分析することができ，物的なものをも分析対象とするという利点を活かしながら，人間や非人間などのあらゆるアクターの役割や，そういったアクターとの相互作用のなかでリーダーシップを理解できるという。しかし，これもまた ANT の矮小化といわざるをえない。そこでは単なる表面的な適用が試みられているだけで，これまで人的な要素にしか注目していなかったが，限界が見られるので，モノ的な視点も加えてみようという発想でしかない。

　これらの批判も応用も，ものの見方が根底から覆るような「存在論」的転換への視点が欠落しているといわざるをえない。リーダー論では，リーダーそのものが自ら招聘したモノのネットワークのなかで，存在論的な意味における変容を自らが迫られ，変革を被る可能性を想定していないと考えられる。本節では，成果の上澄みだけを利用した企業におけるイノベーション論や，存在論的な問いかけを欠落した ANT 批判を見直すべく，ANT が何を問いかけるために発想されたのかにさかのぼって考えてみることにする。まずはミッシェル・セールの『生成』に関する議論に触れていこう。

■ 3-2　ライプニッツからミッシェル・セールへ：「集合体（Agrégats）」をめぐって

　ミッシェル・セールは，ライプニッツのいう実態としての単一性をいまだにもたない，雑多な寄せ集めとしての物質的な集積をしめす「集合体（Agrégats）」に注目する。これは，ANT において人とモノ（技術，機会，自然物など）という異種混淆な「アクター」が相互に媒介しあいながら生成する流動的なネットワークの連鎖に注目することと通底する。セールは「あるがままの多」，それが「多なるもの，一なるもの」として，複数の要素が境界なく入り混じって形成する集まりが，一度に

感受されるとはどういうことなのかを明らかにしようとした。そして，人々が外界や身体における集合物を軽んじ，単一性のもとに包摂されてのみ「存在」の地位をかろうじて獲るにすぎないと思っていること［セール 1983：3；清水 2013：30］に対し，存在論的な疑問を発する。「一なるもの」としての「括り」は，私たちが外界の対象を扱うにあたって望み，作るものであり，その基盤はそれほど堅固なものではないという［清水 2013：30］。

　一つの対象（客体）と複数の主体からなる一対多関係を，むしろ対象としての一を介した，複数の主体の相互牽制という観点から考察していくことが提案されている。「あるがままの多」としての性格をもつ，「一つの対象（客体）のまとまり」は，外的世界の多様さを素朴に前提するだけのものではなく，むしろ複数の主体の関係を考えるための媒体としての役割を果たすというのである［清水 2013：35］。複数の主体の関係は，『生成』［セール 1983］においては，社会論的な文脈で展開される。「かつて多はおそらく考えられてはいた。しかし聴かれてはいなかった」［セール 1983：12］，「あるがままの多」に耳を傾けるべきだという。この考えは部分と全体とのつながりを問題とする本書の基本的な姿勢に通じる。

　セールは，ライプニッツのいう精神と物質（物体）との絶えざる「往還」に注目する［清水 2013：50］。普遍における統一と「一なるもの」としての「力」，精神と物質（物体）は相補的に作用し合っているとライプニッツは考える。表象が統一体のなかに多を表出するという場合，「統一体」は精神で，多は物質（物体），往々にして雑多なものである物体＝集合体（Agrégats）となるという。一方で，物質に帰せられる「力」には，限定的で多様なものとしての表象が含まれ，いわば刻印されている。一対多の関係，包摂の関係が，「一なるもの」を精神的なものと置き，「多なるもの」を物質的なものと置くのか，「一なるもの」を物質的なものと置き，「多なるもの」を精神的なものと置くのかで，ちょうど裏返しになってくる。ライプニッツは，この両者を往還するかたちで動き，精神と物質を互いに似たものと考えると，物質は「モナド（Monad）」（「単子，空間」を説明するときに使われる用語）として魂と近いものになるという。結局のところ精神が，単なる表象ではなく，持続的な「力」としての単純実体であると結論づけられるためには，このような往還を経なければならず，この往還によってこそ，精神が表出するものもより精緻なものとなるのだという［清水 2013：50］。

　セールが『生成』［1983］で語っているのは，まさにライプニッツ哲学を裏返したような世界像である。「一なるもののうちでの多の表出」を重層させ，メタ化してい

くという構想は両者とも同じである。そして物質（物体）と精神がそこで互いに相似たものになるという傾向も、同じである。しかし具体的な表象やそれによる統一を足がかりとし、それらが「共－可能性」にあることから、現実存在するものに信頼を置き、究極的な根拠としての神と「モナド」の関係を考えるライプニッツに対し、セールは物質（物体）と、多様性そのものに与えられるバリエーションの方に足がかりを置いている。「あるがままの多」を孕んだ物質（物体）集合体（Agrégats）が、いかにして真に多様なものでありうるかという考察、先に述べた意味でのダイナミックな往還関係の洞察が、構造論的、システム論的に展開されるのが、セールの思想であると清水はいう［清水 2013：52-53］。

■ 3-3 「準－客体」の能動性：「いま・ここにある」媒体

「あるがままの多」を、いま・ここに始まるものとして捉えることは、それに関わる私たち自身にも、能動性を与えることになるとセールはいう。多様性そのものが媒体としての物質（物体）によって増殖するというとき、起源が過去にあったものでないように、「可能的なもの」も過去に定められたものとしてあるわけではない。「可能的なもの」は、いま・ここから始まるのであり、文字通り多様な「可能的なもの」がありうる。こうした対象は、複数の人間主体の働きの媒体となり、彼らの位置関係は「準－客体」を軸にネットワーク化されるのである［清水 2013：56］。

客体でありながら、なかば主体としての能動的な働きももつ対象、ANT のアクター、エージェンシーを発揮する「準－客体」としてのラグビー・ボールの事例が示唆的である。ラグビーやサッカーなどのボールゲームにおいて、ボールが果たしているのもこうした媒体としての役割である。「準－客体」は、いきいきしたシャトル（杼）でなければならず、ラグビーの選手たちは、媒体となるボールを軸として、ネットワーク状のフォーメーションを形成し、お互いの行動を意識し、牽制し合いながら、試合を進めていく。この集団を自在に織り上げるシャトル（杼）・媒体は競技場で躍動し、能動的で意表をつく動きを獲得していく「準－客体」となっていくが、この集団そのものによって観客たちは熱狂し、巻き込まれ、それと一体化した共同体を形成するのである［セール 1983：91］。

■ 3-4 セールからラトゥールへ：「準－客体」論から ANT へ

対象としての自然と、複数の人間集団の関係は、一度できるだけ明快なかたちで単純化され、さまざまな社会構造の分析に応用できるまでに図式化される必要が

あるとラトゥールはいう。セールの「準‐客体」論から大きな影響を受け，こうした図式化を実現した人物がブリュノ・ラトゥールである。ミシェル・カロン，ジョン・ローとともに，ラトゥールはその試みを「アクターネットワーク論（ANT）」として提示した。「科学人類学」と名づけた領域でANTを提案し，文化人類学，経営学に多くの示唆を与えた。セールのライプニッツ解釈にまで遡る，このANTの背景までは一般に理解されているとは言いがたい状況にあると『ミシェル・セール』のなかで清水はいい［清水 2013：123］，この理論をセール，ライプニッツまで遡って理解することを求めている。

　以上を踏まえて，あらためて説明すると，ラトゥールは『虚構の「近代」』[2008]などで，人間とモノの世界（自然）の関係を分析するために，「ハイブリッド（Hybride）」という独特の概念を提示したのである。ハイブリッドとは，一言でいえば，人間が自然に働きかけた結果であるのか，自然が人間に働きかけた結果であるのか，判然としないグレーゾーンにある対象のことである。こうした曖昧な存在は，そのどっちつかずな性格を残存させたまま，私たちに影響を与え，また私たちからも働きかけられる。近代という時代はこのようなハイブリッドの存在を必死で否定し，この両者が截然と分けられるものであるかのように扱ってきたのである［清水 2013：123］。

　「近代」はまったく異なる2種類の実践を表しているとラトゥールはいう。第一の実践は「翻訳（Translation）」と呼ばれるプロセスで，自然と文化がそこでは混ぜ合わされ，まったく新しいタイプの存在者，ハイブリッドが作り出される。第二の実践は「純化（Purification）」と呼ばれるプロセスで，存在論的に独立した二つの領域，すなわち人間と非人間の領域がそこでは生みだされる。第一の実践はネットワークと呼ぶプロセスに相当し，第二の実践は近代論者の立場を表す。第一の「翻訳」の働きは，たとえば大気上層の化学作用（オゾンホールの拡大）を，科学，産業界の戦略，国家首脳の心痛，生態学者の気がかりなどとの一つの鎖でつなぐ。一方，「純化」の働きは，そうした現象を外界に客観的に存在する「自然」，予測不可能な利害と関心が渦巻く「社会」，そして参照対象や社会から独立した「言説」の三つに整然と切り分けるという［ラトゥール 2008：27］。人間と非人間を最初から分離されたものとみなそうとする試みをラトゥールは「純化」の働きと呼んでいる。しかし近代はこうした操作をしてもかえってハイブリッドの増殖が止めどもなく進んだ時代である。このハイブリッドを媒体として形成される複数の要素の流動的な関係が，ANTにおける「ネットワーク」である［清水 2013：125］。

またラトゥールは，ミシェル・セールに倣って，新たに登場してきたこの奇妙なハイブリッドを，準-客体（Quasi-objet），準-主体（Quasi-sujet）と呼ぶことにするといい，それによってそれらを定義するのになぜサイエンス・スタディーズの登場を待たなければならなかったのかも理解することができる［ラトゥール 2008：93］という。このハイブリッドは，先に示したボール・ゲームのボールにたとえることができる。このときボールおよび，それをめぐってフォーメーションを変える競技者たちはアクターと呼ばれる［ラトゥール 2008：95（訳注）；清水 2013：125-126］。この英語のアクター（actor）という語では人間の意味合いが強く含まれるが，人間，非人間のいずれにも適用されるフランス語の「アクタン（actant）」という語で理解してほしいと述べている。こうした流動的な状況において，自然と人間集団の関係を考察するのが，ANT である。

　人為と自然とが二元論的に切り離され，一対一関係として捉えられるとその関係は硬直してしまい，「あるがままの多」としての自然は抑圧されてしまう。ジグザグな多分岐の流れが，そこでは絶たれてしまう。近代という時代では，「準-客体」としてのハイブリッドの機能を認めようとしなかったばかりに，結果として手に負えないほどハイブリッドがむやみに増殖してしまったとラトゥールはいう。「ラトゥールの学問は，モノ（自然）を介在させた社会学の最初の試みであった」と清水は評価する［清水 2013：126-127］。

　ANT においては，このような一方的な関係を批判し，複数の人間集団がお互いを牽制しあう仕組みを考察することを目的としている。人間集団の社会的合意の専横を牽制するために，モノ（自然）が媒体として不可欠であり，また他の人間集団にも配慮すべきだとするのが，ラトゥールの立場である［清水 2013：126］。

■ 3-5　セール的見方からの批判

　ANT では，その根底にあるセールの哲学がやや単純化されている部分があると清水は批判する。物質（物体）としての自然を媒体とした，自然と人為の往還関係に多様性を生みだす役割を託し，この媒体が多様な側面をもちつつも一貫した存在であることを強調するあまりに，「準-客体」が複数同時に併存し，それらが離散的に考察されることが，セールの裏返されたモナドロジーの最も深い思想であることが，見えにくくなっていると清水はいう。物質（物体）としての媒体とそれが生みだす循環構造を，持続的な運動としてすべてをたどることはできないにせよ，そうした循環構造がいくつも共-可能（Com-possible）なかたちで散在しているもの

としてしか，世界が理解できないことがセールにとっては重要であり，彼の世界観はそれで十分な安定を得るという。「準－客体」が複数バラバラに見出されることは，セールにとってはむしろ当然なことだが，ラトゥールではハイブリッドが実際に「準－客体」とほぼ同義で使われながら，ハイブリッドの複数性そのものが，ときには「準－客体の増殖」といういい方をされつつ，近代の悪の核心であるような表現になってしまっているというのが清水の批判である［清水 2013：127-128］。

しかしながら結論的には，非常にシンプルで明快なかたちで，ラトゥールがANTを形式化し，応用可能性を豊かにもった方法としてそれを広く認知させたということは，大いに評価されねばならないという。セールの哲学を理解し，また発展させるためにも，このANTはさまざまな形で有効に活用することができるだろうと清水は期待をよせる［清水 2013：130］。

4 積極的評価と発展的応用

ANTを積極的に評価する研究者は，具体的な分析能力というよりはANTのもつ存在論的，倫理的な展望に期待をよせていると足立はいう［足立 2001：14］。詳細な社会分析を犠牲にしてもより全体論的な議論の可能性に，つまり領域横断的な枠組みを模索する理論的な可能性［Goodman 2001］に期待する。とくに生物工学の問題や生態環境の問題に対しては，従来の政治経済学的な枠組みでは十分に捉えることができないので，ANTの方法論とその存在論に有効性を見ている。

■ 4-1 「社会自然」的関係の厚い記述

これまで二元論的に人間／人間以外，自然／社会と対立させていたために，この両者間にある相互浸透性やさまざまな結合性が消されていた。しかしこの両者間の相互浸透性・結合性を重視するANTの存在論はある種の関係倫理を構築し，それをいかにこの世界に住むかという倫理的な言説として再構成できると足立はいう［足立 2001：14］。また，強力なネットワークの集まりに関しての「厚い記述」が可能になり，一部の強い集合体が他を支配する（「翻訳」する）様子を明らかにし，テクノサイエンスがどのようにして，誰のために現在のようになり，それによって何が犠牲にされているのかを明らかにするという批判的なANTの用い方も足立は提案している［足立 2001：14-15］。

ANTの評価として足立は次の2点をあげる。一点目として，従来の人間，生物，

第3章　アクターネットワーク論（ANT）と「地域文化観光」　51

自然の共生といったエコロジカルな倫理ではない，その方法論と存在論に通底する倫理性をあげる。それは「自然社会」といった実体，サイボーグというイメージ，「擬似物体」としてのモンスター（テクノサイエンス）との関係倫理を見出す可能性がある。二点目として，ANT は強力なアクターネットワークの振る舞いについての「厚い記述」を可能にし，そこに力関係を見出すことができる分析能力と記述の有効性を確保できるという期待があるという［足立 2001：15］。近代的な社会学のようにある現象や出来事の原因を特定したり，それらの責任者や黒幕を探したりするものではなく，特定の関係の責任はその全体にあるとしている点が ANT の大きな特徴である。近代的な社会学ではこれらの関係をいくつかの「支配的」アクターの原因として説明し「ブラックボックス」化するが，ANT ではこの「ブラックボックス」を開け，近代的なものの見方をずらそうとしている。すなわち意図性，既存の社会学的概念，批判理論などへのこだわりとたもとを分かち，あくまでも対称的なものの見方とその帰結となる「異種混淆性」にこだわっているのである［足立 2001：15］。

■ 4-2　人とモノの生みだすパフォーマティビティ

2009 年の論考で足立は，人とモノの生みだすパフォーマティビティ（行為遂行性）を明らかにするために，人の側に重心を少しずらすことを提案している［足立 2009：184］。人とモノのエージェンシーを考える際に文化的道具（言語，道具，計算方式など）の媒介性に関するワーチの「社会文化的アプローチ」［ワーチ 2002］を参照し，人は文化的道具の媒介において思考し，行動すると指摘する。これらの文化的道具は，本来的に文化的，制度的で，そして歴史的であるがゆえに，精神的行為を含めた行為と，歴史的，文化的文脈と連関して，五つの要素（行為，場面，行為者，媒体，意図）やその次元が相互に形成され，創造されるという。既存の事物の転用に関しては，すでに存在するものから社会的機能を取り去り，新しい要求に役立たせるのであるが，そのとき選択の幅は無限ではなく限定的である。小便器が芸術になっても，原子爆弾にはならない。転用には，要求側が仕掛ける機会性とかたちの側の限界性とが共存しているという［足立 2009：178-179］。

そして以下のようにまとめる。人は行為し，考え，感情を経験する「ヒューマン・エージェンシー（能力，可能性，素質）」をもった存在である。このようなエージェンシーは，他者との相互作用からだけ生まれるのではなく，文化的道具と特有の媒介過程を経たときに生まれる。その文化的道具とは，書物，図像，機会，分子，

岩，銀河系といったモノと記号の両方の性質をもった〈物質＝記号〉としての実在物である。これらのモノは，それ自体でアフォーダンス（力，可能性，素質）をもち，人がモノとの関わりをもつ際に，一連の行為を予期させ，それを可能にさせる。このとき，モノも作用するという意味で，モノにエージェンシーが備わるといってもよいという。ヒューマン・エージェンシーは，モノ（文化的道具）なしでは立ち現れないし，モノのエージェンシーも人（およびそれを利用する生物）との関わりで立ち現れると指摘する［足立 2009：179-180］。

■ 4-3 「焦点化」

人とモノのネットワークが首尾よく安定したときに，人を惹きつける一つの実践が実在することになる。そのとき重要なことは，人と特定のモノだけの関係ではなく，そこに巻き込まれ介入する，さまざまなモノとの媒介過程を経て，特定のモノにひかれる（焦点化）ようになっていく点である［足立 2009：186］。

例として，味わうことや宗教実践を足立はあげる。これは本書で後に問題とする「地域芸術祭」の鑑賞実践にも適用が可能となる。味わうことは，「人と嗜好品，味わう場所のみならず，それを取り巻くさまざまな人とモノとの連結・媒介過程全体から生みだされてくるもの」であり，味わうことは自己とモノ，自己と自己，自己と他者との対話・媒介過程である［足立 2009：186］。ワインの試飲者は，最初のひと味で熟考し，「これは悪くないぞ」と自己に語りかけ，自己の注意を引き出し，嗜好品が与えるもの（アフォーダンス）に耳を傾ける。ここで嗜好品は人に介入し，人の判断を停止させ，もしくはそれに反応させる能力を差し出す。味は，友人らとの議論の対象となり，新たなグラスや道具との相即的な媒介過程を経て，ますます複雑なものになり，味の評価・同定が進めば進むほど，味わいも深くなる［足立 2009：187］。

宗教実践の事例がわかりやすい。人とモノの対話・媒介過程がさまざまな人や，経典，儀礼的事物，寺院，都市構造といったモノとの関わりのなかに見出すことができる。仏教とは，教義や宇宙観，観念体系を修得した人々の身体と，寺院のさまざまな構造や，家の仏壇，仏教の標語を書いた看板，経典，犬や鳥のために取り分けられた食物といったモノのなかにも埋め込まれ，分散している。仏教という信仰実践は，さまざまなアクターが媒介し合い，お互いの関係的意味を変換しながら，そこにできあがる人とモノのネットワークが首尾よく安定したときにはじめて，ファクティッシュ[1]としての仏教が実在し，仏教徒というエージェンシーも同時に生ま

れるという。「私たちが寺院や，神殿を訪れたときに感じる強い力や感動は，このような異種混淆のネットワークが私たちを取り込み，その中で相互に働く作用をとおした変換によって生まれる感覚であろう」［足立 2009：188］といい，宗教実践においても，さまざまなモノの媒介がうまくゆけばゆくほど，より強く神や仏に触れることができる。逆に，媒介物がうまく配置されていないときや，新たなアクターの介入などによって予期せぬ変換が起こり，仏教徒のエージェンシーも，寺の構造も，教義までもが変容することがあるという［足立 2009：188］[2]。

　特定のモノに惹かれる「焦点化」の事例として紹介したワインや仏の心は，人が意図的に特定のアクターネットワークとして装置に入ることで焦点化されたものである。「これらの焦点化されたものは，それ自身に魔力や魅力や法力を持っているのでもなく，人がそれらに魔力や魅力や法力という幻想を投射しているわけでもない。ここで起こっていることは，人と，他の人と，焦点化された特定のモノと，他の視界に入っていないさまざまなモノ（テキスト，音，臭い，色などを含む）との連結・媒介過程の結果である」という［足立 2009：189］。これらの焦点化は，それらを繰り返すことでより強化される場合もあれば，他のアクターの介入や，媒介過程の偶発性で，焦点化が弱まったり，他のものに焦点化が移ったりする移ろいやすいモノなのであるという。

5　観光研究と ANT

　ANT の視点から観光現象・観光研究の見直しがはじまっている。みやげものに関してもこの ANT からの新たな研究が必要とされている。周菲菲の「観光研究へのアクターネットワーク論的アプローチ──北海道における中国人観光者の実践を例として」［2013］は，観光における全体論的な議論と人とモノのハイブリッドなネット

---

1) ファクティッシュ（factish）とは，ラトゥールの新造語である。世界にあるのは多数の人とモノのネットワークとしてのファクティッシュからなっている。近代人は事実とフェティッシュという概念で世界をみながら，実際には，彼らの目では見えないファクティッシュを増殖させているという［ラトゥール 2007：347-382；足立 2009：183］。
2) その事例として，宗教法人ではないタクシー会社が建てたがその人気が長続きしなかった越前大仏をあげる。その大仏には，礼拝者に御利益を信じさせる建立にまつわる縁起がなく，神々しさを与える美しさを大仏の顔は欠いていたという。ここでは仏像における記号論的な意味ではなく，宗教における美の問題では人とモノとのネットワークの重要性を考慮すべきであるとの指摘がなされている。

ワークの生成に注目しようとする点において先駆的な論文である。残念ながら，研究対象の中国人観光者についての調査・分析が不十分で，理論的な展開も不足しているが，そのなかで紹介されているANTによる観光研究の先行事例は参考になる。

ヴァン・デル・デュイムは，観光研究ではもはや構造・システムといった概念による説明に頼らずに，ANTにおいて基本となる「対称性原理，アクター・ネットワークに焦点を絞ること，翻訳の過程を強調すること」といった3点に注目し，異種混淆的な要素が結びつく過程を観察し，これらの要素が「観光景観（tourismscapes）」として秩序化される特別な過程を検証し［Van der Duim 2007：962］，身体，モノと空間，情報とメディアに注目する。人と，ネットワーク化されたモノ，メディア，機械，技術が，時－空間において「観光景観」を展開し，その「観光景観」が人，モノ，そして空間に意味をもたせるという［Van der Duim 2007：967-968］。ヴァン・デル・デュイムは，世界的に観光研究がビジネスやマネジメント的な研究に偏りすぎている傾向に対して，ANT的研究によって新たな批判的転回をおこない，バランスのとれた観光研究がなされることを提唱している。

ANTを試みた研究の事例としてアイスランドの「バイキング観光」，ポーランドの「チーズ観光」を紹介しよう。

■5-1 バイキング観光：「翻訳」「流動性」「火」

アイスランド観光における「翻訳」の問題をヨハンネソンは扱っている［Jóhannesson 2005：140］。観光の文脈では，観光者は自ら翻訳する者であるが，また異なる時・空間内では翻訳される対象ともなる。彼らは観光の場を自分たちのパフォーマンスで翻訳をおこなう。写真を撮影したりみやげものを購入することで，場所を自分たちのネットワークに翻訳し取り入れる。写真とみやげものは場を翻訳する媒介となる。一方観光者は，プロモーターや地元の人間から，観光者数や経済的成功を計る指数として翻訳されている。ヨハンネソンはアイスランド北西部に位置する小さなシンクエイリ村におけるバイキング観光プロジェクトを取り上げる。ギースリ・スールスソン（Gísli Súrsson）の伝説（サーガ）の「物質化（materialization）」，すなわちバイキングの衣服の作成が最初のステップであったという。このプロジェクトの最初の「翻訳」が，観光を出現させるための空間を創出するためになされ，さまざまなアクターが招聘された。「ギースリー・サーガ・プロジェクト」実現のために，2003年の冬にバイキングの衣服縫製に人々が集まり，物質的に混淆した実践とそれらの秩序化がおこなわれた。

第3章　アクターネットワーク論（ANT）と「地域文化観光」　　55

　物語は西フィヨルド地域の観光コンサルタントのドラ（Dóra）という女性がバイキング・プロジェクト観光のプロジェクト・マネージャーと出会うところからはじまる。彼女は，シンクエイリという地において，手作業によるバイキングの衣服縫製を含むプロジェクトの申請書を北部開発プログラム（NPP）に提出し，ファンドを獲得した。最初の「翻訳」は計画書を，人口300人の村で10％にあたる30人が参加する現実のプロジェクトに置き換えることであった。この縫製作業は多くの時間と参加者の積極的な参与を必要とした。そのため参加者は何度も集まり，自分たちのプロジェクトへ物理的なコミットメントをする体制を作り上げた。彼らの関心は衣服に移っていき，ANT的用語でいう「翻訳」をされて，安定化していき，作られた衣服は人とモノによるネットワークを形成した。これはこの地域に特有の観光プロジェクトを根づかせる過程に積極的に参与したさまざまな「アクタント（actants）」のネットワークであった。しかしながら，現実的には，このプロジェクトに参加した人々の収入増加に直接結びつくことはなく，また参加者間に強い絆が形成されたということもなかったという［Jóhannesson 2005：144］。

　ここにおける「翻訳」においてダイナミックな力を発揮するエージェンシーは異種混淆的であり，衣服に使われる布はコミュニティのなかでプロジェクトが一つの場所を完成させるために重要な役割を果たす，とヨハンネソンはいう。その布は，プロジェクトを可視化し，このプロジェクトのアイデアへの参画を促し，現在のなかで過去を参照し，また未来についてのヒントをも提供している。そのモノは，縫製の過程を通して人とともに参画しており，そうして観光開発や市民社会と連携する意味深いナラティヴと工芸品を製造するというモノの集合的な実践の一端を担っている。このようにして，縫製過程を，「ギースリー・サーガ・プロジェクト」の物質化における一つの契機として描くことが可能となる［Jóhannesson 2005：144］。

　ヨハンネソンはこのプロジェクトの特徴を，ローとモルの「流動性（fluidity）」と「火（fire）」の比喩［Law & Mol 2001］を使って説明する。流動性において，文化と経済の秩序化の調停がおこなわれた。本件では，空間においてプロジェクトをどのように成功に導く動きにしていくかが重要であった。すなわち，アイデアの状態にあったものを実践へ，ドラの事務所から縫製が実践されるシンクエイリのコミュニティ・ハウスへの「翻訳」がおこなわれた。この「翻訳」は，ユークリッド的空間と流動的空間（fluid space）との調停を通してなされたのであるという［Jóhannesson 2005：146］。

　火の比喩は，「現在（presence）」と「不在（absence）」との関係で語られるもの

で，「現在」するもののなかに「不在」が含まれる。ミュージアムなどでは，「不在」の時・空間やいま「不在」であるものが展示されており，観光における場の創出やその消費に関するANT的観光研究では重要なものとなる。観光の「現在」は，多くの場所で以前のアクターの「不在」に基づいているという。「ギースリー・サーガ・プロジェクト」は，文化遺産観光として，「火の空間性（fire spatiality）」を活性化する実践に基づいている。興味深いのは，縫製作業という物質的実践を通して，ギースリー・サーガやバイキング時代をモノ化する一貫性がいかに達成されているかに注目している点である。バイキングの衣服を作ることは，インゴルドを引用すると「世界を編むこと」［Ingold 2000］であるといえるという。過去のイメージと，現在の実践と，未来への計画と希望を，特別な方法で，ともに縫い込んでいるのである［Jóhannesson 2005：146］。

■ 5-2 オスツィペクチーズをめぐるアクターネットワーク

　ポーランド南部のザコパネは，羊の乳から作る燻製チーズで有名な観光地である。カリナ・レン［Ren 2011：858-881］は，このオスツィペク（oscypek）チーズがおかれる情況が時とともに変化していくなかで，チーズをめぐるアクターネットワークがどのように形成され，再編成されるかを明らかにする。昔ながらの羊飼いの小屋（バツーフカ）で伝統的製法で作られるチーズ，大衆観光と新たなホスト・ゲスト関係のなかで作られる牛乳を使った「偽の」「ポピュラーな」観光用チーズ，衛生面での国家的・EU的な安全基準に適合した「真正な」近代的チーズ，ほかの世界的な有名ブランドのなかで存在をアピールできるユニークさをもつチーズという4種のオスツィペクチーズが，それぞれのネットワークのなかで位置づけられ，意味づけられる様子が詳しく記述される。

　結論部分でレンは，この4種のオスティペクチーズの観光におけるモノとしての働きが，つねに観光と目的地の現実を（仮であっても）最終的に構築し，まとめ上げ，安定化に参画しているという。観光に関わるアクターたちは，人間の能力によって定義されるのではなく，観光地を作り上げるアクターたちの能力によって定義される。オスツィペクの分析には，伝統的にはそこで製造されたものしか正規のオスティペクと認められない羊飼いの小屋（バツーフカ），近代チーズの製法を規定するEU，ローカルな原料，羊飼い，ブランディング，検査室での試験，真正な製法，衛生的基準などが関与する。さらに大衆観光者の需要に対応するための大量生産，EUの基準に合わせた衛生的，真正な製法などがアクターとして動員される。観光

地が構築される過程でのさまざまな要素としては，多くの言説（真正性や衛生に関する），地域と地域性（山麓の牧場，羊飼いの小屋，国際的な市場など），書類（登録書，販売許可書，原産地証明書），モノ（チーズ販売用屋台，トラック，型，燻製用煙），人（屋台の持ち主，販売人，羊飼い，ポーランド人や外国人の観光者，地域の人々），観光実践（地域や地区の食物，ホスト-ゲストの交流，土地の産物の購入）などがあげられる。これらが形成するネットワークへの参画や離脱の過程のなかで，多くの実践や場，そして人は変容する。前面に出ることもあり，また他者化されることもある。4種のチーズは相互に排除するのではなく，共存し，その境界は超えられて曖昧になり，再交渉されて，現実の観光の姿となっている［Ren 2011：878］。

6 まとめ：ANTと歴史的過程

　以上ANTについての紹介と可能性について説明してきた。安定化して「ブラックボックス化」した観光地の分析はもちろんであるが，よりANTの特徴をいかすことができるのは新たに立ち上げられた観光地で，それぞれのアクターが互いを取り込みネットワークを構築している過程にある，まだ安定化していない事例の調査・分析をおこなう場合である。先にANTが矮小化されたり，安易な批判がなされていると指摘したが，なかには「イノベーション研究におけるアクターネットワーク理論の適用可能性」［竹岡・太田 2009］[3]とか，「技術者倫理事例へのアクターネットワーク理論の適用—デンソーにおける環境に配慮したカーエアコンの開発」［杉原 2014］[4]などのように，ANTの可能性を示す論文もある。すでに立場が確立されていると自ら認識している人が自らの立場を固めるためにANTを利用する場合ではなく，謙虚に真摯に人もモノも「対称的に」同じアクターとして扱い，そ

---

[3] このイノベーション研究を扱った論文では，異種混淆的な要素をアクターとするネットワークの形成過程や，「必須の通過点」となるアクター，そしてアクターネットワークが以前のネットワークの機能を包含しながら新たな機能を獲得していくという変化を強調する。これまでのイノベーション研究では，「イノベーションに成功したから売れた」「よい商品を作れば売れる」となり，よい商品を中心として導き出される要因を研究すれば，次の商品開発に結びつくと考えられていた。しかし現実的には，販売された商品は店頭ポップや外箱，価格改定，他社の同種商品の販売などによって商品のアイデンティティが変化しているのである。商品が位置するネットワークそれ自体が，新たな要因によって変化し，その変化によって商品の意味が変わり，価格にも影響がでてくる点を強調している［竹岡・太田 2009：58-59］論文である。

れらが構築するネットワークのなかで個々のアクターが果たす役割や意味を分析し，そしてそのネットワーク全体のみならず他のネットワークとの関係のなかで果たす役割と意味を探ろうとする場合に可能性が拓かれる。

ここで重要な問題を考えなければならない。第2章で歴史的過程を扱った「地域化＝ローカル化・土着化」の理論と，本章でのおもに現在を扱う ANT との関係である。先に ANT に対するいくつかの批判点を紹介した。人間と非人間のエージェンシーの対称性が疑問視されるとの批判では，人間と非人間とでは文化的，歴史的に作られてきた過程に差異があり，それを対称的に扱うことはかえって人間と非人間のもつ特徴を見えにくくしてしまう［青山 2012：167］といわれる。このような ANT における歴史性の欠如に対する批判は，常にさまざまな要素の現在の姿を記述する文化人類学における民族誌に対する歴史家からの批判と同様な性質をもつ。その批判を受けて，人類学ではその後可能な限りたどれる歴史を考慮した「歴史人類学」が成立し，歴史的過程を分析に加えることにより，時間的な幅を加えた考察を目指すようになった。ANT への批判は，アクターにはそれぞれが形成された歴史的過程があり，その時間性を考慮に入れなければ十分な分析が不可能になるという点にある。

本書では，地域の側にたった視点からあるアクターが「ローカル化・土着化」する過程を追っている。「現代アート」という外部的要素が既存のネットワークに取り入れられると，さまざまなアクターが動き出す。空き家というモノがそれまでにないアトリエやギャラリーという役割を付与され，アーティストが介入し，画材（まち針，アクリルの黒紐，赤・緑・青の棺など）が取り込まれ，現代アートの理解はされぬまま，馴染みのある身体運動としての作品制作に村人が参与する。既存のネットワークが新たなアクターの参入によって変容を被り，各アクター間の関係も変化し，それまで主流であったアクター（村の男性たち）が背後に退き，表に出ることのなかったアクター（女性たち）が新たに参入した現代アートというアクターとの結びつきによって，結果として前面に出る（発言する）ようになる。地域の側にたった「ローカル化・土着化」の視点は，これらのアクターの現在の動きが時間

4）この論文では，ANT を分析手法として，すでに論文として発表されている環境に配慮したカーエアコンを開発したデンソーの技術者の事例に，あらためて分析を加えている。とくに翻訳の4局面を中心にして，「問題化」（相互のアクターの定義，必須通過点），「利害関心化」「登録」（各アクターが安定化する状態），「動員」の過程に分けて，事例の分析を試みている。

第3章　アクターネットワーク論（ANT）と「地域文化観光」　59

の経過とともに安定化していく過程を追うことになる。これまでのANTでは，現在「ブラックボックス化」して当たり前と認識されている概念や存在を，人とモノの対称的な関係に立ち戻って認識し直すことを目的としてきた。「地域化＝ローカル化・土着化」に視点を据えることは，安定化・「ブラックボックス化」して一応安定化を達成したネットワークがどのようにして構築されたのか，その過程を分析することであるといえよう。しかしながらそのネットワークは決して最終的な形態ではない。現在もそしてこれからも，時とともに常に変化するものである。「土着化」に必要な条件を満たし，一時期は「地域化」して安定しているように見えても，他のアクターの介入によって変化を被ることになる。

　ANTと「地域化＝ローカル化・土着化」理論は，ある事象を異なる観点から解明するものである。後者は地域の人々の側にたってあるアクターを追うものである。今回は「地域化」をおもに扱っているが，逆の方向を向いて地域のモノが「グローバル化」する事例もある。スポーツでいえば，日本の柔道やインドのカバディなどのグローバル化があり，それに伴ってルールが国際化し，体重別になったり，判定基準がより客観化されている。ANTは人の果たす役割を相対化し，あるアクターをめぐって他の複数のアクターと形成されるネットワークを見渡そうとするより全体的な視野にたった理論である。次章では，観光の全体と個々の事例研究との関係を，『部分的つながり（*Partial Connections*）』（「部分的連接」との訳もある）［ストラザーン 2015］として議論をするが，このANTでの議論を基にして進めることになる。

　本章の最初で述べたように，とりわけ分析対象として考えているのは，現代アートという新たな要素を過疎地域に「取り込み」，「地域芸術祭」を開催している事例である。「地域芸術祭」とは，現代アートというモノを中心に異種混淆のアクターから構成されるネットワークを形成する「擬似物体」としてANTでは定義される。はじまって10数年経過するものもあるが，いくつかの成功している事例もあれば集客に失敗している例もあり，まだ評価が定まらない現在進行中の事例である。この「地域芸術祭」に関しては以上述べてきたANTの視点から，現代アートというアクターを追いながら，第Ⅲ部の第7章と第8章において記述と分析を試みる。

第4章

「地域文化観光論」と「観光学」
部分と全体との「つながり合い」

　観光研究は人間学となり、それほど高度の個別学問的超越性を必要とはされていないポスト・ディシプリナリ的なあり方が適していると、『観光学ガイドブック』で大橋はいう［大橋 2014a：10］。観光の核心には人（観光者）が動くことがあり、それは生活（とくに食と住）を伴った移動であることを特色とする。それゆえ人間生活の全分野に関係し、移動過程や現地での滞在過程におけるさまざまな局面をすべて含むゆえに、人間生活全般を扱う総合的分野（人間学）となるという。「観光学」とは、観光現象についての理論的分析・研究の体系を指すことになるが、まだ世界全般的にみても確立途上にあり、学問としての樹立を目指して世界的な努力がおこなわれている過程にある。人間の研究同様、観光現象の研究は人文科学、社会科学、自然科学の多くの学問領域でなされている。経済学では観光の経済的側面が、法律学ではその法律的側面が研究されてはいても、観光の総合的研究といえるものではなく、それぞれの学問領域の一分野としておこなわれているだけである。各学問領域は20世紀半ばまでは、それぞれ独自に発展がはかられ、分立主義的傾向が強かった。しかし第二次大戦以後、複合的で複雑な事象に対処することが求められるようになった。政治と経済、文化と政策、環境問題では産業と自然と生活が結びつき、さらには地域活性化と観光開発が結びついており、これまでの個別の学問の領域を越えた学際的な研究が必要とされている。

1 部分と全体

　本書『地域文化観光論』が目指しているのは、観光研究における一分野の研究（部分）が観光学という全体的研究とどのようにつながるか、そのつながり方を明らか

にすることである。すなわち，観光人類学，観光社会学，観光地理学，観光経済学，観光経営学，観光心理学，観光統計学などの個々の領域の観光研究が，「部分的つながり（partial connections）」［ストラザーン 2015］を通して「観光学」としての全体をイメージ・展望することを目指している。そのモデルとしては，「観光学の新たな展望」［橋本 2013：19-34］で述べたように，さまざまな研究領域から構成される人類学の分野においてこれまでなされてきた批判の過程を歴史的にたどることが参考になると考える。人類学では「ホーリスティック」な研究を目指し，現地に赴き，現地の言葉や文化を習得し，現地社会で生活するなかで，社会構造，政治・経済，儀礼・信仰・世界観，日常生活など，あらゆる視点から人々のあり方全体を記述することを目指した。しかし 1980 年代以後のポストモダン人類学では「誰が何をどのように書くか」という研究者にとっての基本的な問いかけに関心が向けられ，全体性を追求する研究そのものも批判の対象となった。今日では「文化を書く」こと自体への批判をいかに乗り越えるかが問題となり，混迷状態に陥っている。その過程を次節で明らかにするが，そのような状況から一歩を踏み出す可能性をもつのがマリリン・ストラザーンが提唱した「部分的つながり」であるように思える［Strathern 2004；ストラザーン 2015］。

　観光学ではあらゆる研究分野を網羅した「ホーリスティックな観光研究」が必要であるとまずは主張される。しかしながらそのような方向を目指す研究では，さまざまな要素が混ざり合い研究者のはるか先で激しい変化を遂げている「観光の現実」からますます乖離することになる。「観光の現実」を明らかにするアプローチとして，本書では「地域文化観光」研究が不可欠であり，「部分」ともいえるこの「地域文化観光」がいかに「全体」となる「観光の現実」に「つながる」のか，この両者の関係を個々のうちに全体像がイメージされ全体のなかに個々がイメージされる「部分的つながり」モデルで考える。すると「観光の現実」を明らかにするためには個々の「地域文化観光」を徹底的に研究すべきであるという結論になる。本章では，このような結論にいたるまでの経緯を明らかにする。

■ 1-1　「部分的つながり」へ：人類学的研究方法の変遷[1)]

　春日直樹『現実批判の人類学』［2011a］の序章の「人類学の静かな革命」を参考

---

1) この部分は橋本［2013］で論じた部分である。ストラザーンの翻訳書『部分的つながり』［2015］にしたがって，partial connections を当時「部分的連接」としていたが本書では「部分的つながり」に統一している。

にして，人類学の変遷の概略を追ってみよう。人類学では研究室での「比較を主要な方法とする科学」が1850年代後期から姿を現したのを第一期とする。J. フレイザーをその代表とし，西洋の内外の急激な変化がもたらす攪乱的な状況を「文化」という領域として対象化し，地球規模で秩序づけてみせた［春日 2011a：26］。第二期では，第一次世界大戦が終結し，西洋各国が国民国家を完成させ，植民地統治機構を整備していくにともない，人類学研究者は自ら調査地に赴いて「ホーリスティックな」民族誌を書き上げようとした。各学問分野が自らの専門性を強く打ち出し学問間の壁も高くなり，専門性を誇った［春日 2011a：27］。高い壁に守られ確立した方法論で研究を進めることができた第二期の幕引きに，ポストモダン人類学が決定的な役割を果たした。

1978年に出版されたE. サイードの『オリエンタリズム』［1986］以後，あらゆる学問分野で植民地主義批判の大きな流れが形成され，民族誌作成の過程においても現地の人々の声が反映するような手法が模索された。いかに民族誌を記述するのか，J. クリフォードとM. マーカスが1986年に出版した『文化を書く』［1996］が，その困難さを指摘した。「それまで民族誌を支えていた国民国家的モデルを批判し，リアリズム的言説に疑義を唱え，他者を表象する権利自体を問題視する」ポストモダン人類学の呪縛から，人類学研究者の多くが解き放たれていない状況が今日まで続いている［春日 2011a：27］。その状況を乗り越えるための試みはいまも続いており，対象とする地域の人々について民族誌家はすべてを記述できるのか，そして作成された民族誌を読むことは対象となった「地域の人々の現実」を理解することになるのかといった反省と批判が，人類学の文献を対象にわき起こった。たとえ現地に赴いたとしても，結局はテキストからテキストを渉猟するのと同じ結果に終わるのではないかといった認識論的な懐疑からの脱出が困難となった。そのような状況から一歩を踏み出すことができる可能性をもつのがM. ストラザーンの提唱した「部分的つながり」［Strathern 2004］であった。

春日はポストモダン人類学に触発され，これと対峙して研究を発展させたのは「静かな革命」の中核をなすストラザーンであるという［春日 2011a：11］。ポストモダン人類学では，「生成する出来事や制度や総体を過程的にとらえるという構え」が趨勢となり，動態的な民族誌が称揚されたが，「他者を表象するという問題，その表象を正当化するリアリズムについては，正面突破する力」をもち合わせていなかった。S. タイラーが主張する民族誌における「喚起」に，人類学的方法としての比較をつなげて，ストラザーンは「喚起の比較」を考えた［Strathern 2004：7-8；ス

トラザーン 2015：72-73]。『文化を書く』［クリフォード＆マーカス 1996］が強調した「部分的真実」に対して，ストラザーンが見出したのは partial connections（部分的つながり）であったと春日はいう［春日 2011a：12］。比較が現実をつくり，つくられた現実が比較されてさらなる現実をつくっていく。「部分的つながり」では関係は文脈から文脈へ，領域から領域へとアナロジカルな増幅や切断や転倒をもって展開しているとの認識にいたる。部分が別の同類の部分と関係を形成し合い，その関係によって全体のあり方を新しくイメージさせていくのである。

　「静かな革命」は，人間以外のモノや人工物を同等な要素として組み入れる点（ANT を指す）で，さらに実在はこれらとの関係においてのみ成り立つと主張する点で，またリアリティとは関係の生成変化に等しいと認識する点において，「徹底して」関係論的な認識になる。これまで定まった点から視覚が広がることを前提としてきたが，「定点なき視点」は人やモノや複合体がそれ自体を比較の基準としながら別なそれらへと新しくつながる「部分的つながり」を導く。ストラザーンは，反復複製的な関係の連鎖によって，文脈や領域をまたいでアナロジカルな増幅や切断や転倒が展開されると，規模は相似性(フラクタル)の具現でしかなく，論点は関係性が諸次元で複製する過程へと移行するという。小が大に網羅されるのと同様に大が小に網羅されることも起こる。規模の非対称性が成立しなくなるのである［Strathern 2004：xix；春日 2011a：18］。

　第三期にいる人類学研究者は，細部に力があふれるかぎり，引用文献や既成の概念，他の資料，図表・写真などと一緒に構築される論理は，どこかの細部によって足をすくわれたり，真正さの一部を奪われるかもしれないことを認識している。いわゆる事例が法則の具現や主張の裏づけにとどまるのではなく，事例自体が法則や主張に働きかける力をもっているのである。第三期の人類学では，規模の序列化がしりぞけられ，どんなアクターにも均等な視点が付与される。法則や因果関係のような非対称的な関係が実体化されることなく，その関係がどのように作り上げられるのかが対称的に追跡されていく。細部が自らを基準として内側から差異を生成し，その差異をもって外部の差異へとつながっていく。そうやって外側に向けて新しい現実を作り出していく。「静かな革命」とは，細部に力を宿す人類学という学問の本領を，現実批判として発揮する運動であると春日は結ぶ［春日 2011a：29］。

　「部分的つながり」では，「比較は対象自体に宿っており，おのれでおのれを比較すると考える。ものはみずからを対象とし，みずからを測定する。みずからが自己の内部の差異を見出し，その自己を参照しながら他の事例へとつながっていく。対

象と基準との融合，その融合による外部へのリンク」，それが「部分的つながり」のきわだった特徴であるという［春日 2011b：298］。本書で「部分的つながり」をもち出したのは，観光研究に携わるさまざまな分野が「観光の現実」をどのようにイメージするかというアプローチ方法が，この「部分的つながり」のあり方とアナロジカルな関係にあると考えるからである。

　観光学の分野は，さまざまな領域の研究が学際的に集合し，相互の研究が分断されたまま全体が見渡せない情況であるかのような印象をうける。一つのディシプリンとしての観光学の統合を叫ぶ研究者は，まるで世界が部分と切片にあふれていることを嘆く人々のように，それらを「集め」，「結び合わせ」ようとする。それは，西洋的な不安が原因となっていると考えられる。この不安のいくらかは，切断は破壊的な行為であるとの前提のもと，仮想される社会的全体性（または，全体としての「観光学」）がそれによって切り刻まれ，断片化されてしまうに違いないと感じられることに由来している。ストラザーンのいうように，身体が手足を失いつつあるかのように感じるのであろう［ストラザーン 2015：272］。メラネシアでのように，切断が諸関係を現れさせ，反応を引き出そうという意図をもっておこなわれるところ，すなわち切断が創造的な行為であるような前提があるところでは，切断は，それぞれの内的な能力と，関係の外的な力を顕わにし，全体性を立ち現せる可能性を示すことになる。本章では，このような部分と全体との関係をアナロジカルに，部分としての「地域文化観光論」と全体としての「観光学」との関係で考えていく。

■ 1-2　部分と全体：カントールの塵と残余

　ストラザーンの『部分的つながり』からは，一つの部分に向けられた視点がいかにして全体を見る視点としても成立するのか。一分野の研究がいかにして全体的な観光学にむすびつくのか，そのつながり方についての示唆を得ることができる。

　部分と全体の関係の例として，カオス理論のフラクタル図像の最も有名な例である不規則に刻み込まれた海岸線をストラザーンはあげる。「大きなスケールの地図を見ても，それぞれの入り江や砂浜の岩を調べても，スケールは変化するが不規則さの量は変わら」ず，まるで，「海岸線の長さが増しても，それが取り囲む面積は増えないかのようであり，二つはぴったりと重なり合わない」［ストラザーン 2015：35］という。そして，カントールの塵を事例としてあげる。1本の線を3等分して中央部を取り除き，残った各線分を3等分しては，その中央の3分の1をとっていく過程を繰り返してできた残った点の「塵」を，カントール集合という。この塵

の数は無限になるが，全長は変わらない［ストラザーン 2015：67；グリック 1991］。この塵は部分（「残余」）としてわれわれの眼に映ることになるが，後にパプアニューギニア高地の事例に見るように，取り除かれた部分である「空白」もまた重要な要素となっている。

ストラザーンは，研究者による観察行為を視野に入れ，「私たちは，不規則さの量を細部の量と考えるだろう。［…］細部を見ようと倍率を上げても，彼／女が観察していることから人類学者が引き出せる情報の量は変わらない。つまり，観察行為が，形式の増殖の恒常的な背景でありつづけている」という［ストラザーン 2015：36］。ここでは比較におけるスケール・規模が問題とされており，部分と全体との関係もまた，これまでのあり方とは異なる可能性が示唆される。

1) 「残余」と「空白」

カントールの塵において作り出されるのは「残余（リメインダ）」である。グリックが作りだしたカントールの塵の図像は，小片のまばらさを増やしていくイメージにも見えるが，むしろ「空白（ギャップ）」を開いていくイメージであるという［ストラザーン 2015：39］。この塵について注目すべきは，点の爆発的な増殖を作り出すための指示である。なされているのは間に入る部分の除去だけであり，それによって「余白」や「背景」が表出するのである。隙間がより多くなると，点はより多く，まばらになる。ところが，結果としてどんなに数が多くなり，分散的になっても，点は決して最初のレベルが含み込んでいた量を超えることがない。そして，どんなにまばらであったとしても，決して最初のレベルが伝達することができる複雑性を失うこともない。情報が失われるたびに，同じだけ情報が増えるからである［ストラザーン 2015：39-40］と説明する。すなわち，それぞれの局面で答えが要求するよりも多くの何かが生みだされるならば，それより多い何かはある種の「残余（リメインダ）」，残された資料として作用する。その「残余」は当初の問いに対する答えに収まらず，さらなる答えを要求するさらなる問いを発することで，当初のポジション（問いと答えのセット）を包み込み，あるいは下位分割することになる。あるいは，「残余」は私たちの理解に新しい「裂け目（ギャップ）」を生みだすという［ストラザーン 2015：39］。

切り取られて残る点（「残余」）を頼りに，何が切り取られたのかという問いを発するが，それは「空白」を埋めて元の姿を取り戻すことにはならない。一つの空白を埋めても，さらにその一つ上の段階での「空白」に遭遇することになる。「観光の現実」という全体を目指しながら，各領域（点）で問いを発し空白を埋める作業

をしつつ、常に次の空白を埋めようとまた新たな問いを発する作業を繰り返している学問の現実がここでは映し出される。しかしながら、パプアニューギニア高地の事例からは、いかに「空白」をとらえるかについての新たなパースペクティブ（視点）を獲得できる。

2)「知識の喪失」(「空白」) もデータの一部

パプアニューギニア高地のバクタマンでは、それまで母親と一緒に生活していた少年は、第一段階の儀礼がはじまると女性との接触が禁止され、「男の家」で生活を送る。第二段階では年長組との絆をむすぶ儀礼が行われ、はじめて祖先の骨を包んだ黒い布を見せられるが、近づくことはタブーとされる。第三段階では男らしさを身につけるために犬の黒い腸とペニスを食べさせられ、第四段階では男弁髪といわれる小さな飾りが攻撃性を示す赤い色に塗られる。第五段階で聖なる狩猟をおこなうが、目的は教えられない。第六段階に入ってその獲物が祖先への供犠にされることを告げられ、儀礼の秘密のほとんどを知ることになる。第七段階を終了した後、男は豚を殺し、雄豚を食べることを許され、祭儀を主催する資格を得る。このように年を重ねるごとに「聖なる秘密」が順次明かされ、成人・壮年になって世界の成り立ちについての知識とともに部族維持のための重大な秘密が明かされることになるのである [Barth 1975；橋本 1980：285-287]。この重大な秘密を明かす役割を担う長老の知識の「空白」を、次に述べるようにストラザーンは問題にする。

バルトによると、イニシエーション儀礼を執りおこなうバクタマンの長老は、将来における知識の喪失の感覚とつねに戦っているという [Barth 1987：49-50]。以前自身がおこなったことのある儀礼を再びおこなうことになったときに、心のなかでその過程を思い描こう＝作りなおそう（リ・フォーム）と奮闘しているのを目にして、バルトは、知識の産出それ自体について考えをめぐらせた。ストラザーンは、バルトの発生論的（ジェネラティヴ）モデルを、ニューギニア高地の人々が自らの実践について思考するときに明らかにする、不在と喪失がもつ産出性に光を当てたものであると考え、遺産とは、それぞれの世代がそれに先立つ諸世代において失われたものから作り出してきた「知識」なのだという。

他者に知識を伝達しようとする者は、まずその知識を自ら創出しなければならない。このようなバルトの説明を根底で支えていたのは、伝達することは危険を冒すことであり、儀礼用具が失われたり、老人が死んだときに自分たちの行為能力が奪われるとつねに意識されている世界で、ニューギニア高地の人々がいかにして十全

さの感覚を獲得し得ているのかを，なんとか理解しようとすることだったとストラザーンはいう［ストラザーン 2015：235］。バルトが明らかにしたのは，儀礼の専門家たちが思考するための媒体(ヴィークル)，隠された意味を立ち現れさせるための乗り物(ヴィークル)を提供しようとしており，再生(リジェネレイション)の過程で変化せずにはいない「伝統」を，つねに自らのために作り出そうとしていることであった。

　ここでバルトが強調するように，「私たち自身の存在論を正さなければならないのだ。［…］その作業は当然，知識の喪失を，データの喪失ではなくデータの一部として含まなければならない」［ストラザーン 2015：236］。バルトのいう知識の喪失よりも，情報の喪失という方が的確だとストラザーンはいう。失われたものは，かつて存在したコミュニケーションの乗り物(ヴィークル)あるいは媒体(メディア)であると想像されているが，ストラザーンは，それらの媒体が失われたという知識は，いわゆる知識の喪失ではなく，むしろ不在についての，忘却と回復不可能な背景についての知識であると述べる［ストラザーン 2015：237-238］。彼らは「空白(ギャップ)」を埋めるという不可能なことをしているのではなく，現在あるもので，自らのために情報を作り出そうとしているのだとストラザーンはいう。彼らは文字通り，手元にあるものを作らなければならないのであり，それには，近隣に住む人々の知識を借り受けることも含まれる。それはまた，背景を内包することができるのはそれらの人工物のみであるから，現在ある人工物のなかに回復不可能な背景をみてとることも含まれる。そしてそれらが生みだすのは「新しい」情報であるという［ストラザーン 2015：238］。すなわち，いま手元にあるものに，失われた複雑性の徴を担わせているのである。

3）知っているものの「再創造」：他から借りて補足する

　こうして，バクタマンの儀礼専門家たちは，自分たちに残されていると認識しているものの中に十分な情報を読み込み，ある意味では，自分たちがいま手にしているものに，失われた複雑性の徴を担わせるという［ストラザーン 2015：238］。異なるコミュニティに属する年長の専門家たちのあいだでコミュニケーションがおこなわれているという事実は，彼らが自らの道具立てを，他の地域から借りてきたものに拠って補足するという選択肢を常にもっていることを意味している。重要なのは，空白(ギャップ)が保たれているということである。彼らは自らを，欠けていると思われるものを再創造しているのではなく，単に自分たちが知っているものを「再創造」しているのだとみなしている。あたかも，そのような不在を強調することで，自分たちは自らの創造性を創造していると知っているかのようであるとストラザーンは指摘す

る［ストラザーン 2015：239］。

　学問の世界においても，同じ全体をイメージしつつ他の領域から借りて補足している現実がある点を忘れてはならない。

■ **1-3　サイボーグ：想像と現実の接合による「ひとまとまり」のイメージ**
　サイボーグは，SFが夢みたサイバネティックなファンタジーであり，部分的に生命をあたえられ部分的に技術化された生き物である。それは装置を埋め込まれた人間，ないし人間の臓器を組み入れた機械であり，移植と遺伝子操作のハイブリッドである。異なる部分が作用するための諸原理が単一のシステムを形成しないため，身体でも機械でもない。各部分は互いに釣り合いがとれてもいないし不釣り合いでもない。内部のつながりは集積回路を構成してはいるものの，単一のユニットというわけではない。それは「ひとまとまり」のイメージではあるが，全体性のイメージではないとストラザーンはいう［ストラザーン 2015：129］。ここでは部分と全体との関係のあり方についての議論がなされる。観光学という全体性のイメージではなく，「ひとまとまり」のイメージとして考えるべきであるとの示唆を得ることができる。

　想像上のサイボーグたちの世界における，他者とつながっているサイボーグのイメージであるとともに，そのイメージを用いて思考するに相応しい今日の世界におけるさまざまな状況のあいだのつながりのイメージである［ストラザーン 2015：128-129］。精神と身体，自然と文化の差異の喪失が，有機体と機械の融合，「生体の欠損部分・機能を補う装置，親密な部品，近しい自己」［ハラウェイ 2000a：341］としての機械像そのものに，映し出されている。この同盟があれば，有機体的一体性を懐かしむ必要はないという［ストラザーン 2015：130］。

1）部分的・サイボーグ的つながり
　「サイボーグが，拮抗的対立，機能的制御，神秘的機能によってではなく，むしろ部分的なつながりによって差異を関連づけること」を望む［Haraway 1986：86］というハラウェイを引用し，サイボーグは単一の境界をもたないし，その部分部分は内部の分断からなるものではないという［ストラザーン 2015：130-131］。ここでは，部分から全体を形作るような関係性は疑問視され，自然と文化が再編され，もはや一方が他方に領有されたり組み込まれたりする資源ではなくなる。異なる方法で作られ，あるいは生殖＝再生産され，この意味で異なる起源をもちつつもともに作動

する存在のあいだに，どんな種類のつながりを思い描くことができるのかが問われなければならないという［ストラザーン 2015：131-132］。サイボーグがどのようにして比較可能性＝等質性を前提とせずにつながりを作ることができるのかについて，ストラザーンは考える。一方が他方の可能性の実現ないし拡張なのだとしたら，その関係は同等でも包摂でもない。その関係は，人と道具のように，人工装具的なもので，比較可能性＝等質性なき共存可能性であるという。つまり，一方が他方を拡張するが，それは相手のポジションからのみおこなわれる。拡張が生みだすのは異なる能力である。この見方では人と道具のあいだに主客の関係はなく，拡張された，または実現された可能性だけがあるという［ストラザーン 2015：134］。

　ここで述べられているのは，第3章で明らかにした人とモノとを対称的にあつかう ANT の概念と通じる考えである。後に明らかにするが ANT との違いとしては，「視点」が加わる点に特徴がある。

2）地と図の反転，樹木の逆転

　一つの儀礼における切断それ自体が，つながりの契機となる。事例としては，南太平洋のニューアイルランド島のウセン・バロクの人々の，森の樹木に対しておこなう儀礼［Wagner 1986, 1987］があげられている。メラネシア人は，文字通り木の根を引き抜いて逆立ちさせ，樹冠がつねに根によって支えられていたことを示す［ストラザーン 2015：267］が，このようなリテラリズムを誤解してはいけないという。「切断され，動かされているのは，イメージそれ自体なのだ。男たちと樹木と精霊と笛と女たちとカヌーが，すべて互いの類比物(アナログ)と見なされる場合，そして，［…］樹木が切り倒され広場の中央に持ってこられる場合，人々は樹木を，ひとりの男のイメージとして森から切出している。また，頭上に造形物(エフィジ)を担いで踊る男は，樹木と森が組み合わされたイメージを，担いでいる構築物と自らの間で動かすのである」という［ストラザーン 2015：267］。

　バロクは母系社会であり，この人々の葬送儀礼をワグナーは描く[2]。埋葬された遺体が完全に腐敗しきったときに他集団を招いて宴会が催される。樹木が，石垣の外で上下逆さまにたてられる。根が中空に拡がり，幹は地面によって「切られ」，その下に見えない枝が広がっているかのようである。母系社会では男性が他氏族に混入するが，この葬式では男女の役割が逆転し，女性が婚出するかのように振る舞っている。ワグナーは，「これは単なる逆転では決してなく，バロクの生活における有意味なイメージに対する［…］組織的で一貫した 図(フィギュア) と 地(グランド) の反転である。それは

単なる否定ではなく，逆転（そのもの）が，それが逆転させる秩序と同じくらいに意味をなすのだ［…］男性は母系的な家系の主根でもありえ，リネージを構成する若い女性たちは，他のリネージに授けられる養育としても見られうるのだということを示すことによって，その否定を完成させる」［Wagner 1987：61；ストラザーン 2015：268-269］という。人々は図と地の反転を知覚する。バロクはこの反転を「力」と呼ぶが，それはイメージの力にほかならない。この反転は，「イメージの変容によって形作られる，変容のイメージ」をなしているのである。それゆえ，その効果はあたかも，動くのはイメージそれ自体であるかのようである。すなわち，祖先の女とビッグマンたちは「ともに」すでにそこにいるのだという［ストラザーン 2015：269］。

3）切断がつなげ，連携を切り開く：図と地の関係性

竹は破裂して中にいる人格を露わにし，少年は成長して大人の男になる。切断の行為は，分離されているものをつなげる。交換パートナーどうしの連携を「切り開く」ことで，送り手と受け手の間で財貨が動かされる。切断が開示してみせるものとは関係性に他ならず，そこには人々が背負っている（婚姻関係やパートナー関係

2）この人々の葬送儀礼は，男たちの小屋を含む石垣で囲われた空間でおこなわれる［Wagner 1986,1987］。空間全体は，樹木が水平におかれたイメージにしつらえられている。樹木の先端部にあたる二股の木の枝が入り口の敷居である。男たちの小屋の裏側にある祖先たちの埋葬場所は，氏族の根，氏族内で枝分かれし地域的にまとまった母系リネージの根になぞらえられている。墓地に埋葬された遺体が完全に腐敗しきったときに，他集団を招いた宴会が催され，男たちの小屋からそれまで課せられていた禁忌・規制が取り除かれる。何頭もの豚が入り口に向けて展示され，宴会を主催する氏族が数多くの成長点をもつことを示す。氏族の成長点は「樹木」（＝氏族の類比物（アナログ））の上方の枝の先端に位置しており，そこには招かれた他集団の人々にごちそうされる果実（＝豚の類比物）が実っている。ところが一定期間に起こった一群の死を完結させるこの最後の宴会においては，その樹木は，石垣の外で，上下逆さまに立てられる。水平構造の全体が，宙に向かって垂直に立ち上げられ，水平から垂直へと軸を移すことで，逆転される。根が中空に広がり，幹は地面によって「切られ」，その下には見えない枝が広がっているかのようである。そしてその下に宴会を主催するリネージの年頃の女性たちが，あたかもこれらの枝からぶら下がっているかのように地面に座る。そうすることで彼女たちは，他氏族のリネージに婚入し，それらのリネージに養育をもたらすという，〔母系社会〕で通常は男性に割り当てられた役割を引き受ける。その一方で，氏族の母となる始祖と同一視されていた主根のうえでは，豚のうえに，新たにビッグマンになろうとする若い男性が立つ［ストラザーン 2015：267-268］。

第4章 「地域文化観光論」と「観光学」　71

などの）諸関係も含まれている。図と地の反転が，地を潜在的な図＝形象（フィギュア）として提示する限りにおいて，この反転の動きは，地から「切り取られた」図が，地に付け加えられた図ではないということを含意している。

　図と地は二つの次元として働き，自己準拠的に自らを自らのスケールとするという。二つのパースペクティヴではなく，地はまた別の図であり，図はまた別の地であるというように，二度向けられた一つのパースペクティヴである。一方は他方との関係において不変なものとして振る舞うので，これらの次元は決して全体化する仕方で構成されることがない。量や生命が，一方の次元で増大することなく他方の次元で増大しうるという知覚は，このことに由来している。関係の調琢＝展開において，増大するのは調琢＝展開であり，関係ではないという。バロクの宴会における互いに反転した二つの樹木は，枝と根が釣り合いを保って互いを反復複製している点で，相互に同形的（アイソモーフィック）である［ストラザーン 2015：271］。

　私たちの目には，バロクは基底＝根となる隠喩（ルートメタファー）を的確に選び出したように見えるとストラザーンはいう。彼らの選択の背景（バックグラウンド）（＝図／地のさらに背後にある地）はすでにそこにある。この基盤にある社会性（グランディング・ソーシャリティ）こそが，パフォーマンスが全体として実現していることにほかならず，それは根を逆さに立てたり枝を切ったりすることで，この男やあの少女たちを現れさせる個別的な行為よりも，「包括的」であるという。しかしこの社会性は，あらゆる行為を包括している反面で，どれほど多くの行為がなされたとしても，社会性のこの次元に何かが付け加えられることはないと指摘する。社会性は行為を支える基盤であり，それは，何かを足して増やすことができる量ではなく，増大するのは諸々の行為である。カントールの塵に見られる小片のように，分割され，さらにまた分割されるのは行為なのである［ストラザーン 2015：271］。

■ 1-4　思考のサイボーグ，部分的なつながりと拡張

　カントールの塵がストラザーンの創造力を捉えたのは，それが，それ自体としては増大しない「背景」に対する知覚を増進させることで，出来事の間に「空白」（ギャップ）を作り出す一連の指示を与えてくれるからだった。しかし，それはもちろん，私たちの思考が生みだす不格好なサイボーグにすぎないという。カントールの塵は，非数学的な現象に応用されることで，私たちが手持ちの隠喩をどのように混ぜ合わせているかを知らしめる効果を発揮するがゆえに，思考のサイボーグなのだと指摘する［ストラザーン 2015：274］。

「空白(ギャップ)」は私たちに，拡張することのできる場，私たちを補綴(はてつ)する装置のための空間をもたらすようにみえる。失われた専門知識，遠方に住む親族の顔立ち，垣間見られただけの精霊は，それ自体のイメージの動きを引き出すと同時に，あらゆるイメージは借用されたイメージであるとの知覚を引き出す。そうだとすれば，過剰あるいは不足の感覚，釣り合いが欠けており，つながりは部分的なものに過ぎないという感覚は，私たちがそれらの知覚自体を拡張することができるということを示唆しているのだという［ストラザーン 2015：275］。

　ここで扱っている事例は，ストラザーンの調査地である南太平洋のニューギニア高地や島嶼地域のものである。これまでの学問状況であれば，いわば「未開」としてみなされてきた社会の事例が，現代のハイブリッドな社会の事象を考えるうえで参考になるのかとの疑問が提示されたであろう。しかしラトゥールをもち出すまでもなく，今日の科学が作られる現場も，南太平洋の一画で執行される儀礼の現場でも，「細部が自らを基準として内側から差異を生成し，その差異をもって外部の差異へとつながっていく。そうやって外側に向けて新しい現実をつくり出していく」［春日 2011a：29］様子が見られるのである。

2　部分的つながりと ANT

2-1　視点（perspective）と ANT

　ストラザーンが依拠するのは，私たちが何かを「見る」ということが，つねに具体的な身体，機械，概念，利害関係などのむすびつきにおいて構成される局所的かつ技術的な事象であることに注目したハラウェイの議論であった［Haraway 1988；ハラウェイ 2000b］。久保［2015］は，われわれが PC をネットにつないで人工衛星からとらえられた地球の写真を眺めるとき，それを可能にしているのは膨大な数の存在者（惑星地球，人工衛星，カメラ，衛星打ち上げ施設・組織・設計者，写真入手企業・個人，写真をファイル化するソフトウェア，通信器具，モニター，私たちの眼，眼鏡などなど）が構成する諸関係であるという。私たちの眼と眼鏡の関係や PC と通信器具の関係が変化すれば，眺められる地球の姿は明瞭にも不明瞭にもなる。ハラウェイの議論は，ANT が提示したような関係論に「視点」という概念を接続するものと久保はとらえる［久保 2015：20］。

　ストラザーンに戻れば，異なる文化や社会を比較するとき，特定の価値や特徴がどのような中心性をもっているのかがよく見てとれず，差異がランダムであった

ときや，同じ価値や特徴が多様な文化や社会のまったく異なるレベルで現れてくるとき，不釣り合いの感覚を観察者は感じるという。前者では，焦点や関心は，分析的な領域を横断しながら異なった仕方で現れ，後者では，現象の繰り返しが，文脈として考慮に入れる範囲の大きさに準拠せず，スケーリングから逃れているように見える。ある社会にとって中心的で決定的に見えるものが，他では付随的，周辺的に見えることもある。これまでのパースペクティヴの考え方では，有機体から細胞，細胞から原子へ，または社会から集団，集団から個人へと異なるスケールを移動すると，まったく新しい情報に出会うと想定されていた。それゆえスケールの差異を超えて同一のデータやパターンが繰り返される状況では，不釣り合いの感覚に襲われることになるのであった［ストラザーン 2014：30-32］。

　ニューギニア高地に広く見られるように，一人の男がその氏族の記述として完璧であり，氏族が一人の男の記述として完璧であるならば，「同じ」情報がそれぞれのレベルで繰り返していることになる。緻密さの度合いを普遍にしているように見えるのは，観察者／行為者の知的活動である。かくして，一つの「小さな」事物は「大きい」事物と同じ量であるということができるとストラザーンはいう［ストラザーン 2014：33］。歴史学においては，個々人の生やローカルな世界に焦点を当てて得られた「小さな」データをめぐって，社会的変化や文化的動機についての一般的な「大きな」問いを立てることが可能であるという。そこでは大小の差異は消失する。ストラザーンは，「大小の差異が元どおりになるのだとすれば，それはパースペクティヴやレベルを修復し，それに付随する記述の部分性の感覚を取り戻すことによってのみ，なされるのである」と部分性を強調する。「無数のパースペクティヴによる相対化の効果は，すべてのものが部分的であるように見せ，類似した命題や情報のかけらの繰り返しは，すべてがつながっているように見せる」と結ぶ。これが先に提示したカントールの塵が表す部分的なつながり（partial connections）である。

　分析者の視点が，個人や集団に内属するものではなく，諸存在の関係性を通じて形成されるものであるならば，異なる他者の視点もまた彼らや彼らを取り巻く存在と関係をむすぶなかで自らの視点と部分的に結びついていくのである［久保 2015：20-21］。

■ 2-2　ネットワーク間の部分的つながり：私たちの視点と彼らの視点

　局所的かつ技術的に構成されるがゆえに接続可能な視点というハラウェイの発想を基盤としながら，ストラザーンは民族誌記述に二つの方法論を導入する。第一

に，分析対象となる人々（彼ら）が，自らの身体や人工物や概念のいかなる配置を通じて世界を眺める視点を形成し変容させているかが描き出される。諸関係をとらえる視点は固定的で私秘的なものではなく，現地における人々や事物の諸関係を通じて生成変化していくものとしてとらえ直される。ANTの議論にひきつけるならば，ストラザーンが描き出すのは，諸存在がネットワークを形成する運動のただなかにおいて，当のネットワークを特定の仕方で切り取り・可視化するさまざまな視点が生みだされていくような世界である［久保2015：21］。

第二に，ストラザーンは「彼ら」の視点の生成変化を民族誌上に再編成すると同時に，それを読者が前提としている欧米（「私たち」）の視点と並置していく。民族誌において「彼らの視点」を記述するということは，それを「彼ら」とは異なる視点，民族誌家と読者からなる「私たち」の視点とむすびつけることになる。第一，第二の方法論は相互に独立してあるわけではなく，ストラザーンの民族誌記述は常に両者のあいだを往復しながら展開されていく。「私たちの視点」と「彼らの視点」を形成するネットワークは，部分的には重なり合っているものの（そうでなければ人類学者が異文化を調査・分析することなどできない），異なる身体や道具や概念を素材として異なる仕方で組織されており，至る所で齟齬や摩擦を引き起こす。これらの齟齬を除去するのではなく，むしろ齟齬を活性化させることで異なるネットワークのあいだにさまざまな「部分的なつながり」を発生させ，それぞれの視点の相互作用を通じて両者が潜在的にとりうる未知の様態を喚起する媒体として造形されているのである［久保2015：21-22］。異なる領域の研究が形成するネットワークのあり方にも通じる。

次節では，まとめとして，大学における観光研究と観光教育の方法論について，ANTと「部分的つながり」の視点から考えていく。

3 大学における「新たな観光教育」の展開とアクターネットワーク理論

本節は，科学研究費助成事業基盤研究（C）『観光まちづくりと地域振興に寄与する人材育成のための観光学理論の構築』（課題番号：255010125）の最終報告書の中の「産官学民の連携に基づく観光人材育成のための理論の構築に向けて」［橋本ほか2017］の結論部分［橋本2017：166-170］を参考にしている。

■ 3-1　観光の全体性を明らかにする

　アクターネットワーク理論（ANT）は，観光の全体性を明らかにすることを目指す研究と教育にとって，決定的な転回を示唆する。これまでのビジネス実践やマネジメント面を主流とする観光研究・教育に対して，ANT を取り入れた研究・教育はそれとは逆の方向性が必要であることを主張することになる。それによって，観光研究・教育のバランスをとることを可能にするという意味において重要な転回をもたらすことになる。

　これまで観光を教える海外の大学では，「ビジネス・マネジメント」系の科目が中心となっている。それに対し日本の観光系大学では人文・社会科学系の科目が多く，「観光とは何か」を問題にし，観光現象を調査・研究し，観光の現状を批判検証し，あるべき姿を研究する科目，いわば哲学的・一般教養的な学びを基盤にした科目が中心となっているという現実がある。この批判的視点を涵養する科目を提供する大学が過半数を占める日本の現状を認識した上で，観光庁などは，企業が求めるビジネス・マネジメント系の科目でカリキュラムを編成するように大学に求め，この両者間のギャップを埋めて，日本の観光事業が学問的な支えを受けて，盛んになるようにと指導をはじめた。

　しかしながらそこでは重要な問題が見過ごされている。行政が提示した資料は，欧米やアジア諸国における観光系大学のカリキュラムである。そのカリキュラム内容を後追いしても，日本の大学の独自性・先進性は担保されない。高度成長期は先進国をモデルにしてその後追いをしていればすんでいたが，いまや参考にすべきモデルを海外に求めても見つからない時代になっている。現在「クール・ジャパン」として海外の観光者に注目されている事象は，ほかの国々や地域，そして日本の国家行政が見向きもしなかった事柄であった。日本で独自に取り組んできた人々の成果が，現在あらためて評価されているという事実を忘れてはならない。観光の現場で現在進行している事象は，欧米やアジア諸国の大学の後追いをしてビジネス・マネジメント系の科目を増やしても解明できるものではない。現在日本で進んでいる「観光まちづくり」は，従来のマネジメントでは扱うことのなかった地域の人々が主体となって進められている，単なる大衆観光者数の増加を目的とはしない，地域の人々との「交流」を意図した新たな「観光の形」である。この状況を解明するには，新たな研究方法と全体を見渡す理論が必要とされている。日本の観光系大学のあり方こそ，逆に，注目すべき姿だと強調したい。もちろんそればかりが突出するのでは，大学教育におけるバランスが崩れることになる。またビジネス・マネジメント

系の学問的知識と実践力をもった人材は，観光系企業に求められているだけでなく，「観光まちづくり」の現場にも求められていることを強調する必要があろう。

現在の観光研究・教育では，全体を見渡し，関係するすべての人やモノを「対称」的に扱う方法と理論が必要とされている。これまでの大学が提供していたようなノウハウを適用できる現場は存在しないと覚悟すべき状況なのである。現場を人とモノとの区別なく見渡し，何がエージェントとなり，どのようなエージェンシーが働き，それを受け取るのは何か，そして人と人，モノと人，モノとモノとがどのようなネットワークを形成しているのかを明らかにしていくことが求められている。それゆえ大学の学生は，「地域」という現場に出向いて，そこで何がどのように関係し合っているのかをみきわめる力を養う必要があるのである。マネジメントを学ぶことを否定するわけではない。それは基本的な能力として現場では求められており，大学で教えられるべき科目である。そのうえで，地域において，地域の人やさまざまなモノ，立場の異なる人と人とのネットワークのあり方についてデータを収集し分析できる「基礎的な力」を涵養することが求められていると考えるべきであろう。

■ 3-2 「モノ，人，コト」

近年，観光やまちづくりの現場で，「コトを売る」とか，「単なるモノではなく，コトを知るべきである」「単なるモノではなく，コトと人に触れる観光を目指す」といった内容の発言を聞くようになった。ANT 的視点からは，この発想は観光現象を極度に単純化しており，モノ・人・コトが複雑に影響し絡み合うネットワークを構築する観光の現実を考察しようという意図を放棄する危険性を含んでいるといえよう。

たとえば，世界遺産に認定された対象や新たに注目を浴びた観光資源は「単なるモノ」であり，伝統的な儀式やイベントは「コト（出来事）」で，そのような出来事を主催し支える人に触れる観光をプロモーションすべきであるという主張がなされることがある。ここでモノと名指された世界遺産は「単なるモノ」なのであろうか。そのような発想には世界遺産に登録されたモノが，すでに「ブラックボックス」となって，静態的に存在しているとの認識があると思われる。どこかで認定登録がなされたモノがここに存在するとの認識に基づく発想でしかない。ANT から見れば，世界遺産認定・登録という行為にはユネスコの世界戦略が反映されており，それに申請しようとする地域の人々や国家の意図が絡み合っている。また長い歴史を経たモノは，それ自体エージェンシーを発揮して人に作用することもある。「世界遺産」

に登録されるモノは，すでにさまざまな人々の思惑を喚起し，行動を促しているのである。そのモノと人々との複雑なかかわりあいが「デキゴト（コト）」となり，それに関する語りが「モノがたり」になるのである。

■ 3-3 「認識論から存在論への転回」：「観光まちづくり」論の可能性

現代のわれわれのほとんどがマスツーリズム的（＝資本主義的）な原理で動いているとすると，それとは異なる「地域主体の，別の種類の地域資源・文化資源・人材（財）を作り上げ，少し違った仕方で世界を作り上げていくことが必要なのではないか」との発想に至りつく。「認識論から存在論へ」の転回をおこない，関係的な存在論を基盤にして学問的な認識論を刷新することは，なにも人類学などの分野に限ったことではない。

存在者を存在せしめる装置として「関係」（ネットワーク）を措定することによって，各存在者は自らの振る舞いを通じて他の存在者を表現するものとなり，こうした物質＝記号のネットワークがその動態を通じて自らに対する認識を産出する。こうして存在論が認識論に再び接合される。ここには，全体の暫定的な画定という契機が含まれ，「部分－全体」関係が仮設され［久保 2011：50］，世界の外側と内側を分かつ境界自体が暫定的に画定（仮設）され，そしてネットワークの全体が再画定されていくという無限の過程となる。土壌学者やパストゥールもまた「自然の実在」に計測装置や実験器具を縛りつけ，そのエージェンシーを世界の内部に組み込むことで世界を作り変えていく運動に参与している［ラトゥール 2007；久保 2011：39-40, 46］のである。いわば科学的営為は「実在」を罠にかける仕掛けであり，それは「神」を罠にかける宗教的営為と変わらず，潜在的な無限を現実的な有限にたたみ込むことで世界を作り変える力能をもつ［ラトゥール 2007；久保 2011：50］ものである。無限と有限が交わる臨界点，世界＝ネットワークの果てが実践を通じてそのたびごとに仮設される。このように，「世界を制作＝認識する」とは単にあらかじめ存在する世界内の事物を組み替えることではなく，世界それ自体の境界を内側から揺るがしながらこの世界を再編成していく営為である［久保 2011：50］。

地域人材育成をマスツーリズム的（現行の資本主義経済的）原理で，すなわち観光庁の求めるビジネス・マネジメント能力に力点をおく人材育成を目指すのか，社会科学に力点をおくこれまでの観光系大学の主流となっている資本主義的原理を批判的に検証しうる人材育成を目指すのかという選択が問題になっている［豊田 2015：5-6］。少なくとも地域で人材育成を目指すという視点からは，新たな価値観

を「制作」することを目指す地域目線での観光「制作」によって，これまでとはどこかしら異なる仕方での世界を作り上げることを，すなわちこれまでの「我々」にとって異質な現実を提示することを求められているといえよう。世界を作り上げる営為がそのまま世界を認識する営為にほかならないならば，われわれは世界を特定の仕方で作り上げるからこそ，世界を特定な仕方で意味づけることになる［久保2011：49］。また逆に，世界を特定の仕方で意味づけるからこそ，世界を特定の仕方で作り上げるのである。こうした実践のただなかにおいて，世界（物質＝記号のネットワーク）そのものが自らに対する認識を産出する。科学と文化は（対極に位置するのではなく）「世界を制作＝認識する」営為である点で本質的に異なるものではないことになる。

観光人材育成の理論構築において求められていることは，地域目線での観光を「制作」することによって新たな価値観が「制作」される過程を観察し，世界が新たな仕方で意味づけられ，一過性のマスツーリズムではなく，地域の人・モノとの「交流」を通していかに新たなネットワークが構築されるかを考察することである。そして自らをその実践のなかに位置づけることが観光人材育成には求められているのである。

■3-4 ま と め

観光研究者を「ビジネスと研究」という二項対立的に分類するのは単純すぎると，'Constructing tourism research: A critical inquiry' においてC. レン・A. プリチャード・N. モーガンは主張する［Ren, Pritchard & Morgan 2010］。観光研究と観光マネジメントを分ける視点への批判である。ANT的には，このような不毛な対立を超える展望をもつことが必要であるということになる。1960年代70年代は経済学・人類学・社会学などの第一世代の観光研究がおこなわれ，1980年代90年代はビジネス・マネジメント系の研究が主流になり，今日ではネオリベラル的価値観をもった研究傾向が見られる［Ren, Pritchard & Morgan 2010：887］と指摘する。すなわち観光研究自体が社会的な潮流の影響を受けており，また研究が社会変化に影響を与えてもいるという現実を考えれば，研究自体も常に交渉された全体として提示されるべきものであることはいうまでもない。知識は，特権的な科学的な方法・実験で生じると考えるのではなく，社会的産物であるという認識が必要である。観光研究はビジネス・マネジメントの方向に向かうべきか，それともそれに抗して社会科学的方向に向かうべきなのか。サステイナブル・ツーリズムなどという理念は

マスツーリズムに対する再帰的転回を示したものである。このようにネットワークとアクターは時間的に経過した「集合的行為と進化」の結果として存在する。つねに関係的で，複雑に込み入った存在物が混在し，結びついた結果なのである。

　「観光の知」を構築する企ては，ビジネス・マネジメントか社会科学的研究かという二項対立的に進められるべきではなく，両者のみならずすべての学問的実践を含んだ観光研究ネットワークの日々の営みのなかで追跡され，記述されていくなかで構築されるべきものである。いわば，「観光研究認識論」［Ren, Pritchard & Morgan 2010：890］とでもいうべきものを研究者は再帰的につねに考える必要があるということになる。

第 II 部

「地域文化観光」論
地域性，地域文化の創造

　第 II 部から第Ⅳ部までは具体的な事例を扱う。この第 II 部では九州と北海道の「ツーリズム大学・セミナー」の活動を紹介し，地域からの「観光まちづくり」の視点で分析をおこなう。「九州ツーリズム大学」の調査は 2013 年 9 月末に，「北の観光まちづくりリーダー養成セミナー」の調査は 2014 年 8 月末に，科学研究費助成事業基盤研究（C）「観光まちづくりと地域振興に寄与する人材育成のための観光学理論の構築」の一環として，科研メンバーとともに現地を訪れて，おこなわれた。「九州ツーリズム大学」は 1997 年に「観光実践を担う人の修行の場」としてはじまり，聴講生を含めた受講生が総勢 2,300 人にのぼり内容も充実している。「北の観光まちづくりリーダー養成セミナー」は 2008 年から開催され，セミナーの教育理論的・実践論的な基盤構築の中心に北海道大学大学院（当時）の敷田麻実教授を据え，セミナー修了生が後輩になる受講生の指導にあたり，理論的・実践的に充実したセミナーを運営している点で，観光人材育成方法に貴重な参考事例となると考えた。訪問し，説明を受けて，それぞれ充実した内容と，インタビューに応えてくれた修了生の話にみな感銘を受けていた。

　第 II 部では地域性と地域文化の創造について焦点があたる。熊本県小国町の「九州ツーリズム大学」は全国に先駆けた事例であるために，町民からの理解を得るまでに時間が必要であり，町長のリーダーシップのもとではじまった試みであり，全国から参加者を集めた。その後，母体となる財団法人の恒常的な赤字経営を経験したが，小国町出身で U ターン者の事務局長を得て母体の黒字化を達成し，「ツーリズム大学」の内容も充実してきた。「九州ツーリズム大学」と「北の観光まちづくりリーダー養成セミナー」の経営と実践について分析するだけでなく，その実践のなかでいかに地域の文化的資源を発掘・発見し，それをどのように地域性として育てあげているのか，そしてその地域性を刻印された「地域文化」をどのように売り物にして「地域文化観光」を外部に発信しているかについて見ていく。第 5 章では「九州ツーリズム大学」について紹介し，第 6 章で「北の観光まちづくりリーダー養成セミナー」についての紹介と，二つの「ツーリズム大学」についての分析・考察をおこなう。

第5章

「九州ツーリズム大学」の試み

　「九州ツーリズム大学」は熊本県小国町の「木魂館」に事務局をもつ。2013年9月現在では，ツーリズム大学学長に宮崎暢俊前小国町長を据え，学科長に佐藤誠熊本大学名誉教授などの名前が挙げられている[1]。事務局長に江藤理一郎「学びやの里」事務局長が就いており，2013年9月24日午前10時から約4時間にわたって学びやの里「木魂館」において説明していただいた。

1 「九州ツーリズム大学」[2]

■ 1-1 「九州ツーリズム大学」の概要

1）開催までの経緯

　1996年に「九州ツーリズム・シンポジウム」が小国町で開かれた。その後「実践を担う人の修行の場」として「ツーリズム大学」を小国町の宮崎前町長が手を挙げて開催した。湯布院なども候補に挙がったが，農山村観光の推進モデルになる可能性がある点で小国町が選ばれ，町長が予算措置も推進した。名称としては「グリーンツーリズム大学」「おぐにツーリズム大学」などの名前も出たが，いろいろなものを取り込める「九州ツーリズム大学」に決まった。小国町だけではできないので，他にも九州キャンパスを設定し，1日で行けるところで「出張講座」をおこなって

---

1) その他に，観光まちづくり学科長に岡崎昌之法政大学教授，専任講師に宮口侗廸早稲田大学教授，青木辰司東洋大学教授，徳野貞雄熊本大学教授，杉浦嘉雄日本文理大学教授，井原満明木島平村農村文明塾事務局長，図司直也法政大学准教授，新江憲一「ゆふいん料理研究会」会長，養父信夫「九州のムラ」編集長などの名前が挙がっている。
2) 第5章に関しては，科学研究費助成事業基盤研究（C）課題番号25501025「観光まちづくりと地域振興に寄与する人材育成のための観光学理論の構築」の研究成果「中間報告書」（2015年4月）第3部『「九州ツーリズム大学」について』pp.77-95から引用している。

図 5-1　木魂館　　　　　図 5-2　「九州ツーリズム大学」の垂れ幕

いる。初年度の 1997 年から 8 年目までは，北部九州（福岡など）からの受講生が多かった。9 年目になると鹿児島，宮崎など南からの受講生も増えた。

小国町は九州のヘソにあたる。「人口分布的に見たら間違いなくヘソである」と説明している。1986 年から「悠々とわき出す水，景観，小国杉」による「悠木の里」まちづくりを考えてきており，その一環として「木魂館」を杉で作っている。他にも小国ドームなどの大型木造建築群を作り，デザイン賞を受けている。そのころ地域おこしがブームとなり，「イベントによる交流」に人々の意識が向いた。全国からくる「観光者と町民・職員の交流」による地域おこしを目指すという意識改革がおこなわれた。また，「ツーリズム大学院」が 2004 年から 3 年間開催され，「ツー大」修了者が 3 月〜7 月の期間に参加した。「ツー大」と同じ内容で，先生と密に 1 日ワークショップをしたり，一つのテーマについてディスカッションをした。町の予算の停止を受けて 3 年で終了したという。

2）開催時期と受講生

農水省による「都市と農村の交流」の提唱を受けて，ツーリズム大学は実践された。大学は毎月第二の土日月の 2 泊 3 日で，9 月〜3 月までの 7 か月間で開催される。7 月と 8 月は忙しく，稼ぐ時期なので開催しない。冬はマイナス 10 度にもなり，雪も降り観光者が来ないので，冬場の 12 月〜2 月に人を呼ぶ企画として「ツーリズム大学」開催が考えられた。2013 年からは，平日のプログラムも考え始めているという。

受講生は幅広く，20 代の大学生，30 代，40 代，60 代がいる。団塊の世代の退職期だった 2008 年は，60 代の受講生が多かったという。もともと西日本新聞の企画で

はじめたので，西日本新聞や熊本日日新聞に1日取材してもらうことと，県庁でのパンフレット配布とインターネットへの掲載だけで，特別な広報はしていない。一昨年度，ツーリズム関係者5,000名を対象にネットで広告をしたが，それをみて応募する者はいなかった。口コミで情報を得てやってくる人が多い。当初は九州内の参加者のほか，東京，北海道，東北からも来ていた。最近は，北海道ツーリズム大学，東北ツーリズム大学ができて，その地域からの参加者はなくなった。ここ5年間には，東京や三重県から聴講生としてくる人がいた。最近は長野の木島平や小布施から聴講生が来ている。卒業生のなかには民泊や農家レストランをはじめようという人々がいる。

　本科生は9人から10人だが，その人数をとくに増やしたいとは思っていないという。10人くらいがよいと考えている。1回受講し，実践者となり，もう一度勉強したいということで，その後聴講生で何度か来る人がいる。農業経済に興味をもった本科生から大学の准教授になった人がいて，「ツーリズム大学」に講師として来てもらっているという。

　3) ワークショップ
　講義のほかに，ワークショップも開催している。たとえば，小学校が4年前に5校廃校になり，その建物の活用方法などを「ツー大生」が考える。フィールドワークで小国溶岩の調査をし，ジオサイトについて学ぶ。20〜30年前はマスツーリズムで賑わっていた杖立温泉の再生のためのワークショップでは，「瀬戸屋巡り」とか，「よそ者からみた杖立温泉ツアー」を考える企画をした。このような「ツー大」のテーマについては担当者が決め，ワークショップに関しては江藤事務局長が企画しているという。

　木魂館の広場の端には「クサドマリ」（草泊まり）がたてられている。これは縄文時代の竪穴住居に似ているが，牧草地の草を刈り取るための小屋である。牧草地に仮の住まいを建て，9月に5日間ほど家族で泊まり，その後集めた牧草を馬や牛で運んだものである。竹で骨組みを作り，ススキで葺く。今作れる人は80歳代の人だけで，技術を忘れないようにするために作っているという。

　4) 修了生のその後
　町内では修了生によって，200以上の民泊が開業している。また，レストラン経営やソーセージ製造をしている人もいる。もと大根農家の2期生がはじめた，パス

タとサラダで人気がある農家レストランがあり，春夏秋に賑わっている。冬は道路閉鎖などがあって閉店している。奥さんは公務員で，農家も継続しており，子どもも大きくなったので，楽しんでレストランを経営しているという。インタビューを終えたあと，江藤さんに案内してもらって，午後2時にそのレストランを訪問した。たまたま，そのときに野菜・健康を目指すレストランということで地元メディアの取材を受けていたが，自分は「野菜を中心にしたメニューにこだわっているだけ」だと答えていた。この土地は自分が野菜を作っている土地で，そこにレストランを建てたという。野菜が足りないときは周辺の農家から買い，地域に貢献しているという。また，ハムソーセージの専門店を経営している40才代の人もいる。高校卒業後ドイツにハムソーセージ製造の修行に行った。帰国後「木魂館」で1年間働き，またドイツに渡りマイスターの資格をとってきて，専門店をはじめたという。「木魂館」にゆかりの人で，広い意味での「ツー大」修了生にあたることになる。

　小国にはおしゃれな看板や建物が多い。申し合わせて作っているわけではないが，小国にはデザイン力が高いデザイナーが3名いるという。木魂館にももとIT関係の仕事をしていた人が1名いて，ウェブ関係，チラシ作成，看板制作をしている。彼らはみな一度，外に出た人たちである。小国には木造の建物で，小国杉を使った店や住宅などが増えてきている。小国の木材を使って建てたこの木魂館や小国ドームなどからの波及効果だと思うという。杉材を一定以上の割合で使うと町から補助金を受けられる制度がある。

5）今後のテーマ

　「九州ツーリズム大学」の今後のテーマとしては，「田舎暮らし」「人」「農」「技」「景観」などを考えているという。ツーリズム大学を17年間つづけてきたが，新たな展開が必要になっており，事務局長は，地域だけの発想では壁にぶち当たるので，東京に行って刺激を受けている。彼はUターン後，消防団に10年，商工会青年部に数年間所属し，「地元の人間」になったが，発想が地元からだけになりがちであるので，外からの刺激が必要だと思っているという。「ツーリズム大学」は，「概念」「理論」的にツーリズムが何なのかまだわからない時期に手探り状態からはじまった。いまは，理論から実践に移行しており，求められるのは具体的な「マネジメント力」であるという。すなわち，総論から具体・各論に移す時期にきており，人材育成の段階から，ビジネス，経営，田舎暮らし・移住という具体的なニーズに応える段階になり，「学びたいこと」を具体的に学べるようにする時期になったという。

とくにこれからは「景観を売る時代」で，これもビジネスにつなげていきたいと考えている。

「地域経営」と「田舎暮らし」スタイルに関しては，住民とのかかわり方についての理念とノウハウ，ポイントについてのレクチャーが必要になる。また，「景観維持」に関しては，この地域の森林は「手入れ」がよくできており，「景観」として評価できるといわれている。とくに樹木の枝打ちがよくできていて，山が荒れていない。しかし，それを担っているのは70代，80代の人であり，切って運び出す人がいなくなる恐れがある。切り出しが一番大変な仕事であり，伐採しても運び出せなくなると，山は荒れる。後継者がいないので，あと5年も経つと森林景観が一変するだろうと考えている。補助金も出ていて，いまは森林組合の専業で食べていける。「一人親方」で，木こりの社長が30代〜70代で30名ぐらいいるが，平均は50代である。20代の後継者がなかなかいないのが問題であるという。

■ 1-2 「学びやの里」（一般財団法人）の事業

「学びやの里」は，パンフレットによると，小国町出身の北里柴三郎博士が提唱した「学習と交流」を設立の理念とし，それらを町民の暮らしや青少年の育成に生かし将来につなげるために，地域振興およびそれにともなう交流や文化事業，住民福祉事業を推進し，地域の活性化を図るとともに，北里柴三郎記念館をはじめ，各種公共施設の管理運営を受託し，施設などの効率的利用の促進とサービスの向上を図り，小国町の発展と住民福祉の向上に寄与することを目的に設立されたという。

2013年4月に一般法人化され，「木魂館」が通称である。1987年に着工され，1988年に町の第三セクターの交流施設として開館した。施設としてレストラン，温泉，北里柴三郎記念館をもつ。1996年に，町民や県からの出資もあったが，小国町からの2億円の基金を中心に財団法人が設立された。土地建物は小国町の所有物で，代々町長が理事長となっている。木魂館は指定管理者となり，民営化された。「（農山村で）学ぶことと人と交流する」ことが理念で，学習と交流の理念は北里柴三郎博士の思いを受け継いでいる。1994年にレストラン「北里バラン」[3]が開業した。

---

[3]「木魂館」の屋根が，仕出し弁当などに付けられる緑色のプラスチックのバランのぎざぎざと同じ形なので，「バラン」と名づけられたという。

1）一般財団法人「学びやの里」の役員・職員と所管

　役員5名，監事2名，評議員5名で運営されている。もとは大勢で運営していたが，2013年に一般法人化した際に，大幅な人員削減をした。理事長（町長），副理事長（役場課長級ポストの人）など充て職2名と，職員は事務局長の江藤さんを入れて16名で，正職員6名，契約・嘱託職員10名（女性12名，男性4名）である。夏場は，25名になる。高校生から70代女性までが働いており，平均年齢50才で，70代，60代，50代女性がほぼ大半を占めている。20年以上働いている人が2名，15年以上が3名いる（事務局長は5年目で2013年当時は34才であった）。

　「学びやの里」の所管は，九州ツーリズム大学，研修宿泊施設木魂館，温泉，北里柴三郎記念館，ごはん処北里バラン，ツーリズム観光事業としてウルルン体験教育ツーリズム，おぐに自然学校などである。

2）「学びやの里」の経営

　当初は年間1,000万円の赤字であったが，いまや2,000万円の黒字経営をしている。赤字団体のときは，ここを福祉施設に変えるという話も出ていたそうである。当時の運営については，「第三セクターの無愛想」などという問題が山積みであった。町からの管理委託料がカットされたときには，「自分たちでがんばらないと……」というモティベーションをもたせる必要があった。それまでの事務局長は町からの出向者で，3年で交代し，財団職員は赤字でも町から給料をもらう身分の公務員なので，サービス向上の意識をなかなかもてなかったという。財団の支出をカットする方針がとられた結果，よいものも悪いものもスリム化され，さらにやせ細る一方であったという。現在の事務局長の代になってそこに肉づけをする方針をとり，5年，6年で経営改革を成し遂げたという。

　財団と財団の取り組みを持続可能にするための経営改革がおこなわれた。第一に「事業のベースアップ」をおこない，食事・宿泊・農泊からの収入を全体的にアップすることを目的とした。第二に「若い職員の雇用」を目標にした。現在は，地元出身者で，ウェブ・デザインができる人，剪定・造園ができる人，英語ができる人が4名いる。そのうち3名は自主財源で雇用しているという。第三に「評価制度の採用」をしている。売り上げにがんばっている人といない人，仕事ができる人やちゃんとやっている人を評価できるようにした。項目を設定して，年間2回面接をし，目標設定と自己評価をしてもらう。とくに新規事業についての希望を聞いているという。第四に「仕事効率アップと意思決定のスピードアップ」を目的に据えたが，

そのためには事務局長自身としても自分の仕事効率のスピードアップが必要であったという。第五に「新規事業の立ち上げ」をおこなった。事務局長が食肉取扱の免許をもっているので，年間赤牛3頭，豚36頭を購入し，加工品にして売り切って利益を確保している。第六に「基本財源の効率的運用」として，町から資金として提供された2億円の運用をおこなっている。元本割れをしない形で運用して，国債・仕組み債などの購入で年間700万円の収入を得ている。第七に，最後の項目として「経費削減ではなく経費拡大」を掲げている。必要なところは経費拡大をすることも必要だと考えて新規事業を立ち上げることにした。平成22年の1,000万円台の赤字を平成24年には200万円台まで減少させたが，その間の赤字を町からの支援（過疎債）で補てんしていた。2億円の原資から6,000万円がなくなっていた。このままでは数年後につぶれる状況だったので，とくに平成23年から新規事業に取り組んできた。1,000万円の赤字を黒字転換するには3倍，つまり3,000万円の売り上げ増が必要であった。平成23年時点では3年での黒字転換を目指していた。今年（平成25年）には目標通りに黒字となり，2,334万円の利益を確保したという。

3）事業黒字化の要因

　第一に「農泊体験の増加」が必要であった。体験希望校が減少傾向にあったが，中学生数を増やすために，北九州のすべての学校にDVDを送って体験内容を紹介した。20校から問い合わせがあり，日程調整がついた12校を新たに受け入れた。小国町だけでなく，南小国町にも声をかけて農泊の受け入れ人数を増やし，千数百名を受け入れた。受け入れ農家・家庭に対しては，情報交換会を定期的に開催し，先進地域の安心院（あじむ）での研修会に参加してもらい，レベルアップをはかったという。第二に「学びの里」自身の所管「事業の展開」をはかり，管理収入と食事関連の事業で，5,000人利用者を増やした。第三に「施設への愛情」を育むように心掛けたという。「この施設は（慈しんでくれる）親のいない施設であった」ので，自分が愛情をかけてやれば，職員もこの施設に愛情をかけてくれるだろうと考えたという。第四に「地元の人の施設利用」があげられる。そして第五に，「今後の雇用目標」として，仕事が1.5倍になっており，いまの従業員だけでは「いっぱいいっぱい」なので，今後は若い世代，都会からの移住者などを雇用していきたいという。

　今後の展開として，第一に「I・J・Uターン対策」として，サテライトオフィスの整備を考えており，そこを拠点として都会からの移住者の受け入れを考えている。第二に「北里地域のコーディネート」をおこない，高齢者を含めた雇用の充実を考

第5章 「九州ツーリズム大学」の試み　89

え，そして第三に，次に述べるような，「ツーリズム大学の新たな展開」も視野に入れているという。

■ 1-3　事業内容：自然学校，農泊
1）「おぐに自然学校」新設：「一連のツーリズム学校」の完成

　大人相手の「ツーリズム大学」以外に，町内の子供の育成が必要だとの意見が出て，子どもや学生を対象にした「おぐに自然学校」が2000年からはじまった。この学生農泊体験（小，中，大学生向け）の開始をうけて，「一連のツーリズム学校」が完成したという。

　「自然学校」に参加する町の子どもには，青少年健全育成費として150万円を町からもらっていることから，参加費を安くしている。町外からの参加もある。指導員の人件費を考えると，町からの補助金150万円で「トントン」である。町は子どもへの予算を増やす方針をとり，前年度までの72万円から，2013年度は150万円になった。体験学校は，1コース1回10名〜20名単位で開催し，1年に4回で80名弱が参加する。3コースあるので年に200名ほどが経験していることになる。保育園・幼稚園の子どもは「お泊まり体験」をする。年間のテーマは事務局長が決め，細かいところは29才の地元出身の男性スタッフが指導をしている。若手農家に野菜作り指導員になってもらうなどして地元を巻き込んでいき，財団の仕事を地元の人に理解してもらうことも狙っている。現在，幼児向けの「どんぐりの冒険」，小学生対象の「トンボの学校」，大学生向けの農泊体験がある。高校生向けのプログラムはないが，幼児・小学生・中学生・大学生向けの「ツーリズム学校」や大人向けの「ツーリズム大学」が，ツーリズムを通じた学びの場を提供している。

2）インストラクター，リーダー：Uターン・Iターンの可能性

　インストラクターや専門指導員は，熊本大学や県立大学の学生で，幼児向けプログラムは福岡の大学の保育科からのインターンシップ学生や地元の保育士が受け持っている。小学生対象の「トンボの学校」では，「トンボの学校」修了生の中学生がサブリーダーとなり，高校生がリーダーとなっている。幼稚園から参加していたこの学校の卒業生が福岡から小国に「移住」してきている。リーダーとしてかかわった関東の大学の学生が，彼女と一緒に小国に移住してきた。リーダーたちは必要とされているので楽しいといっている。

　「自然学校」をはじめてから14年になる。地元の子供は稲刈りはしたことがあ

るが，魚釣りをしたことがないので，釣りをしたいという子たちと竿を作っている。田舎の子どもも都会化しているので，「自然学校」を2泊3日のプログラムでおこなっている。開始当初参加していた子が，大学卒業の時期になって戻ってくる可能性もある。小国でできる体験をしていれば，小国のよさを知ることになり，将来のUターン者となる可能性があるという。

3）「交流」プログラム：「ウルルン農泊体験・教育ツーリズム」

このプログラムでは，学校のなかでできないこと，学校では出会わない人，地元に移住してきた外国人，男性の保育士さんとの交流などを計画しているという。小学校の廃校以後，子どもたちは学校にスクールバスで通っているが，旧小学校区の単位で地域の子供会をここ3年ぐらいで新たに組織化したという。2013年は1,715名を受け入れている。東京の中学生，北九州市の中学生，また福岡市の島の中学生3名が山の体験をするために参加するなど新たな動きも見られる。また，北里大学医学部とも2005年から交流している。

「受け入れ農家」は66軒ある。専業農家の受け入れが町全体の約10%と少ないのは，子どもたちが収穫したものが本格的な農家にとっては出荷商品にならないという現実的な事情があるからだという。そのため兼業農家が主な受け入れ先になっている。旅館も6軒あったが，旅館ではなかなか農泊体験の醍醐味を味わってもらえないのでいまは2軒に絞っているが，近くの学校の生徒が300人単位で来るときにはお願いしているという。それ以外はできるだけ農家に泊めている。学校側も農家の宿泊を希望しており，1回1泊で1家に4人〜9人を受け入れる。時期は5〜6月と11〜12月の4か月で，この時期には毎週受け入れている。農家の「収入」として，2か月間で多いところでは30万円ほどになるという。現在農泊に来るのは12校である。農泊受け入れ農家の条件としては，車での子どもの移動が可能で，受け入れる子どもの数だけその家の人がかかわることを求めている。9人単位で期間中に12回，約100人を1シーズンで迎える家もあるという。農泊で30万円近くの収入を得られれば，農家にとっての貴重な現金収入の機会となる。

「体験メニュー」として，子どもにどのような「農業体験」をさせるかは，時期により天候により変わる。また内容も農業，林業，酪農などがあり，農家が各自で対応している。植えつけ体験の提供だけだと，毎週，農家は植え直しをしないといけなくなる。農業は草との戦いであるので草取り体験をさせたり，ほかに薪割りやだんご作り体験などを提供している。メニューは，事務局がコーディネートすること

もあるが，受け入れ家庭同士で教え合い，学習し合っている。干もの作り体験などもある。希望する農家は財団に「受け入れ登録」をする。

　北九州で売られるものには小国の作物が多く，参加者も北九州市からが多い。椎茸のパック詰めなどを経験すると，野菜の流通を理解し，子どもや親に「小国のものなら安心して買える」と思ってもらえる。小国で世話になった子どもが，次は親を連れてきて宿泊し，その農家から米を直接送ってもらうようになった例もある。また北九州の子どもたちは工業団地から来ることが多く，工場勤務の共働きの親と食事を一緒に摂る機会が少ないが，小国では家族揃っての食事を経験でき，その体験が印象に残り，ここを第二の家族だと考えてリピーターになった例もあるという。9年目に入って受け入れる家庭と受け入れない家庭がはっきり分かれてきている。受け入れる場合は，副収入になる，労働力にする，生き甲斐になっているといった理由があげられる。受け入れ農家のなかには労働力になる男子だけを指定する所もあるが，男子の場合には1回きりで終わる場合も多い。男子に対して，女子の場合には文通がはじまり，その後も続くことが多いという。

4)「2泊3日」以上での交流

　農泊体験のはじまった経緯をふりかえると，まずはツーリズム大学による安心院での農泊体験が最初の試みであり，それを学校相手にはじめたところ申し込みが多くなり，小国も誘われたという。県主導の大分県教育旅行誘致協議会に佐伯市，杵築市，宇佐市，安心院町，国東市，九重町などが所属し，海側体験，山側体験を提供している。農泊体験の今後は，拡大よりも縮小するだろうと予測される。小国はこの2泊3日の農泊体験を「交流」を重視してやっているので，現在の12校から5校に減っても続けるつもりであるという。対応する機関が事務局だけだと心配する学校もあるので，町全体で推進していることを示すために受け入れ家庭による「推進委員会」という組織を町に作り，「財団と推進委員会の共同開催」という形式をとっている。生徒1人9,000円で，5人宿泊の場合には総計4万5,000円のうち手数料として3,000円～4,000円を引かれている。事務局には2,600円が財源として入る。緊急対応のため，引率の先生は木魂館に泊まり，期間中に各農家を1回はスタッフと巡回している。2005年に2校の受け入れからはじまり，今では12校（1,715人ほど）になっている[4]。

　農泊体験の様式は二つあると事務局長はいう。一つは「修学旅行型」で，もう一つは，「教育型，農泊体験型」である。先に述べたように安心院は「修学旅行で農

泊」の先駆け的存在で，修学旅行型の1泊2日の農泊体験と，4泊5日の農泊体験をおこなっている。旅行代理店は，大きな団体で年間何千人〜何万人を引き受けているので，「1泊2日の農泊体験」で受け入れてほしいと望むというが，1泊2日では夕方に来て食事をし，翌朝1時間ほど体験して帰るので，子どもはほとんど農家のことを覚えていず，関係ができない。名前も覚えられず，継続的な関係づくりができない。

しかし，2泊3日の農泊体験になると様相が異なってくるので，小国では「2泊3日」のみを受け入れている。旅行会社が求める1泊2日を拒否しているのは，「家族との関わりが大事なので，2日間は必要である」というこちらの意図が伝わらないからであるという。「田舎と中学生との交流」が大切なので，事務局が直接学校とやりとりをしている。2泊3日で「涙のわかれ」をした後，親御さんを連れてくることもある。そのような「交流」が大切であると事務局長は指摘する[5]。

5）農泊経営とツーリズム大学

ツーリズム大学の参加者200人のうちの3分1が役場の職員で職員研修として参加していた。卒業生の3分1が自分で商売を始め，「農泊」をはじめた人も多い。「商泊」（商家さんへの宿泊）をはじめた人は，納屋や蔵を自分で掃除し，手を入れ，営業許可をとるなど，開設投資として50万円ほどが必要であったという。ツーリズム大学は，経験のない人が「民泊」に踏み出せるようにサポートし，また「地域づくりインターンシップ生」として大学生を4人〜8人受け入れている。ある年に「民泊」をはじめるために必要なマニュアル作りを課題としてだした。そのときに消防署，保健所に提出する書類についての説明書などを作成したが，それを有効活用しているという。

「農泊体験の効果」としては，まず第一に生徒のふだん見ることのない顔を学校の教師は見ることができ，体験後に積極性が見られる点があげられる。その効果が3か月程度は継続するとのことである。保護者からは自主的に料理作りをするようになったと報告を受け，また先ほども述べたように，農泊先と家族ぐるみでの付き

---

4) 受け入れ農家の内訳は，農家18軒，兼業農家16軒，酪農・畜産3軒，農家民泊8軒，旅館2軒，飲食業4軒，その他15軒（会社員，公務員，美容院，建設業他）である。

5) 「観光から交流」への移行が，本書の大きな問題意識である。以後繰り返し，「地域文化観光」論における「交流」の重要性について述べることになる。

合いがはじまった例も多いという。第二に「受け入れ農家・地域」にとっては，現金収入があることである。農泊後も文通などで交流が続く。農家は翌年のメニュー作りを楽しみにして，メニューを積極的に考え，休耕地を耕して使うこともある。無償のボランティアではこのような農泊は続かないという。町全体で2泊5食で1,500万円の収入が入る。好評でさらにリピーター率がアップしており，都市における小国の農産物への関心度アップも期待できる。

「農泊の新たな展開」として北里大学との「医農連携」がはじまっている。北里研究所や大学病院など北里大学のスタッフ50人が研修で小国にきたときに，講演会を開き農泊体験の説明をしたところ，興味をもったので，2013年から大学生向けに実施することになった。入村時には学部学生はなにかちゃらちゃらしていたが，退村式のときにはみな真剣になって，仲良くできてよかったとの感想を述べていたという。農家としても「大学生はよい」と評判がよかった。受け入れ農家にとっては，大学生は自分で自転車で移動するので自動車での送り迎えの必要がなく，中学生などよりも体験内容を深く理解し，労働力としても有効だと評判がよい。また大学生にとって「携帯電話無し」「飲酒だめ」での田舎暮らしは，社会人になるためのインターンシップとして効果的であると評価され，大学側はもっとPRしたいという。大学生対象になれば受け入れ家庭が増えるのではないかと予測される。

2 小国町での展開

■ 2-1 「地域づくりインターンの会」とのかかわり

全国の大学生で組織する「地域づくりインターンの会」は，登録する財団などが振込む1口10万円（入会金）で運営されているという。これを財源として，会は「派遣地特定会議」を東京で開催する。2013年も集まった早稲田，法政，明治，静岡大，神戸大などの学生に，地域の代表がプレゼンをおこなった。翌日，学生が第三希望まで申し込む。各地では4名～6名ほどの受け入れが可能である。「インターンの会」は遠くへ行く学生には2万円を補助している。宿泊費は無料だが，参加費を学生は1万円支払う。小国の場合は，木魂館に宿泊でき，自炊をする。インターンシップ終了後は，報告会がおこなわれる。それに地域の担当者が参加するが，小国の場合経費は町からの補助金150万円のなかから出している。インターンシップ学生を受け入れるには，受け手側にもち出しがあるが，会発足の発端が小国町であり，毎年楽しみにしている住民がいることもあって，手間はかかるが作業を任せる

ことができ成果もあるので，継続して受け入れているという。
　インターンシップでは，課題を設定している。ほかの自治体ではやりたいことをやらせたり，農業体験，マップ作りをさせたりしているが，小国町ではほとんどやりつくしてしまっているので，事務局が課題を設定している。「農産物直売所のリニューアル」などの課題に2〜3週間かけて取り組む。地域の人々は毎年インターンシップ生が来るのを楽しみに待っている。今年の課題は「移住者が事業を始めるためのサポート」で，古民家をどう住めるようにするかの提案や，移住者からのヒアリングがおこなわれた。学生は1日かけてゆっくりと話を聞いてくれるので，地元の人に話しにくいことも話しやすくなり，移住者の生の声が聞けたという。
　インターンシップでは，とくに「コーディネーター」として地域と都市を結ぶ能力を涵養し，「トップセールスマン」として外部と交流し，かつ地元内の調整ができ，観光と直接関係のない人々ともかかわりがもてる人材として育つことが重要であるという。そして「デザイナー」としての才能があればさらに望ましい。このインターンシップには20万円〜30万円ほどの経費がかかるが，継続する必要があると事務局長は考えている。2011年は8名，2013年は4名を受け入れた。インターンシップをはじめて16年経過し，「インターンの会」とは11年間かかわっている。ほとんどが大学院生だが，学部生もいる。農学，工学，建築学が結構多く，文系の英文学部所属という学生も来る。インターンシップで来た学生が小国に関わってくれ，小国へのリピーターになってくれるので，宿泊者の増加による地域振興の一環となるという。

■ 2-2　小国町の現状とこれから

　小国は7,000人〜8,000人の人口で，高齢化率は35％近くである。若い人は町外に出て働き，Uターンで戻る人は少ない。中学校は1学年150名であるが，高校では1学年50人になり，高校生は毎年100人が出ていく計算になる。事務局長も町を出て熊本の高校にいき，寮生活を送っていた。ほかにも多くの高校生が熊本市内の親戚の家に居候をして学校に通っていた。彼の世代では150名中30〜40名が現在小国に戻ってきて，仕事についている。小国町には選ばなければ仕事はあるという。都会に出たい人にとっては魅力のある仕事にはならないかもしれないが，車，大工，左官，水道・電気などの土木関係，サービス業としては旅館，飲食，役場，農協，福祉関係の仕事があるという。
　一度都会に出て，戻ってくる方がよいと彼は考えている。3分の1か，4分の1が

Uターンで戻ってきて，小国町のための土台になってくれるのが望ましい。しかし，ここでは都会にいる子どもに月10万円の仕送りをすることは厳しく，熊本の高校を中退させざるをえなくなる状況がある。

1）北里大学との連携・奨学制度

小国では，北里という名字は，佐藤，河津に次いで3番目に多いという。北里の家系はさまざまあるが，柴三郎は庄屋の家系である。柴三郎は15才で小国を出て，熊本医学校（現・熊本大学）に入った。小国から60kmを歩いて熊本に出たそうである。東京やドイツに30年〜40年いた。後に故郷である小国を支援するようになり，地元の子どものために貴賓館と図書館を作った。その北里柴三郎の意思を継ぎ，北里大学と連携して指定校推薦というかたちで大学教育を受けられる小国の学生の数を少しずつ増やそうとしているという。

2）移住定住計画：小国町の高齢化

小国町の高齢化率は34％で，平均の収入は年153万円で，熊本で38番目である。地域連携のツーリズム大学に農水省の援助が200万円つき，小国の情報を発信する「移住サイト」と「農作物販売サイト」を運営している。「I・J・U移住」のサイト[6]は，移住に際してほしいと思われる情報やマップ，生活にかかる費用などを載せている。水道代，ガス代，屎尿処理代，ゴミ袋の値段，ケータイ電話費用，医療費（中学まで無料），光インターネット代金，保育園の費用，小学校の給食代，習い事，サークル情報などを提供し，町役場のホームページにリンクをはっている。2013年1月にサイトを公開して，これまでに財団に30件の問い合わせがあり，そのうち東京，熊本，大分から15組が来訪した。来訪者からの職業や住みたい家，移住後の職業をどう考えているかといった情報をデータ化している。このうち1組はすでに移住した。2013年には3件の移住の問い合わせがあり，カップルが古民家に移住して4月からすでに住んでいる。鎌倉の人がもう家を決めており，来年3月に仕事を辞めて4月に移住予定で，また，ギター職人の人が移住を希望しており，家がもうすぐ決まる段階であるという。

空き家リストに関しては財団のストックが3〜4軒と少ないので，行政にかかわ

---

6) http://www.town.kumamoto-oguni.lg.jp/q/aview/1/612.html（最終閲覧日：2018年1月12日）

ってほしいと思っている。「空き家バンク」事業に行政がかかわると，各地域の区長に集落の空き家を調べてもらうことができる。今のところ200軒の空き家のうち100軒が使えそうであり，貸すことができるかどうかを細かく調べて判断していくという。また，移住者が移住推進委員となり，長く居住するためのノウハウを伝えてもらうようにしたいという。「悠木の里づくり」をはじめてからは，移住者が多くなった。小国町では，「来たい人は来い。補助金は出さない」という方針をとっているが，長く居住してくれるいい人に来てほしいからそうしているという。とくに20代～30代の若い人が来ることは地域にとってプラスになるので，行政との連携を密にして取り組んでいくという。小国内では西里への移住者が多く，山ごと買って住んでいる人もいる。景観的に希望に合い，畑付き民家が多く，集落として受け入れやすいことが，移住者の多い理由であると考えられている。小国は主要な交通路の中間地点で宿も多く，昔から外部との交流がありよそ者を受け入れやすい気質であるという。西里地区に移住者が来たことで，集落がどう変化していくかを調査するのは次の課題である。23才男性，28才女性など，全体の3分の1の5軒が未婚カップルである。これ以外にも，ひとり者などの移住で，ゲストハウスをしたいとの希望などがあるという。

3）財団のその他の事業

　まず財団では「北里博士顕彰事業」を考えている。2013年は柴三郎生誕160年で，1月に記念イベントをし，グッズを作り，160のイベントを計画しているという。1月27日に開催した生誕160年祭では，講演会，音楽会，ドイツフェア，博士コーナーでのDVD上映をおこなった。グッズも作っている。一番売れるのは，「48326（シバサブロ）」と書かれたTシャツであったという。

　次に，「地域食材活用事業」である。あか牛，黒豚のメニューをレストランで提供するだけでなく，精肉販売をインターネット，高速道路のサービスエリア，百貨店でおこなっている。事務局長が以前「和食・イタリアン」のレストランを経営していたとき，食肉業の免許を取得していた[7]。そのおかげで5年前にこの事業をはじめることができた。

---

[7]「和食・イタリアン」は7～8年前に開店した。イタリアンはこの地区のはしりだったので繁盛した。食肉業の免許をとるために1ヶ月他人に店を任せたところ，経営がおかしくなり，赤字が祖父と父から借金した200万円を超える前に閉店した。その後2年間ほどアルバイトなどをしたのちに財団に採用され，4年目に事務局長になった。

図5-3 鍋ヶ滝への階段

図5-4 鍋ヶ滝の裏から

　また，コミュニティ・プランチームに町の担当者を配属し，それぞれの大字で地域おこしを計画している。「鍋ヶ滝」をコミュニティの観光資源にする事業がはじまった。「悠木の里づくり」プランのなかで，コミュニティ・プランチームができ，地域おこしの一環として鍋ヶ滝の取り組みをしたのが大字黒淵「387（みはな）の会」であった。鍋ヶ滝は，国道387号線沿いにある。「387」は国道387号線をもじった名称である。駐車場から売店の脇の柵が設けられた歩道を下っていくと，幅の広い滝がある。大きな特徴は，その滝の裏の空洞を歩き，滝を後ろから見ることができることである。観光者の注目を集めている。滝の近くには坂本善三美術館があるが，「鍋ヶ滝」に人が来るようになれば美術館にも人が来ると考えている。滝周辺の整備は町がやり，売店は県の補助金で作っている。

　小国町は地域によって特性がまったく異なり，主な産業もまったく違う。宮原は中心市街地で商業，黒淵は農業，北里は農業が多いが温泉・旅館がある。西里も北里と同じで農業が多い。近年は，わいた温泉，竹野湯，杖立温泉などに福岡からの観光者が来訪し，リピーターが多いという。年間来訪者は90万人であるが，宿泊者は30万人弱で，残りの60万人は有名な黒川温泉，湯布院に宿泊する。

　5年前に「オイキ」（小国町飲食店向上委員会）を発足させて，「J1グランプリ」「オイキなさい」を開催し，飲食による町おこし，活性化を図っている。ファッションショー「小国コレクション」など，ネットワーク作りを仕掛けていこうとしている。事務局長個人でかかわるのではなく，財団としてかかわるようにしているし，する必要があると考えている。財団としてかかわると，金を出しやすくなるからである。「合コン・バーベキュー」を開催し，町の男性30人と町外女性30人の計約60人を集めた。参加者のうち1組のカップルが成立し結婚した。「マチコン」も考えているが，町の範囲が広く，飲食店もそれほど多くないので実施に至らないのは，

料理男子や町内の若者男性がなかなか集まらないからである。町外の女性はすぐに集まるのだがという。

4)「木魂館」の今後について

地元の人に使ってもらえるようにすることが必要であると考えている。夏場は町外の人がたくさん来るが、冬場に地元の人に使ってもらえるようにするために、たとえば「冠婚葬祭」、社協や老人施設、そのほか何かの打ち上げの際の使用を訴えようとしている。役場職員ではない事務局長がセールスをしたときには、「そうしたら一度くらいは使ってやるか」ということもあったので、可能性があると思っている。また弁当をレストラン「北里バラン」が提供している。1回に100個、200個の弁当を提供できるのは、小国町ではここだけなので運動会や法事のお弁当の注文を受けている。冬場にはレストランに客は来ないので、その期間は小国黒豚カレー、黒豚コロッケなどの加工品の製造・販売をしている。

従業員の慰安旅行として去年は道後温泉に行き、ボーナスの額も上げることができた。いつかハワイへ行きたいと考えている。京都への旅行は、ご褒美になる。近い将来は安定的に黒字にし、「儲けて」いきたいと抱負を語っていた。

3 「地域文化観光」へ

■ 3-1 地域の人々

1) 地域の人々：北里柴三郎、宮崎元町長、事務局長親子

北里柴三郎が地域貢献のモデルとなっている。北里柴三郎記念館は1987年に建設され、財団が管理運営をおこなっている。2012年からは北里研究所からの寄付を受けて庭園などを修理改修し、2014年にグランドオープンの予定である。北里文庫（資料館）は柴三郎が地域に図書館を作りたいと寄付したもので、連携している北里大学から資料を寄贈されており、発足当時は熊本県立図書館に次いで蔵書数が県下では第2位であったという。貴賓館は北里柴三郎の生家の一部を移転・減築して建てたものである。

1996年に西日本新聞社主催の「九州ツーリズム・シンポジウム」が小国町で開催された後、「実践を担う人の修行の場」として「九州ツーリズム大学」が開講されるとき、宮崎暢俊町長が中心になってツーリズム大学開学のための予算措置を積極的に進めた。宮崎町長は1983年に42歳で町長になった。観光庁の観光カリスマのホ

ームページでは，小国杉を使った新しい木造建築の取り組みを進めたことが紹介されている。熊本出身の建築家葉祥栄氏に設計を依頼し，小国杉の間伐材を活用した「木造立体トラス構法」を採用した「ゆうステーション」が1987年にオープンし，同構法による「林業総合センター」(1987年)，町民体育館「小国ドーム」(1988年)も相次いでオープンした。この三つの作品群は1989年日本建築学会賞を受賞した。小国町は「活力あるまちづくり自治大臣賞」を受けた。その裏づけとなった考え方が，先に紹介した「悠木の里づくり」で，小国の自然を背景に豊富な資源と培われた特性を自分たちの力で生かしていこうという地域活性化の運動であった。「伝統的な山村の発想の枠を越えて現代の知恵や感覚をプラスして新しいものを創り出して未来に向かおう!」というものであり，開かれた地域で訪れた人たちとの交流を楽しむ町をつくろうというものである。全国から来る「観光客と町民・職員の交流」による地域おこしを目指すという改革がおこなわれた［橋本ほか 2015：81］。

江藤訓重「学びやの里」初代事務局長と江藤理一郎第四代事務局長は親子で，現事務局長は大学卒業後小国に戻り2年間父親が事務局長をしていた「学びやの里」でアルバイトをした。その後イタリア料理店の経営，黒川温泉，ミネラルウォーター工場(阿蘇の名水)，森林組合などでのアルバイトをし，財団の職員に空きができたとき財団に採用された。

2)「ツー大」と町民

事務局長は運営面では，ほとんど一人で切り盛りをしているが，相談相手は，以前事務局長をしていた父親である。「当たり前のことを当たり前に」やろうと考えているという。事務局長となってからは，新規事業を理事長である町長に直接相談して，やりたいことをやらせてもらっており，「大変だが，面白い」という。前町長は木造の小国ドーム，木魂館などを建てたが，「ツーリズムで何かなっているのか」との批判を受けたという。町のなかでは，5%の人ががんばっていて，その支援者が10%，それをおもしろそうと思う人が20%で，全体では45%ぐらいしか賛成者がいないという。反対は10%〜20%である。ほかの大多数は「活性化していなさそうだから，反対」ということになる。小国町は「何もないところ，観光地ではないところなのに，何で小国でツーリズムなのか」といわれていた。「ツー大」に来た住民は理解してくれたが，「ツー大」参加者は住民の30〜40%であり，まだ町で十分な賛成を得られていないことが問題であるという。

3) プロジェクトへの評価：越後妻有との比較から

　第Ⅲ部第7章第3節であらためて議論をするが，現代アートを中心とした「越後妻有 大地の芸術祭」の開催にあたって，拠点となる十日町市の住民のほとんどが当初はこの企画に反対し，展示作品を撤去させたこともあったという。観光まちづくりの現場を知る者にとって，小国町での賛成者45%という数字は画期的であり，十分理解を得ているものと評価されるであろう。十日町市では6回目の2015年には50万人以上の来訪者を迎えるようになり，ボランティアで参加する地元の人々の数も増加している状況のなかでは，当初明確な反対を表明していた人々からの批判的な発言は聞かれなくなったという。小国町でも，明確な賛成者が45%にものぼり，そのうえ事業が黒字に転換している現状であれば，具体的な反対の声はあがらなくなる。反対の気持ちはもってはいてもそれを表明するまでにはいかず，企画も更新・改善されて地域の多くの人々がそれによって恩恵をこうむっているような状態が，成功したといわれる事例の実情であるので，その意味では小国町は十分な評価を得ていると判断できよう。

■3-2　「地域文化観光」へ：「地域文化資源」の発見と「地域性」の育成

　観光人材を育成する「九州ツーリズム大学」を主催している熊本県小国町では町をあげた総合的な取り組みをおこなっていた。先進事例となる岩手県遠野や大分県湯布院町［橋本ほか 2006］などと比べても遜色のない取り組みであった。一般財団法人「学びやの里」は，経営面での工夫により従業員のやる気を引き出し，赤字から黒字に転換させて収入を確保し，さらには新たな雇用を生み出そうとしている。この取り組みを可能にしている要因としては，小国の「地域性」をあげることができよう。150年前の北里柴三郎をはじめとして，高校生になると多くの若者が町を出ていくが，高校や大学を卒業した後か，またはしばらく都会で仕事をした後に帰ってくるUターン者が多くいる。事務局長の年代では3〜4割が小国で生活しているという。「ツーリズム大学」のような新たな試みを町が受け入れるには，外部者および外部の企画を排除することなく受け入れる土壌が育っていることが必要である。または過疎化・高齢化して村落の存続が危機的状況にあるような場合には，最後の手段として新たな企画を受け入れる。そこでは外部の企画にただ反発するだけではなく，村や地区の存続のためにそのような試みに乗ってみようという気概が生まれているのである。

1）地域の人々

　先にも述べたように，地域貢献のモデルとなる北里柴三郎博士，地域振興の舵取り役で「観光カリスマ」として評価をうけた宮崎暢俊前町長，江藤訓重初代事務局長，第四代江藤理一郎事務局長，教授陣，修了生（レストラン，民泊），インターンシップ生，移住者，デザイン力の高いデザイナー3名，木魂館職員，Uターン者，Iターン者などが小国のまちづくりを担ってきた。また，「ツーリズム学校」を支える人材として，参加する小学生，父兄はもちろんであるが，「うるるん体験」受け入れ農家や大学保育科の学生，「トンボの学校」の修了生で有料ボランティアで参加している中学生や高校生リーダーたちがいる。また，修了生で福岡から小国高校へ入学してきた高校生や，学生リーダーだった関東の大学生が小国へ移住してきている。体験学校やインターンシップは，経済効果だけではなく，それを機会に訪問してきた人々と地域の人々との「交流」の機会となり，その後の小国への移住へと道を切り開く重要な契機となっている。

2）「地域文化」の発見と「地域文化観光者」

　小国町で発見された地域文化として，草泊まり，ウサギ追い，小国町の木材（木魂館，小国ドーム，杉材使用補助），田舎，農業体験などがまずあげられるが，これらは単なる発見されたモノとしてあるわけではない。農業体験の代表的な例としては植えつけや稲刈り，野菜の収穫などが考えられるが，それらの時期をはずして受け入れる場合には農家独自の工夫が必要となる。その工夫に地域の独自性が表出され，「真正」な「地域文化観光」が出現することになるのである。何が農家にとって重要な作業であるのかを考え，いままでの農泊では除外されていた「草取り」や「薪割り」なども農業体験の項目として「発見」したのである。「草取り」などは地味な作業であるが，農家にとっては重要な作業である。それを農業体験として外部に発信するには勇気がいる。しかし十分魅力あるものとして自信をもって提供すれば，それに興味をもって応ずる人がいる。『観光経験の人類学』で紹介した和歌山県本宮町の有志グループが提供する「山の神汗かきツアー」［橋本2011：138-139］と通じるものがある。毎年10月に3泊4日の日程で25名ほどの定員で山林の「下草刈り」やスギ・ヒノキの「間伐」を参加者はおこない，地元の人と交流をする。林業の指導には森林組合，森林管理事務所，県の林務課の職員があたる。女性に限定しているのは，昔の林業では「下草刈り」作業は女性を中心にした作業であり，現在は自然・環境に関心が高いのが女性であるので応募者が期待できるからだだ

という。このような取り組みに応募する人々を本書では「地域文化観光者」と名づける。大衆観光者の「体験ツアー」ように地域の文化的背景から「切り取られ，切り離された」バーベキュー体験や陶器作り体験などに代金を支払う観光ではなく，体験を媒介にして地域の人々の生活を知り，地域や地域の人々との「交流」を目的とするのが「地域文化観光者」である。

　その代表的な事例は，2005年から実施されている「ウルルン体験・教育ツーリズム」で，年間1,715名を受け入れている。小国町では1泊2日の日程ではなく，2泊3日の体験学校を提供している。1泊2日では顔も記憶に残らないが，2泊3日になると「涙のわかれ」をするようになる。「観光」体験から「交流」体験へと質が変わるのである。前者は文化的背景から切り離された「通り過ぎるだけの観光（＝マス・ツーリズム）」でしかないが，後者は体験を媒介にして地域や地域の人々との「交流」を目的とした「地域文化観光」となるのである。

第6章

二つのツーリズム大学
「北の観光まちづくりリーダー養成セミナー」と
「九州ツーリズム大学」

　「北の観光まちづくりリーダー養成セミナー」は，1年間の設立検討の期間を経て，2008年度から実施され，2014年度までの7期で240名の修了者を出している。第6章は，2014年7月5日に京都文教大学で開催された観光学術学会第三回フォーラム「「産官学民の連携に基づく観光人材育成」に関する理論の構築に向けて」で発表された「効果的地域人材育成とは？　北海道の北の観光リーダー育成事業の先進的トライアル」［敷田 2015：19-26］を基に構成している。このフォーラムの後，8月末に北海道大学を科研メンバーで訪問し，敷田教授とセミナー修了生9名にインタビューする機会を得た。その翌日に敷田教授と観光人材育成に関する意見交換をおこなった。そのときの内容も本章には反映させている。本章を読み進めると，社会人が「観光まちづくり」を進めるにあたり，どのような人材像を描くべきか，そのためにはどのような能力と訓練方法が必要となるかについての基本的な知識と実践方法が明らかになる。「観光まちづくり人材育成」についての重要な指摘をあらためて考察するために，フォーラムでの発表内容を詳細に検討していく。

1 「観光まちづくり教育」の目的と教授法

　「北の観光まちづくりリーダー養成セミナー」は社会人を対象にした，確かな学習理論に基づく「職業教育プログラム」で，まちづくり関係者が講師となったリカレント教育である。敷田は発表で，「北の観光まちづくりリーダー養成事業」がすぐれた職業教育プログラムとして成立している理由や仕組みを分析し，観光まちづくりの人材教育の「設計情報」を提示し，観光教育への示唆を共有し，どういうコンピテンシー（能力）を養成するのかを明らかにし，コンピテンシー・マネジメントと教育システムについて議論をする必要があると述べている［敷田 2015：19］。

■ 1-1 「観光まちづくり教育」の目的と教授法

このセミナーは，2008年度から毎年9月から1月までの5か月の間に約10日間開催されており，現在は道庁事業から自立して実施されている。対象は観光まちづくりに関係する社会人で，受講料4万円（2014年）を徴収し自主運営をしており，その運営にあたっては修了生が事務局として関与している。また修了生たちはネットワークを構築し，「きたかん.net」を維持している［敷田 2015：22］。

1）「観光まちづくりに教育を」

人の教育についての意見は，その人の教育歴に基づいているとの持論から，敷田は自分の略歴をまず紹介する。1960年に石川県で生まれ，高知大学農学部栽培漁業学科を卒業し，石川県水産課に勤務した。大学生のときにはインターンシップとしてマグロ船に3か月乗った経験もある。その後豪州のジェイムズクック大学大学院に留学し，金沢大学大学院社会環境科学研究科博士課程を修了した。1998年に石川県を退職し，金沢工業大学教授を経て，2007年から北海道大学教授になった［敷田 2015：19］。

教育目的を効果的に実現するには「考え，発表すること」が重要である。教育目的を効果的に伝えるためには何が必要かについては，金沢工業大学の教育システムに触れたことが大いに参考になったという。そして突然，敷田は「サランラップ」の名前の由来についての質問をし，「1. 発明者の名前，2. 科学物質の名前，3. 製造会社の名前，4. 製造会社の社員の家族の名前」のどれかを考えるように促した。しばらく時間をとった後，実は人の名前に由来し，社員の家族の名前であると説明した[1]。この話自体は，観光まちづくり人材養成の話とまったく関係ないが，教育における「考えること」の重要性を指摘し，理解し，記憶にとどめるためには受動的に授業を聞くだけではなく，発表し，実践をおこなうことが必要だという［敷田 2015：19］。

授業を聞いているだけではコンテンツの20％しか理解できないが，発表すると理解度は70％にまで上がる。さらに実践すれば90％の理解度になるという。30分の講義では6分間分しかもち帰ることができない。考える，または自分で発表した場

---

1) 第二次世界大戦中武器弾薬の包装紙として使われていたが，戦後はたくさん余って，社員の家族がピクニックに行くときにそれでサンドウィッチを包んだらしい。そのとき食物を包むのに有効だとわかったので，一緒に来ていた社員の家族の名前，SaraとAnにちなんでサランラップという名前にしたそうである。

合は70%をもって帰ることができるとエドガー・デール（E. Dale）の「学びの円錐」を示して説明をし，いまのクイズを考えたことで，70%を記憶にとどめることができたということになる。聞くだけの学生は2割しか教えたことをもって帰れないという［敷田 2015：20］。

2)「観光・地域まちづくり人材」の必要性

観光地域（まち）づくりのニーズが増えており，これを実践する人材が求められている。地域における人材育成が必要であるが，しかし問題は「何をする観光まちづくりか」であるという。通常は，「地域の人材育成」になりがちであるが，観光まちづくりの三つの局面を，男性と女性のカップルを例にして説明する。カップルが「食べに行く，外に行く」などその日よければよいという局面では，イベントやツアーをすればよいということになる。その次の局面である「周りから二人の存在が認められる」ためには，結婚をするのがよいという。すなわち組織作りである。そしてその次の局面となる「運動（結婚）を維持する」ためには，長期的な視野に立った観光まちづくりで課題解決をするマネジメントの発想」が必要となると指摘する。このようにサイズや時間の長さで三つのタイプ（局面）になるという。

この事例を，地域を維持するための課題に当てはめると，まずは，①地域からの旅行商品・サービス創出によって問題解決をし，「地域の元気回復や賑わい創出」をすることになる。しかし，それではその日よければという即時の必要に対応するだけの「リア充」ということになるという。次の局面としては，②観光協会などのDMO（Destination Marketing/Management Organization）設立による組織作りをおこなえば，「地域での認知と組織的活動」になる。そして③さらに長期的な視野に立った観光まちづくりで課題解決をするには，「マネジメントの発想が必要」になってくることになる。①から②，③となるにしたがって参加者および影響の範囲が広がり，必要な時間も長くなる。①は「リア充」，②は結婚，③同居し，生活維持までが必要になる段階を辿ることになると指摘する［敷田 2015：20-21］。

3) 教授法：チームで教えることの重要性

人材育成では，「講義」ばかりの授業では成果が上がらない。観光カリスマによる「観光道」の伝授では，成功事例のてんこ盛りであるという。そのような授業ではなぜ成功したかがわからないし，役に立たないと批判する。観光知識の注ぎ込みだけも問題であり，ITも会計も必要であることになる。また，よくあることだが，いき

なり「まちあるき」をさせればよいというものでもない。計画的にまちあるきをして，はじめて受講生の力になる。何を教えるかより，どう教えるかをブラッシュアップしなければならない。教える内容は立派だが，「教授法」の研究が不足している場合がほとんどであると指摘する。とかく今までの実績に頼りがちになり，いきなり「現地実習」という場合もよくあるという。

また，観光実践は「個人で学ぶ」べきだという誤解も多いという。観光実践の場では個人でする仕事はほとんどない。教えるときには「チームで教える」ことが必要であると述べる。現場ではチームやプロジェクトで動いているのに，セミナーではほとんどその手法を取り入れていないのが実情である。観光を専門にしている研究者が人材育成の現場にいるが，そのほかに実は観光教育の専門家が必要であると主張する。なぜ教育の専門家が，経営の専門家や知識工学の専門家と一緒に考えられないのか。それは「仕事はチームやプロジェクトなど，組織で進めるのが普通である」という現実を忘れているからであると指摘する。観光教育の現場に，教育の専門家が参加していない場合が多い。知識工学，教育専門家など，「餅は餅屋」にまかせることも必要であると敷田は主張する［敷田2015：21］。典型例として，すぐれた教育者であるハーバード大学マイケル・サンデルの「白熱教室」をあげ，「教授法」についての必要性を認識すべきであると強調する［敷田2015：22］。

■1-2 「北の観光まちづくりリーダー養成セミナー」（「きたかんセミナー」）の特徴

「北の観光まちづくりリーダー養成セミナー」は，2007年度に1年間の検討期間を経て，2008年度から実施された。2014年までに7期が終了し，240名の修了者が出ている。

1）参加型アクティヴ・ラーニング

「きたかんセミナー」の特徴は，参加型のアクティヴ・ラーニングで，グループワークが中心である。実際の地域づくりは複数のアクターでおこなうので，組織的な知識創造が優先されるという。知識を習得するよりも，「今ある知識を人と一緒に活用すること」が重要であり，まちづくりでは「あるもの」を活用することが重要なので，できないことはやらない方がよいという。できないことは隣の人と一緒にすべきであり，隣の専門家の知識をいかに使うかが重要になる。それゆえ，「観光まちづくり」セミナーでは，「構造的な教育設計」が必要であり，「課題による事前事

後学習」が欠かせないという。チームによる合意形成をいかにおこなうか。メンバーが納得しないプロジェクトは，失敗の可能性が高くなるので，チームによる合意の重要性は高いと指摘する［敷田 2015：22］。

「きたかん」の学びは，「取材・調査」によって必要な知識を取り入れ，「議論」の場で考え，「発表」していくプロセスを踏む。そのステップを繰り返すのが教育であり，それが社会的価値創造につながっていくという。学習理論とまちづくり理論の融合を「北の観光まちづくりリーダー養成セミナー」ではおこなっているが，これは敷田が前任校の金沢工業大学時代に修得・研究したものをまちづくりに応用しており，それは，チーム学習，実践共同体の形成，ネットワーク理論，知識創造理論，能力養成などに関する教育システムであるという［敷田 2015：22］。

2)「逆算方式」のセミナー設計：育てる人物像からの授業設計

セミナー設計では「逆算方式」が効果的であるという。通常は誰が教えるかを設定した後に，何を教えるかが決まってくる。しかし，ここではまず「育てる人物像の想定」をし，次に「その人が持つ能力の決定」をおこない，「能力養成の手順の決定」をし，そして最後に「授業設計」をおこなったあとに，担当者となる「講師の選定」がなされるという。通常のセミナー設計とは逆の手順を踏んでいる［敷田 2015：22］。

教育目的は「観光まちづくりを主導的に推進していく能力の養成を通じて，地域で活躍できる観光まちづくりリーダーを育成する」ことであり，求められる人物像は，「魅力的な旅行商品の開発やイベント企画運営，地域プランニングを意識した地域ネットワークの運営などを通じて，地域の観光まちづくりを主導的に推進していく人材」の育成である。

カリキュラムは「導入」「旅行商品開発」「地域資源開発」「ケースメソッド」の順で構成されている。観光まちづくりのCVCA（顧客価値連鎖分析）では，地域資源から旅行商品を造成し，観光システムを作り上げる。しかし「資源開発≒資源化プロセス」であって，資源開発は資源化プロセスそのものではない。また，観光システムでは，マーケティングをおこない，市場の観光客にアピールするが，観光客来訪による経済的利益移転によって資源開発が進んでいくという側面も忘れてはならない［敷田 2015：23］。

3)「評価できる能力」と「育てることができる能力」の養成:「分画」の必要性

「人材育成」の場では,「＊＊力」という言葉がよく使われている。「＊＊力神話」について, ビジネス誌3誌を分析した結果, 1996年から2010年にかけて「＊＊力」特集をしていた。ある研究者がその分析を2013年におこない, 2000年以降の51特集を取り上げて, 306種の「＊＊力」が出現し, そのうちの154種は一度しか使われていない突飛な「＊＊力」であったという。分野別で分けると,「コミュニケーション」に関するものが18%,「発想や思考」に関するものが20%,「精神強化や自己管理」に関するものが20%であった。敷田はそれは学ぶ必要のない力であると批判する［敷田2015:23］。

このようなときによく出てくるのが「人間力」であるという。「工学の知識から知識の工学へ―新たな学習モデルに基づくCLIPの試み」（敷田2007, CLIPはCreative Learning Initiative Processの略で2007年4月から金沢工業大学で試行されている新学習プロセス）で, 人間力（コミュニケーション能力など）と学力とは別の能力であり, その両者の関係について提示するマトリックスを作成したという。①学力・人間力ともに劣っている者は, 意欲・関心が低い。それに対し, ②学力は高めで, 意欲もあり地道に努力できるが, うまくコミュニケーションができずに, 総合力的には評価されにくいケースと, ③学力は低めだが, 人間力が高いため, 要領よく進級・進学してきたケース, そして, ④学力・人間力ともに優れているケースが考えられる。このなかでは④が望ましいとされる。しかし, 社会にはこの4種類の人間がいて, チームには必ずこの4種類の人々がいる。そのなかで協働していくのが現実の問題であると指摘する［敷田2015:24］。

一方,「人間力」に関しては, 評価ができず, それを育てることもできない。ただ体験することができるだけである。そのため,「きたかん」では育てることも, 評価もダイレクトにはできない能力である「人間力」を求めることをやめたという。曖昧な「人間力をつけろ」という要請は, 学習者に無限の努力を強いることになり, どこまで努力すれば人間力がついたのかわからない。それゆえ, 曖昧な「人間力」や「生きる力」を目標にしないことにしたという［敷田2015:24］。しかし, そのような「人間力」も「分画」すればなんとかなり, 育てられることもあると指摘する。「企業が求める能力」に関して, 日本経団連教育問題委員会も「分画」をしていくつかに分けて示している。「社会人基礎力」というものも,「専門分野の知識」「国際コミュニケーション能力」「異文化理解」「チームを組んで特定の課題に取り組む経験」などと「分画」すれば, 評価可能な能力になる。

敷田は,「評価できる能力」で「育てることができる能力」の養成が必要であると主張し, あらためて大学教育でのカリキュラム構成を反省的に見直すと, 評価ができることと教えることができることしかやっていないことがわかると指摘する。「きたかんセミナー」では,「育てることができる能力」と「育てることができない能力」,「評価できる能力」と「評価できない能力」に分けて,「評価できる能力」でかつ「育てることができる能力」を養成することにしたという。評価はできないが育てることができる能力がある。それは誰でもよいから教えればよいのであり, それを大学の授業に組み込むことは難しいということになる。敷田は「まちづくり能力」といったとき, それを計れるだろうか, それをレポートで評価することは可能だろうかと疑問を呈する。「まちづくり能力」もいくつかに「分画」したうえでなら, 計ることは可能になると指摘する。評価方法とやった活動をリンクさせることが基本であり, 授業と試験が有効なものが, 大学などで教える価値のある能力ということになるという［敷田 2015：24-25］。

　「きたかんセミナー」では,「地域の観光まちづくりを主導的に推進していく人材」の養成を目的として,「ネットワークを形成する力（ファシリテーション力, チーム形成力）」「知識を取り入れ, 付加価値を生み出す力（情報収集分析力, 企画力）」「発信する力（発信力, プレゼンテーション力）」を養い, そのうえで「管理する力（マネジメント力, 牽引力）」を養うことを目標としている。きちんと「分画」をして, 情報収集力・分析力, 企画力, 発進力, マネジメント力として説明している。学習者が何をどこまで学ぶかを明らかにすることがポイントであると指摘する［敷田 2015：25］。

　ここで「養成しない力」は, 段取りをする能力, 規制突破力（≒前に踏み出す力）, 企画力・創造力（≒考え抜く力）, 先見能力, 先例にこだわらない, 客観的な（よそ者の）視点をもつ能力, 関係者のモチベーションの維持能力, 統率力（リーダーシップ）, 決断力, コミュニケーション能力, 行動力（実行力）, 地域で人脈（相談相手）を作る能力, 責任感, 信頼感, チャレンジ精神, 忍耐力（体力含む）, 強い郷土愛, 独自の価値観, 印象深い, 人間性豊かで明るい, ムードメーカー,「観光」に興味があり, 好きなこと, パソコンを使用できる能力, 語学（外国人インバウンド受け入れ対応）などであると, 示唆的で批判的な指摘をおこなっている［敷田 2015：25］。

■ 1-3 「きたかんセミナー」への評価

「きたかん」の受講生からは高い評価を受けているという。チームでやるので，90％の出席率がある。この出席率は，この種の一般のセミナーでは通常が60％なので，突出していると敷田は評価する。チームで仕事をしているので，休めなくなる。意味もなくチームにすべきではないが，意味があるからチームを作っているのだと主張する。終了後のアンケートでは受講料3万円（最近は4万円）が，ほとんど99％が「妥当」「安い」という回答をしているのは，学びの充実感があるからだと分析している。自分のために学ぶというよりも，チームのためや，それを通して社会のために何らかのかかわりをもてるという学びになる。人のために学ぶという点で意味があると感じているので，学びの満足度が高いのである。観光教育では，対人能力を養い，人のために自分の能力を上げ，自分が学んだことを誰かに提供して，そこで充実した体験をしてもらうということが基本である。人のために学ぶという体験が必要になるし，重要であると考えている。

さてここで，「きたかん」修了生で「きたかん.net」に参加している人たちからの聞き取りの内容を紹介しよう。2014年8月29日（金）の夜に，1期生1名，3期生1名，4期生5名，5期生2名に北海道大学の学術交流会館に集まっていただいたときのものである。社会人ならではの実感として，学生時代は「体験をして，たまに学んだ」が，社会人になってからの「きたかん」での学びは「実践的で，意図的な学び」であったという。

1) 参加理由

まずは，修了生それぞれからセミナーに参加した動機を聞いた。民間の経営コンサルタント会社を開業した人は，観光業に対するコンサルティングもはじめようとしたが，観光業は非常に「村意識」が強く，行政とのつながりがない民間コンサルが入る余地がないので，このセミナーを受けることで観光の「村」に入れるかもしれないと考え，同業の経営コンサルタントの人と一緒に受講したという。修了生240人の「きたかん.net」のネットワークは大きいと感じており，参加の動機は実践的な理由であった。また，シンクタンクとしてまちづくりに興味があって参加した人は，知り合いのシンクタンカーから「とてもいいセミナーだから受けてみな」といわれ，仕事につながると考えて受講したという。コミュニケーションの講師で，「北の観光まちづくりリーダー養成セミナー」の事務局専任の人は，観光には関わっていなくても受けられるのがこのセミナーであるという。コミュニケーションを重視

しているこのセミナーのやり方・グループワークが勉強になったので，継続していきたいと思ったという。

　ニセコでオーストラリア人観光客があふれる「オージー・バブル」を迎える前に，沖縄から戻ってホテル業をした「いまでは，不動産屋さんです」と自己紹介した1期生がいる。彼は本業のかたわら，「観光まちづくり」のビジョン策定と戦略立案を，ビジネス・メソッドを使ってみんなでおこなったが，自分が何を言っても「くそ生意気な」となかなか聞いてもらえなかった。「どうしたら話を聞いてもらえるだろう」「みんなで何かやらないといけない」と考えて「シーニックバイウェイ北海道」[2]にも参加した。その活動のなかでこのセミナーのことを知った。自分の言葉を聞いてもらえるようにこのセミナーに参加し，「ハク」をつければ，話を聞いてもらえるのではと考えた。2008年から1期生としてずっとかかわってきているが，「きたかん」に入って「言い続けられる元気」をもらったという。いまは地域の観光協会の理事に選ばれるようになった。ここにかかわる前は「1年か2年で何とかしよう」と焦って自腹を切って活動をしていたが，「きたかん」では開口一番，敷田先生から「10年スパンで，科学的にやろうね」と言われて，「自分のやってきたことは正しかったのだ」「そんなに焦るものでもない」と思えるようになったという。「おかげで（受講料の）3万円の元をとった」と，「きたかん」に参加する意義を語っている。

　道庁の観光振興担当の職員は，管区内の自治体職員や観光関係者に「きたかん」の受講を呼びかける立場だったが，自分が受講していないのでは説得力がないと感じていた。参加のきっかけとしては，「地元学」の講義で自分の生まれ故郷を取り扱うことや，職場の前任者が「きたかんセミナー」の1期生だったこともあった。また，上級職採用で道庁に入ったので，何か実績を作りたいと思い，さらには行政の公務員としてのスキルを上げ，人脈を得るのに適当だと考えて受講したという。若者の就職支援施設で働いている5期生は，人脈が拡がると聞いて参加した。ブランディング，マーケティングをもっと勉強したかったのと，今後北海道の観光にかかわりたいと思ったので受講したという。また，エコツーリズムや持続可能な地域づくりでかかわりたいと思って参加した3期生の人は，第4期からファシリテーションの情報提供にかかわっている。会議や意見交換を促進するファシリテーション

---

2)「シーニックバイウェイ」とは，景観・シーン（Scene）の形容詞シーニック（Scenic）と，わき道・より道を意味するバイウェイ（Byway）を組み合わせた言葉。シーニックバイウェイ北海道推進協議会は事務局が北海道開発局開発調整課／道路計画課にある。

技術を3期で受講し，実際に使って，その効果を確かめることができたときはうれしかったという。この日も参加者の意見を白板にわかりやすく書き分け，会議の内容をまとめていた。このファシリテーターの役割とファシリテーション技術こそが，この「きたかんセミナー」で養成される必要がある能力であることが，強調されていた。

2) セミナーの運営と受講生の様子

セミナー運営に関しては，事務局としては，フレンドリー，アットホーム感，にこやかさ，コミュニケーションを意識的に重要視しているという。5期生の女性は，開講式のときに「あったかさ」を感じ，それが忘れられなくて，「見守られているところ」「安全なところ」だと感じたので，提供する側になろうと思い，運営に加わったという。事務局はいま8名で運営しているが，誰も給料をもらっていない。「きたかん.net」でも手当はゼロである。セミナーでは講師料が多少（有償ボランティアぐらい）出ているが，飲み会も多いので，投資額の方が多くなる。セミナー参加者にしてみると，受講料は4万円であるが，場所によっては交通費や土・日の宿泊費がかかり，飲み代も含めれば全部で50万円ほどになったという。事務局担当の2名は気持ちよく受けてもらえるように気を配っている。受講生の一人ひとりの特性を見て面倒を見るのは，おもに講師やケースに参加したスタッフである。とくに「ケースメソッド」では全員がみてフォローをしている。講師陣が知識を与え，事務方がフォローをするという体制を作っている。事務からのメールを出すときに注意していることは，「かたくなく，やわらかくなく」フレンドリーにという点であり，来てもらったとき，「にこやかに，しかしあまり仲良くなりすぎないように」「なあなあにならないように」しており，休憩時間などには，刺激になるようなフォローをしているという。

セミナーについての「良い話」がたくさん出ているが，なかには問題の人もいるのではないか，その場合どのように対処しているのかと質問をした。なかには「上司に言われたのでやってきた」という消極的な人もいる。その一方で，「僕の話を聞いてくれ。そのために参加したのだ」とつねにリーダーになりたいと主張する人もいたという。このセミナーは，リーダー，ファシリテーター，書記，プレゼンターという四つの役割をそれぞれ経験してもらうプログラムである。ファシリテーターや書記なのに，やたら仕切りはじめる人がいる。各回のケース担当者・講師やアシスタントが，受講生を地域性で分け，各人の特性を知り，重層的に交流を図れる

ように，セミナー運営者の立場から見て，このグループにしたときどうなるかなど，あらかじめあたりをつけてグループ分けをおこない，役割を万遍なく担当できるように配役を振り分けている。暴走する人がいた場合には，リーダーやファシリテーターを呼んで，その人が自分の役割が果たせるようにアドヴァイスをしているという。チームでするということは，失敗してもやり直せることを示している。失敗してもできる「大人の部活」がこのセミナーであり，やり直せる環境作りに努力している。それゆえ，持続しているという。

　セミナー受講中に親しくなった修了生が「きたかん.net」を形成しているが，セミナーに受講生同士の絆を強める仕掛けがあるのかとの質問がでた。4期生の男性は，「また〈良い話シリーズ〉ですが」と前置きして，半年，毎回土日に開催される5週間のセミナーで，課題をみんなでおこない，終了時にプレゼンをおこなっている。初めはぎこちなくても，終わる頃には一気に仲良くなる。また，そういう状態になってほしいと目指しており，毎回グループを組むときには，スタッフが意図的に，壁がとれ，みんながコミュニケーションがとれるように，いろいろな人と組み合わせるようにしている。そのおかげで期の違う人と会っても，すぐ仲良くなれるそうである。終わる頃に一気に仲良くなるきっかけは，1泊2日で開催される「地元学」のときであり，仕事の壁がなくなり，心の壁がとれ，素で付き合えるようになるという。また，終了後には，互いに会いに行ったり，セミナー以外にも遊びでつながることもあるという。4期生の女性は，「何がよいって，北海道は本当に広いんです。179市町村の普段会えないような人がセミナーに参加している」点が魅力であり，「いろいろな地域の，いろいろな仕事をもった人が，本州とは違う非常に広いネットワーク」を形成していることが魅力であるという。札幌中心になるが，「きたかん.net」には約240人のメンバーがいて，どこに行っても誰かがいる。しかしながら，札幌以外の在住者からは，「広い地域・多様な地域をむすぶネットワークであるが，一方では，広すぎて容易には集まれないところでもある」といわれ，「札幌近郊者だけの集まり」と批判されることもあるという。

3）セミナー修了生同士のネットワーク

　セミナーで学んだことを形にしようと，春から実際に「旅行商品」を作っている4期生がいる。期を超えて，この指止まれ形式で，10人で2チームに分かれて「小樽・石狩」「日高，むかわ」の2か所で，「コープトラベル」と連携し地域密着型の商品を開発している。地元が新しい魅力を発見しようという企画である。観光業の

現場では実際に現場を見ないでツアーを作っていることが多いが，地域には「きたかんネット」のメンバーがいるので，本当の「地元密着」の，「着地型ツアー」の開発が可能になる。1泊2日で現地調査をして「地元密着のツアー」を作成しているという。

　13年間旅行会社で商品の企画をしていた5期生は，売れるツアーを作ることには自信をもっているが，その観点から見ると，セミナーにはある限界があることを実感しているという。グループワークでできあがるものと，売れるものは別であると指摘する。売れるものは「とんがったもの」である。全員の合意を得られるようなものではない。合意を得た商品は，「ぼける」。セミナーでは，その意味では売れないものでもよいということになり，話し合いを楽しんだという。しかし，このままでは企業では使えないだろうと思うという。彼はいま，ある町のまちづくりに外部のコンサルタント・有識者として関与している。この場合は，売れる商品を企画する立場とは異なるという。地域の人々が話し合い，議論をして積み上げた企画を行政に認めさせるときに，外部のコンサルタントがどのような役割を果たすことができるかについて，彼から説明があった。その地元の現場で活動している人々のなかに，セミナー受講生がいた。行政に対して，外からの有識者が現場の人と同じ視線で「そうだよね」というと，地域の人々が議論をして積み上げたものが，説得力のあるものになり，現地の人の満足度の高いものができあがるという。この話の背景には，地域住民だけが話し合って決めたものを，行政はそのまま受け入れてはくれないという現実がある。そのときは，中の人（地域住民）と外の人（コンサル）が，たとえばきたかん修了者同士のように，同じ知識と同じ価値観を共有していることが重要であったと述べる。

4）「売れる旅行商品」と「地域文化観光」

　旅行会社出身の5期生は，先に紹介したように観光業では「とんがったもの」でなければ売れないと指摘した。しかしながら，地域の人々が合議のうえでみんなが納得する「角が取れたもの」は，満足度の高いものとなり，地域の人々からの協力・賛同を得ることができる。そのような「旅行商品」をどのように観光の現場に送り出したらよいのかという議論になった。

　今回訪問したわれわれのメンバーには元ツアー会社にいた研究者がおり，「良い商品だから売れるものではなく」，また，販売のメカニズムのなかで担当者は「良いものを売るつもりがない」のも現状であるとの指摘をした。成熟度，ブランディン

グ，マーケティングの要素が加わって「商品」として提供されるのである。このセミナーで鍛え上げて，観光協会にもセミナー出身者などの意識をもった人間を多く輩出して，企業から突然マーケティングが必要だといわれたときに「何だかわからない」ということにならないように，マーケティングのサポートをできる人を，複数おけるようにこのセミナーで育てていきたいという。地域にそのような人材が複数配置できるようになれば，「それは，観光の構造が変わる力になる」とわれわれのメンバーが指摘した。

先に発言した「きたかん」5期生は，エージェントもジレンマを抱えているという。1日バスツアーでは，卸値 3,000 円以内で，総額が 1 万円を切るものに仕上げなければならない現実がある。大型バスは 7 万円が相場で，現在はそのバスも不足している。現地オペレーターとしていくらよい商品を提供しようとしても，バスの日帰りツアーで 1 万 5,000 円という料金を提示していては，いまは誰も買わない。どうしても卸値 3,000 円で格安のツアーをやる必要がある。そのようななかで，このセミナーで培ったものを活かしてよい旅行商品を提案していこうと動いているという。

この旅行商品の話題に関して，われわれのメンバーからは，先ほどのみんなの「合意」と「とんがっている」商品の関係について，売れる「とんがっている」商品と売れない「合意を得た商品」の指摘が興味深いとの感想が出された。このセミナーで培ったことを活かす「旅行商品」は，「とんがったもの」とはならず，地域の人々が合意して，受け入れ，育て上げる，本書に引きつけていえば「地域文化観光」ということになる。よく知られた「ヒット商品」にまなざしを向けるのが大衆観光者である。それに対し「きたかんセミナー」や修了生の「きたかん.net」が練り上げて提供する「地域文化」を体験しようと思うのは「地域文化観光者」ということになる。

■ 1-4　新たな専門性を身につける「能力」の必要性

フォーラムにおける発表の最後に，敷田は観光教育によって雇用可能性をあげることができるかどうかについて触れ，「観光分野の知識と技能だけでは不十分」であるという。現代の社会はつねに新しい能力をリクエストしてくる。一つの専門分野が新たに必要とされても，それはすぐに不必要になる。一つの専門分野だけではすべての仕事を支えられないという社会の仕組みになっている。1999 年のケルンサミットの宣言を引用して，「人は一生学ぶ必要があり，その機会を最大限作っていくという社会に移ろうとしている」という。それから考えると，一つの専門をも

つためにはその専門のための訓練，さらにその専門だけに満足せず専門を支えるための「社会人基礎力」を身につけることが求められると敷田は指摘する。さらにほかの専門性が必要になった場合に，素早くその専門性を身につけられるようにすることが，実際的である。最初からすべての専門分野を用意することは実用的ではない。必要に応じて専門分野の力を素早く身につけるべきである。観光分野の教育では，対人業務や多様な仕事への対応を期待される。観光教育や観光現場では，ほかの分野に比べて，学びとして非常にダイナミックであるということを説明する必要があるという。

そして最後に，「個人で働く機会は意外と少なくなっている。職人であっても個人で働く機会は少なくて，セールスをしにいくときは団体でセールスにいったり，地域の仲間とセールスをする」とチームワークの必要性を強調する。そういうときに「組織で動くことができないと，その仲間には入れないし，自分の仕事自体が成立していかないという時代に入っている」と指摘し，「観光地域づくり教育」「大学の観光教育」であっても組織として働く，チームとして働くことを前提として「教育システム」を整備すべき時代に入っていると思うと敷田は締めくくった。

2 二つの「ツーリズム大学」：地域からの「観光まちづくり」

第5章の「九州ツーリズム大学」と第6章の「北の観光まちづくりリーダー養成セミナー」は，観光まちづくりの実践と理論にとって先駆的で，代表的な事例である。日本のみならず世界各地で，いわば「観光まちづくり」のさまざまな試みがおこなわれているが，社会人を「地域観光人材」に育て上げるシステムをこれほど具体的に，かつ体系的に整備している事例はほかに見ることがない。

■ 2-1 地域の人々

課題としては，プロジェクトの中核となる人材の後継者問題である。ほかに得ることができない人材がそのプロジェクトを先導してきたからこそ，先駆的な事例となったのである。この二つのプロジェクトはそれぞれ，地域で活躍できる人材を養成し，現場に送り出すための企画であった。逆にいえば，現場で活躍する後継者の有無こそが，そのプロジェクトの成否を測る客観的な指標になっているのである。「九州ツーリズム大学」では小国町を中心として修了生が農家民宿をはじめ，地域でレストランなどを開店し，創設者の意志を受け継ぎ，地域での活動を繰り広げてい

る。また,「北の観光まちづくりリーダー養成セミナー」および修了生によって構成される「きたかん.net」は次の段階に入っているといえよう。

　先に,2014年の春から実際に「旅行商品」を作っていると語った4期生が,10人で2チームに分かれて「小樽・石狩」「日高,むかわ」の2か所で,コープトラベルと連携し地域密着型の商品を開発していることを紹介した。2014年の9月18日付けの北海道庁経済部観光局からの知らせに[3]は,「「きたかん.net」は,今年3月に北の観光リーダー旅行企画チームを立ち上げ,2つの日帰りバスツアーを企画し,コープトラベルの協力を受け,この度,旅行商品として販売することになりました。知られざる日高の魅力と馬とのふれあいが体験できる「新発見！ 太平洋・日高魅力満載ツアー」。そして石狩の歴史や鮭文化,小樽市民に愛される市場などを巡る「新発見！ 小樽・石狩魅力満載ツアー」」という二つのツアーが実現していることを紹介していた。そして,「このバスツアーは,セミナーで学んだことを形にして,地域資源を掘り起こし,地元の新たな魅力を新発見できる,地元密着に徹底してこだわった内容」となっていることを強調していた。セミナー修了生によって構成される「きたかん.net」のメンバーが,地域における観光振興の活動を実践していることをアピールする内容であった。

　「九州ツーリズム大学」と「北の観光まちづくりリーダー養成セミナー」とは,主体の性質の違いから活動内容に相違が見られる。九州では,主体が従業員を抱える財団法人であり,地域住民向けのさまざまな活動も参加者に利益をもたらすものであることが求められている。農泊では農家に実質的な利益があり,それを仲介する財団法人にもそれなりの収入が必要である。黒字経営を達成することで,財団の事業に対する地元住民からの理解を得て,参加者の増加を達成することができた。一方,「北の観光まちづくりリーダー養成セミナー」では事務局は無償のスタッフが運営しており,受講料は講師料などの実質的な運営費にあてられており,専従者の給料支払いに振り向けられることはない。それゆえ事業の拡大による収益の増大が求められることがなく,理想的なセミナー運営が可能となっている。そして,修了生が集まる「きたかん.net」では,具体的で,それなりの利益が求められる事業を展開しはじめている。主体は何人かの修了生が集まったプロジェクトチームで,財団法人などを形成しているわけではなく個々別々であるが,地域観光の振興を目的に

3）北海道庁経済部観光局〈https://plaza.rakuten.co.jp/machi01hokkaido/diary/201409180005（最終閲覧日：2017年4月15日）〉

した「旅行商品」を,「きたかん」修了生の人的ネットワークを活用して創出している。このような状況を見ると,両プロジェクトはともに,地域の観光人材を養成し後継者として育てると同時に,観光まちづくり・地域振興を実践するという当初の目的を達成しているといえよう。

■ 2-2　発見された「地域文化」の売り方：新たな名づけ

「新たな名づけ」を受けた地域の自然や文化は,新たな視線や認識そして新たな価値観のもとで,地域で新たに「発見された文化資源」となる。その地域の文化資源を発見するのは,先に述べたような「ツーリズム大学」や「リーダー養成セミナー」で育成された「地域の人々」である。それを具体的なツアー企画に「変換」し,実践に移し,不具合を調整し,さまざまな改良を加えて,育て上げていく。それが「地域文化観光」である。

小国では,幼児向けの「どんぐりの冒険」,小学生対象の「トンボの学校」,大学生向けの「農泊体験」と名づけられた「旅行商品」として提供されている。同じ小国町の田園風景が「切り取られ」,幼児向けには「どんぐりの冒険」,小学生向けには「トンボの学校」,そして大学生向けには「農泊体験」と名づけられて,商品化されているのである。このような「商品化」のための「名づけ」作業が,キャッチフレーズ制作である。同じ地域の資源や景色であっても,商品購入者となる対象によって切り取り方を変え,提示する内容を変えているのである。同じ地域を「売りもの」にする場合でも,社会的背景の変容や価値観の変化によって「切り取り方」が変わるのである。人手を排除する自然林ではなく,人の手が入ることを前提にした「里山」の維持が,人間と動物・植物との「共生」にとって重要であるだけでなく,さらには陸における自然保全が海の豊かさにとって重要であることが明らかになると,農家での草取りや山林における下草刈りまでが「体験商品」となる。

先に議論になったように,旅行商品は「とんがったもの」でなければヒット商品にはならないといい,多くの人々が議論を重ねて妥当だと認められるようになった「角のとれた商品」は売れないという。しかしそれは大衆観光者を対象としたときの話である。本書で扱う「地域文化観光」は,地域の人々が育て上げ,地域文化となったものを発信していく観光である。地域の人々の合意を形成する過程で,先に紹介したように「とんがったもの」から「角の取れたもの」になり,観光業でヒット商品にはなりにくいのが「地域文化観光」ということになる。ここで考えなければならないことは,観光業界でいわれる「ヒット商品」が地域の人々が求めて

いる目標を満たすものとなるかどうかである。安い料金で量による薄利多売で利益を確保する戦略では、たちまち地域は疲弊する。事業の持続性を考えれば、「地域文化観光」を推進しようという地域にはふさわしくない旅行商品となる。決して多いわけではないが、地域の人々と交流しそのなかで自分なりの発見を求める「地域文化観光者」は、地域の人々が地域と訪問者のために考え議論を積み重ねたモノこそ望ましいと判断するのである。北海道で「きたかん.net」のメンバーが考案したツアーは、いつまでも「広大な風景」だけを「売りもの」にしているわけにはいかず、「新発見！ 太平洋・日高魅力満載ツアー」「新発見！ 小樽・石狩魅力満載ツアー」と新たな発見を売りにしている。「とんがったもの」にはなっていないが、地域の人々が認めることができ、地域文化観光者も納得できるものに仕上がっていると思われる。

■ 2-3 「観光まちづくり」論の変遷における三つのステージ

最後になるが、観光人材の育成を進めている「九州ツーリズム大学」「北の観光まちづくりリーダー育成セミナー」が、これまでの「観光まちづくり論」の変遷のなかでどのような位置を占めるのかを考えてみよう。「観光まちづくり論の変遷における人材育成の位置づけ─経営・政策志向を相対化する研究視角の必要性」[堀野 2017：12-30]において、堀野は観光まちづくり論の変遷を三つのステージに分けて概括している。「観光まちづくり」という言葉は2000年前後から使用されはじめた。堀野によれば、「地域」と「観光」のかかわりをテーマにした論文が現れたのは1989年だという。そして1996年に「観光まちづくり」という用語がタイトルに含まれるようになり、それが一つの潮流となってくるのは2003年以降であるという。

1）第一ステージ：「結果観光論」

第一ステージは1990年代後半からで、観光産業、観光行政、観光協会といった従来から観光に関与してきた領域や主体だけでなく、地域社会と観光との関係が問われるようになってきた[堀野 2017：13-14]。それは、それまでの地域における観光振興や観光開発のあり方を見直し、地域の側から観光のあり方を考えようとする動きが強まってきたからだという。そして初期の観光まちづくりに関する論文は、先進的な地域の事例から共通する特徴や要因を明らかにし、それらの抽象化あるいは理論化を試みるものだったという。その特徴を堀野は五つに分類する[堀野 2006：147]。

1. 「地域の行政・企業・住民等が相互にネットワークを形成しつつ，主体的，内発的に観光を軸にしたまちづくりをはかっていく」もの。
2. 「地域の歴史・文化・産業・生活等がもつ固有の資源を発掘し磨き上げて観光の魅力を創出する」もの。
3. 「必要な資金やノウハウを外部の資本に依存して大規模な開発をするのではなく，既存の施設や文化遺産等を活用して自然・社会の環境許容量に適合した規模の事業を目指す」もの。
4. 「想定される観光客は，一過性の消費のための観光をするのではなく，一定時間滞在し，地域の人々と交流して理解を深め，再訪してくれるような人々である」もの。
5. 「観光を軸にまちづくりを進めることが，外部からの共感や評価を高め，地域住民のアイデンティティの形成や文化創造に寄与する」もの。

　これらは，内発的観光開発，まちづくり型観光，観光まちづくり，地域主導型の観光などといわれるものであり，観光と地域の調和および持続可能性が，観光まちづくりの要諦とされていた［堀野 2017：14］。地域をめぐる観光のあり方を把握し，その共通する特徴を整理し，一般化したもので，現状の理論化とともにまちづくりと観光の進むべき方向を示唆し，一定の枠組みを提示していたと指摘する［堀野 2017：14］。
　以上の時期を「観光まちづくり」の第一ステージとし，「結果観光論」が主張されていることがその特徴であると堀野はいう。「地域が主体となって，自然，文化，歴史，産業，人材など，地域のあらゆる資源を活かすことによって，交流を振興し，活力ある町を実現するための活動」で，「観光まちづくりでは，観光はまちづくりの結果のひとつのあらわれ」［西村 2002：21］であるとの西村の指摘を引用し，この時期においては「観光は目的ではなく，まちづくりの手段であるし，もっといえば結果にすぎない」という点を堀野は強調する［堀野 2017：15］。このような「結果観光論」が主張された背景には，それまでの観光が産業のためのものであり，地域住民の生活や諸活動との連関が問われなかったことがあるという。堀野は，この西村たちの議論が予定調和的な構成をとっており，観光まちづくりの現実をとらえる視点に欠ける可能性を指摘する。まちづくりによって発現してきた地域の個性も，マスメディアによって観光のまなざしが注がれることで記号化され，ステレオタイプのイメージへと転換されてしまう。また，地域に共感して交流するという観光者

の想定も理想主義的であり，現実からの乖離があるものと堀野は批判する。

2）第二ステージ：「課題解決的」方法論

　第二ステージは2000年代で，課題解決的な関心へと移行していく。当初，観光は第一義的な最優先の目的となるべきではなく，まちづくりの進展と連動して，事後的に実現していくものととらえられていた。しかし，少子高齢化や過疎化の進む地域社会の現実は，それを許す余裕はなく，「交流人口」という名の観光者の誘致と，観光による雇用・所得の創出を効率的に実現することが差し迫った課題となってきた。そこで，観光まちづくりにおいて「人材育成」が重要なテーマとして浮上してくるという［堀野2017：16］。「九州ツーリズム大学」はこの時期以前の1997年に発足しており，先駆的なプロジェクトであった。このような現実的な観光まちづくりが，観光者誘致による経済活性化といった結果を重視するスタンスへとシフトさせていったのである。この第二ステージの代表的な論者が，本章で紹介した敷田麻実であった。

　多くの地域が観光まちづくりに取り組むようになっているが，容易に成果が上がらない現実が生まれているのは，類まれなリーダーへの待望や，組織や営利を嫌う「人」重視の「流儀」によって，まちづくりが機能不全に陥っているからだと敷田は述べる。さらに，観光の魅力となる地域の資源を発掘して磨き上げることには熱心でも，地域外のニーズや情勢が目に入らない，自己中心的な内向きの観光まちづくりになっていることが問題だと指摘する［敷田2009：16-17；堀野2017：16］。まちづくりのビジョンをリーダーが示し続けることは重要であるが，それよりも現実的にいかにまちづくりと外部をつなぎ，観光のフローを実現して円滑に循環させるかという方法論に敷田らの議論は向けられている。本章で紹介したように敷田は，観光まちづくりにとって実践的に応用しうる理論的枠組みを措定し，より戦略的に観光まちづくりを進めていくための議論を展開する必要性を強調している。敷田らは，地域が連動して機能し，観光まちづくりと外部を仲介する推進組織ないしプラットフォーム（中間システム）の形成が必須になるといい，この組織が地域商品のブランド化をはかって統一的なイメージを形成し，また，資源を提供する地域活動主体間の調整をおこない，外部への情報発信やプロモーションを実践していくという構図を描いている［敷田・内田・森重2009；堀野2017：16-17］。その具体的な成果としては，「北の観光まちづくりリーダー育成セミナー」の修了生で構成されている「きたかん.net」のメンバーたちによる活動をあげることができる。

3) 第三ステージ:「地域の現実を解決する」実践的・実利的方法論

　第三ステージにはいると，2015年に日本版のDMO（Destination Marketing/Management Organization）の育成支援に観光庁が乗り出す動きが見られた。この動きは政府や観光関連産業が観光まちづくり論を取り込んでいることを表しており，それが第三ステージの特徴となると堀野はいう［堀野 2017：18-19］。第二ステージで展開された観光まちづくり論が，いわば定式化され，これらの組織・領域で流通するようになっている。学会・行政・業界がこぞって観光まちづくりを推奨するという構図がこの第三ステージでは現れたと堀野は指摘する。地域の人々の豊かさや持続可能性は主張されてはいるものの，実質的な目的が経済的成果を上げるための観光の推進を目的とすることへと移行したという［堀野 2017：19］。これを観光庁や企業の思惑が最優先された影響で利益主義に移行したものと，単純に考えると現実を見誤ることになる。地域側の現実がそこに反映している。観光まちづくりが定式化され，当初の議論の力点が後背に退き，より実践的・実利的な方法論へとシフトしながら，観光行政・観光業界・観光関連組織へと普及していくことには，地域側の現実が反映しており［堀野 2017：19］，「結果観光論」では，地域の現実を解決する方法にはならない状況があるのである。

　次の第Ⅲ部で取り上げる現代アートによる「越後妻有 大地の芸術祭」「瀬戸内国際芸術祭」の事例は，外部的な要素である現代アートとアーティストを地域が受け入れて，制作過程に地域の人々が参与し，アートを媒介にして構成されるネットワークにかかわるさまざまな人・モノ・コトを地域の文化資源として育て上げ，観光者を迎え入れている現状を検証するが，それはこの第三ステージにおける実践活動そのものであると考えることができる。そこにおける問題については第Ⅲ部で議論する。さらに本書では，その先の第四ステージの可能性を提示する。第Ⅳ部で紹介する近年の小布施では，もはや観光人口の増加を求めず，質を担保した「交流人口」に焦点を移行するという方針が語られている。「観光まちづくり」のその次の段階に入っているといえよう。それを「観光まちづくり」の第四ステージと位置づけるべきか，または新たな「交流まちづくり」の第一ステージというべきか，本書の最後で議論することになる。

第Ⅲ部
「アクターネットワーク理論」と「地域芸術祭」
「地域化」の過程

　第Ⅲ部では，現代アートによる「地域芸術祭」の事例として「越後妻有 大地の芸術祭」と「瀬戸内国際芸術祭」を取り上げて，「アクターネットワーク理論（ANT）」と「地域化論」からの検証をおこなう。第6章で述べたように，「観光まちづくり論」としては，地域の課題を実質的に解決し，経済的成果を上げることが求められる第三ステージの現象として位置づけられる。外部的要素である現代アートとアーティストを地域が受け入れて，制作過程に地域の人々が参与し，アートを媒介にしてネットワークが構築されている。第Ⅲ部では，このハイブリッドな人・モノ・コトのネットワークを，地域の文化資源として育て上げ，観光者を迎え入れる「地域文化観光」の現状を検証する。

第7章

「越後妻有 大地の芸術祭」

　本書で「アクターネットワーク理論（ANT）」を参照することになったのは，ここで取り上げる「地域芸術祭」との出会いがあったからである。観光現象を扱うようになって実感しているのは，観光の現実は研究のはるか先をいき，理論が追いついていないことである。19世紀後半にトマス・クック社の設立を契機に観光の大衆化がはじまったが，その大衆化の進展とともにジャンルの融解や遊戯性など後に「ポストモダン的」特徴と指摘されるような現象はすでに現出していた。最新の技術も前近代性・未開性も，ともに観光の魅力としてまなざしの対象となり，人・モノ・コトが構成するランドスケープや空間，そしてそれらのアクターたちが織りなすネットワークも観光の領域ではすでにビジネスとして活用されている現状がある。そしていまや「まなざし」だけではなく，新たな体験も提供されている。最速度の体感や空中での浮遊感覚，最先端の人体型ロボットとの交流やヴァーチャルな体験などが可能な異空間を現出するテーマパークが，多くの来場者を集めている。第Ⅲ部で扱うのは，地域における現代アートによる「越後妻有 大地の芸術祭」（第7章）と「瀬戸内国際芸術祭」（第8章）である。ともに現在では総合ディレクターに北川フラム，総合プロデューサーに福武總一朗を据えて，芸術的な質と経営的な安定を確保・維持できるようにマネジメントされている。

　調査は，2014年3月に瀬戸内海の直島，2015年8月27日から3日間を越後妻有，2016年瀬戸内芸術祭期間中に，8月初旬と9月初旬にそれぞれ3～4日間にわたっておこなわれた[1]。

1 「大地の芸術祭」

1-1　大地の芸術祭開催まで

　「みんなが反対しているところから，この芸術祭ははじまった」という。地元の

ほとんどの新聞も反対し，地元の芸術団体も都会の人だけのアートフェスティバルだと猛反対をした。しかしながら十日町タイムスでは，これまで山間地域のためになされたたくさんの施策は効果がなかったので，どうなるかわからないが，大地の芸術祭を「やってみても良い」新しい試みではないかと考えたという。「単なるアートフェスティバル」ではなく，「過疎対策・地域おこし」というほかの芸術祭とは「視点が違う」と思い，「あながち却下するよりもやってみてもよいではないか」と，賛成を打ち出したと森本社長は語った。

平山征夫新潟県知事の1994（平成6）年の「ニューにいがた里創プラン 越後妻有アートネックレス整備事業」で，知事は「新潟の過疎地の復権」構想を出した。数か所の過疎地域を対象にして，プランナーをいれて住民と県とがプロジェクトを考え，「地域の文化を核にして，プランをたてよう」と考えていた。1996年に北川フラムにその「アートネックレス構想」のとりまとめを託し，翌年総合コーディネーターに任命した。平成の市町村の大合併による新しい自治のあり方が円滑にいくためのプラン策定であり，十日町も五つの市町村と合併する話になっていた。

北川によれば1996年から3年間の計画で，着地点は1999年の「大地の芸術祭」であったという。四つの事業として，①「越後妻有8万人ステキ発見」事業（1998年～1999年），②「花の道ネットワーク」事業（1998年～1999年），③「ステージづくり」（農舞台，キナーレ，キョロロ）（2003年），そして④「大地の芸術祭 越後妻里アートトリエンナーレ」（2000年）があり，総称して「アートネックレス整備事業」ということになった。アートを媒介にネックレスのようにして6市町村をつなぐというものであったという［北川2015：66］。実際には1年ずれたが，2000年に「大地の芸術祭」が開催され，2001年に「ふる里イベント大賞」（総務大臣表彰）を受賞した。市町村合併は2005年におこなわれ，それまでの6市町村が十日町市，津南町の1市1町になった。2009年「第4回大地の芸術祭」は「第7回オーライ！ニッポン大賞グランプリ」（内閣総理大臣賞），2010年には大地の芸術祭実行委員会が「地域づくり表彰」（国土交通大臣賞）を受けた［北川2015：15］。

---

1) この調査は「観光まちづくりと地域振興に寄与する人材育成のための観光学理論の構築」科学研究費助成事業基盤研究（C）課題番号255010125の一環としておこなわれた。とくに2015年8月の調査では，長年両芸術祭の調査をしている山本暁美さんに同行させていただき，「十日町タイムス」の森本忠彦社長と記者の冨澤俊久さんや，十日町市役所産業観光部観光交流課の金澤克夫さんからお話を聞かせていただいた。

■ 1-2　開催の背景

　県の予備費がまず付き，予算化された。その後は，「大地の芸術祭」に文科省からの補助金などをあてるようになった。国土交通省からの道路建設費は年々減少しているが，大地の芸術祭は教育予算で運用されるため，作品へのアクセスのための道路を整備することが可能だった。それが結果的に通学路確保のための道路整備にもなった。芸術祭整備予算で，山の橋と橋の間の道路の整備がおこなわれた。「トリエンナーレ予算なら山地に道路が付く」との感想をもったと十日町タイムスの社長はいう。しかしながら現実は厳しく，「無雪化・過疎対策」の道は「広い引っ越し道路」，すなわち地元では「都市へ流出」するための道路だといわれた。

　行政がパトロンとなり，住民がパトロンとなっている。2015年の予算としては，地元市町村が1億円，国庫補助金から2億円，寄付・助成・協賛金として1.2億円，そして「大地の芸術祭・パスポート」の売り上げが1.6億円で，第6回「大地の芸術祭」では約6億円の予算が計上されているという［北川 2015：145］。行政がパトロンとなっているが，行政は費用に対応するだけの効果を求めてくる。そこで，当初の理念を維持するためにスポンサーの参入をはかり，支援体制を確立することが必要となっている。地元行政が抜けた後に福武書店が参加し，経営として成立するような体制を整えたという。来場者が全作品を鑑賞できる「パスポート」を導入し，その収益を主催者の裁量で使えるようにしたのが大きいという。パスポートは5,000円で2015年には全国のコンビニで事前に購入が可能であった。また，福武總一郎は瀬戸内海の直島で「家プロジェクト」や「地中美術館」建設をおこない，芸術による直島の再生に以前から深くかかわり，この「大地の芸術祭」と連携する形で新たに「瀬戸内国際芸術祭」の開催を企画した。

■ 1-3　北川フラムと「こへび隊」

　北川は1946年新潟県高田市（現上越市）に生まれ，東京芸術大学で，仏教彫刻史を専攻した。「東京芸術大学全共闘」で孤軍奮闘し，画廊界でも異端児といわれていた。展覧会のプロデューサーとして，「アントニオ・ガウディ展」(1978-1979)や「子どものための版画展」(1980-1982)，「アパルトヘイト否！　国際美術展」(1988-1990)，「ファーレ立川」(1994)，「さよなら同潤会代官山アパート展」(1996) などを開催し，2000年に「大地の芸術祭 越後妻有アートトリエンナーレ」を開催した[2]。また，2010年に開催された第1回「瀬戸内国際芸術祭2010」以来その総合ディレクターも務め，「海洋立国推進功労者表彰」を受けている。

2000年には大地の芸術祭サポーター「こへび隊」が結成された。全国的レベルでのボランティアは，それまでは阪神淡路大震災などのボランティアだけであったが，アートプロジェクトで全国的ボランティアを呼び込む最初の試みであった。ボランティアとして芸大学生などが参加し，ボランティアの内容が変化してきた。また，「こへび隊」には，後に結成された中高年の「おおへび隊」がアドヴァイスや支援をしている。現在のこへび隊には新たに参加する者も多く，当初の事情を知らないメンバーもいる。期間中は毎朝8時に「キナーレ」で北川総合ディレクターの朝礼が開催され，前日の問題点と指示，そしてアート部門の話がなされ，その後行き先までマイクロバスで「こへび」を乗せ，それを「おおへび」が送り出しているという。

2 「地域おこし」と「アートフェスティバル」：北川フラムの視点から

公式ガイドブック『大地の芸術祭 越後妻有アートトリエンナーレ2015』の十日町市長のあいさつには，「大地の芸術祭は，「人間は自然に内包される」という第1回開催から続く基本理念をもとに，「人間が自然・文明と関わる術こそが"美術"」および「都市と地域の交換」を二つのテーマとして」開催されてきた［北川＋大地の芸術祭実行委員会（以下，実行委員会）2015：16］と述べる。現在の「大地の芸術祭」になるには，県が主導したから可能になったといわれている。「アートネックレス整備事業」を動かすには結構手間がかかったと北川は述べる。市町村の担当者は，「勝手なことをいうし，役所に帰って復命をしない。担当者，課長，助役，首長それぞれに説明していかなければ話は通らない」。そして「議会，さらに住民への説明会でも「この地域では受け入れられない，都会から来て何を言うか」など四面楚歌」であったと回想している［北川 2015：71］。

■ 2-1 「ステキ発見」事業

「ステキ発見」事業は最初に取り組んだもので，そこそこうまくいったという。25

---

2) 2007年新潟市美術館非常勤館長就任，美術館改革を目指す。ほかに2009年「水都大阪」，2009年「第1回新潟水と土の芸術祭」ディレクターとなり，新潟市に特徴的な「水と土」の文化を発掘・発信しようとしたが，カビと蜘蛛問題が発生した。その背景に，美術館改革で前職員，地元美術関係者との確執があったといわれており，新潟市長は2010年3月12日付で館長職を解任し，更迭した。

年前に北川の出身地である新潟県高田市の小学校の授業参観をしたときの「我が家のステキ発見」という授業を参考にしたという。地域のすばらしい場所，風景，食べ物，生活をインスタントカメラで写真に撮って，言葉を添えて応募するというコンテストであった。審査員としてイラストレーター（阿部真理子），写真家（安齋重男，伊藤薫），詩人（大岡信），地元の地域研究者（佐野良吉），クリエイティヴ・ディレクター（中塚大輔），女優（真野響子）などがかかわり，その後も活動に加わった。3,114点の応募があり，27点が選ばれた。景品は128点あり，民家滞在1週間と越後松代手作り味噌体験，夢友禅作成体験，ウサギの足跡探検など「立派なもの」であったと北川は述べる［北川 2015：67］。

■ 2-2 「花の道ネットワーク」

「花の道ネットワーク」は，そんなに仲がよいとはいえない6市町村を，沿道に植える花でつなごうという事業であった。そこそこ成功したのは日当が出たからだという。北川が「径庭」と名づけた家と道路の境界に美しく植えられた花々は，「雪国のホスピタリティ」を示すと考えたという。善光寺街道と呼ばれるこの地域を往還する人々の目をなごますために植えられていると信じ，この径庭には地域の人々のホスピタリティが示されているとの思いが四面楚歌の状況のなかの北川を鼓舞してくれたという［北川 2015：71］。

■ 2-3 「ステージづくり」

「ステージづくり」は六つの市町村のそれぞれの特色を活かした地域の拠点を作るという事業であった。「3年に一度の芸術祭なんてとんでもない」というのが，地域の議会の雰囲気であり，それをくつがえすには，まず拠点となるステージづくりが重要であると考えた。十日町市は地域の物流の中心として楽市楽座を目指す，津南町は縄文土器を看板に博物館を作る，川西町はエコロジカルな田園公園を作る，中里村は川についての施設を作る，松代町は農業を，松之山町は自然を，ということで1999年の完成を目指したが，スタートをすると迷走し，市町村が独自に進み出したという［北川 2015：75-76］。各地域の状況をみていこう。

中里では水にかかわる問題が凝縮されている。中里の信濃川は，宮中ダムから十日町までほとんど水が流れていない。JR山手線を動かすためにこのダムで取水し，発電をしているからで，山手線の乗車ピーク時には見事に渇水しているという。清津川や中津川の水利をめぐって南魚沼市との争いもあり，水に関するテーマ施設を

第7章 「越後妻有 大地の芸術祭」　129

考えているが，現在までスタートしていないという［北川 2015：76-77］。津南町は信濃川の中流域に属し，日本一の大景観である九段ある河岸段丘の上に成立している。その台地での水を汲み上げての圃場整備は圧倒的で，縄文時代中期の沖ノ原の土器が発掘されている。独立性が強い町で，長野県の栄村との合併を考えて，2005年の合併には加わらなかった。縄文，ジオパークの拠点などを考えたが，北川たちの手を離れて「なじょもん館」が作られ，活動しているという［北川 2015：76-78］。川西は信濃川左岸の田んぼの美しさと米のうまさが特色で，エコロジカルな地域作りをテーマにしようと考えていた。新しい農業のスタイルを提起したいと，アメリカで「太陽の町」を作っているパオロ・ソレリと計画を練ったが，話題にものぼらなかったという。ジェームズ・タレルの「光の館」，アトリエ・ワン，石井大五・河合喜夫設計の3棟のコテージだけに収束しているという［北川 2015：79-80］。

　農舞台のある松代は，他地域では行政や地元との調整がうまくいかないとき，多くの作品を「引き取ってくれた」ところであるという。現在でも多くの作品が集積している場所で，退職した役所の人たちが中心になって「案山子隊」を作って，城山一帯の案内，雪の運動会，他の仕事などにボランタリーでかかわってくれているという。農舞台は正式には，「まつだい雪国農耕文化村センター」という［北川 2015：80-81］。松之山の里山科学館「キョロロ」づくりでは，がっぷり四つに組んでやれたという。里山の自然を残し，観察するための拠点を作ろうと思ったという。二つ問題が起こった。美人林という入会（いりあい）の雑木林の敷地に建物を建て，道を作ることに反対する人が多くいた。「キョロロ」でカブト虫を飼って，それを望む子にはあげるが，生態系保護のために川崎や東京でそれを野放しにはしないと約束させるという企画に対しても，原理主義者は反対したという。また，この施設にアート作品を設置し，埋め込むことに反対する人もいた。北川は，「里創プラン」の建てられる施設を使ったアートは効果的で，単独作品に比べて予算上かなり楽になるので，公共施設のアート化を進めたいと思っていたという。後にトイレや公園にこの手法は使われた［北川 2015：82-85］という。

　1996年からかかわってきた北川が2015年になって振り返っても，まだ実現できていない企画も多い。それには現代アートという地元民にはわからないモノをもち込んで地域振興を図ることの難しさが示されている。

3 現代アートと地域

　現代アートというなかなか理解されにくく評価が定まらない作品を，中山間地域の山里や空き家に設置・展示する意図が理解されることはさらに難しい。美術館で展示される有名な作家の絵画や彫刻，仏教美術，都市の公園などで見かける彫刻などは馴染みがあり，それを地方の都市にもってくることなら反対も少なかったであろうと思われる。しかしよく知られていない，まったく知られていない現代アートとアーティストの作品をもち込んだのである。北川が越後妻有のアートを考えるうえで影響を受けた人物としては，地域に深く入っていき，職人との共同，物づくりと地域のイコノグラフィーを包括しているスペインのアントニオ・ガウディと，1990 年にアンブレラ・プロジェクトで出会ったクリストをあげる。とくにみんなで共同していく大きなお祭りになりうるクリストの「梱包」に，「お祭り（祝祭性）」の可能性を感じたという［北川 2014 : 225］。しかし，いざ地域で交渉を開始すると，軋轢はあらゆる場所でおこった。

■ 3-1　拒絶から，承諾，参加へ
1）拒　　絶

　地元の人からきいた十日町市でのエピソードがある。建物を布で包むことで世界的に有名なアーティストが十日町の商店街で展示をしようとしたとき，旗を何本もたてると商店の看板が見えなくなった。価値のわからない人がそれを「止めさせよう」と反対をし，旗を撤去させたという。すでに基礎材を作っていたが，途中でお蔵入りし，いまも置いてあるという。「十日町は恐ろしいところだ」と評判になった。また「大地の芸術祭」の当初は 5 匹のへびが輪を作っているロゴを使っていた。しかし，1 匹だけそっぽを向いているへびがいて，それはこへび隊が泣かされた十日町のへびだといわれていた[3]。

　しかしながら北川は，2000 年第 1 回の芸術祭のときに，ダニエル・ビュレンヌに

---

[3] そのアーティストは，フランスの議事堂を布で包んだ 2 名のアーティストだというが，第 1 回のアーティスト一覧には名前が見られなかった。彼らが十日町でアートプロジェクトで旗をたてたら，引きずり下ろされたという。茨城とカリフォルニアでおこなった「アンブレラ・プロジェクト」は高い評価を受けていた。そのような状況のなかで，第 1 回芸術祭で同じ商店街に，ノボリを建てることを実現するまでにはたいへんな苦労・交渉があったものと推測される。

依頼して十日町の中心商店街にある3筋のアーケード上に，3種（赤，オレンジ，緑）350本のストライプのノボリを1kmにわたってたてた。「音楽，踊り」という作品で，夏祭りの時期に回遊性と親密性を与え，古くからの商店街に活気と彩りを添え，芸術祭の気分を盛り上げたという。しかし，第1回目は住民の「熟度」が足らず，「どうしても継続を！」との声は上がらなかったと回想している［北川 2014：123］。

以前からこへび隊に参加していた人の話では，当初は空き家を1軒借りるのもたいへんな努力と交渉が必要であったという。日頃は空き家にしていても，盆などには帰ってくるので貸し出すことに応じられない場合や，使わないことは明らかでも，見知らぬ他人に貸すことに抵抗があったという。最初，積極的に引き受けてくれた地域は二つだけで，ほとんど希望の場所を使うことができず，結局公園や道路など公共の場所が多くなり，結果的に均質な空間に設置することになったという［北川 2015：96］。北川やこへび隊のメンバーが何度も訪問し，顔を知ってもらい，人柄を理解してもらってはじめてこの人なら家を貸してもよいと承諾してもらったという。

2）「こへび隊」の誕生とその役割：「正義の闘い」から「協働」へ

北川は「共犯性」という語を使用するが，地域との「協働」を実現するうえで，決定的な役割を果たしたのが「こへび隊」であった。さまざまな人と出会い，際限なく説明会や会議をくり返すなかでにっちもさっちもいかなくなっていたとき，アドヴァイスを受けたことが，「こへび隊」の立ち上げのきっかけであったという。北川だけが「前に出て，全面的に思いを展開しているだけでは（企画の実現は）難しい。思い切って若者を活用してみればいい」との忠告であった。北川は「まちづくり」といういわば「正義の戦い」を，自分一人で延々と説明し納得させていくには限界があると感じた。何か違う要素を入れるために，「若い人たちに声をかけて組織をつくり，その若者たちを前面に出して，地域に展開」していくことにした。

立ち上げ当初は絶望的で，門前払いは当たり前で，若者たちは怒鳴られて泣きながら帰ってくる状況が何度もあった。悪戦苦闘のなかで「正義の闘い」などにはまったく意味のないことがだんだんわかってきたという［北川 2014：228］。「まちづくり」という錦の御旗は，現場では何一つ通らないという。「現代美術なんて冗談じゃない」「それを宣伝している若者たちもどういうつもりだ」という声があがった。「こへび隊」が動くことで，越後妻有の人たちの，理念ではない生の感情がそのまま表出されることになったのである。

しかし，「こへび隊」は少しずつ中山間地域で農業をしている年寄りたちを変えて

いった。保守的な人々のなかに「都市でアートだかなんだかをやっている，得体の知れない若者たち」がどんどん入っていく。若者たちは，自分たちの存在や意識がまるで相手にされていないということにまずはショックを受けるが，次にそれに対して「どうやったらわかってもらえるか」を模索しはじめた。それは自分の立場を自覚し，他者を理解することであった。地域や世代，ジャンルが違う人たちが会い，かかわっていくことによって何かが生まれていくということが，大地の芸術祭の基盤になった。若者は意のままに動かず効率が悪いが，そのまどろっこしさが何かを生むはずだと北川は思ったという。

　それは，海外のアーティストを採用する意味にもつながっている。気持ちのよい外国人アーティストは，世界をフェイス・トゥ・フェイスで動き，つなげる。集落に根をおろし，そこに徹底的にこだわることで場の固有性を発見する。一方で，世界的な視点から，この地域のいたる所に「世界」を映し込んでくれるという。Ｕターンをして地域で蕎麦屋や同級生や仲間うちで農家民宿などをしてがんばることは「美談」だが，普遍性をもっていないと北川は考える。他者がかかわること，他者をいかに受け入れるかが大切である。アートは他者をつなぐ媒体であるので，可能な限り「異なった人」がかかわるのがよいという。その効果的な例が，外国人アーティストが何か月も地域に滞在することであった［北川 2014：229-230］。

3）承諾へ

　農舞台から見える棚田の持ち主の福島さんの話は印象的である。身体が悪くなりこの棚田の耕作をやめるというときに，カバコフの作品を置かせてほしいとの話をもっていったのでよい返事をもらえなかった。「先代から引き続いてやってきた田んぼです。それがよくわからない美術なるものの設置場所にしたいといわれても困るでしょう」「私は当時直線的であり，やみくもに突進していたのかもしれません」と北川は当時を回想する。何度目かにカバコフからきた計画図をもって訪ねると，やっと「OK」をもらった。福島さんはその後7年間この棚田で米を作り続け，足の骨が悪くなり，斜面を登れなくなったとき耕作をやめた。その後は大地の芸術祭のメンバーが引き継いで耕作をしている［北川 2015：92-93］。

　場所を使わせてもらうまでが大変だったと北川はいう。「自分の土地に，現代美術のアーティストという得体の知れない人が来て，妄想の種を植えようとするのですから。そのうえ，それを見にくる有象無象の人たちがいる」のであるから，当初は公共の場にしか設置できなかったという［北川 2015：96］。空き家にいたっては

紹介すらしてもらえなかったが，いまは地元から空き家情報が出てくるようになっている。福島さんの場合でも最初は断られたが，この過程こそが重要で，家の持ち主や土地の所有者・関係者，そして集落に説明し，理解してもらう過程になる。地域の歴史，風土を知り，アーティストはこの場で調達できる材料に知悉し，学習・説明・理解の過程のなかで地元民の意識が開かれていく。自立する地域づくりのためにはこの過程が大切だという［北川 2015：96］。

　アーティストが来る前に行政と検討し，集落の意見を聞いておき，公募のアーティストには特徴のある，典型的な，具体的な場所を案内する。そのうえでアーティストから提案をうけ，その提案にあった場所の交渉にスタッフと行政がはいっていく。感触がよければ，その方法，構造，価格，住民の参加度を考えて丁寧な打ち合わせに入る。説明会を何度かおこない，アーティストを交えての説明会がその後につづく。アーティストの熱意と人柄が，その後の進展と密度にかかわってくる。客の交通ルートもある程度頭に入れる必要もあるが，アーティストのなかには山の奥深いところなど危険な場所をあえて選ぶ人もいる。だからおもしろいと北川はいう［北川 2015：95］。

　　4）参　加　へ
　2000年の第1回で，古郡弘が川西の千手神社の境内に「無戸室　UTSUMURO」という土の胎のようなものを作ろうと，工事用単管を組んで，それを軸に土でできた神様の室をつくる作業をしていた。土地のなかから赤茶けた土色の泥人形を，延々数か月，一人で作っていたという。孤独な泥人形作成作業を最初は怪訝な顔をして見ていた近所の人が，やがて一人，二人と手伝いにきて，ついには近くの小学生全員も参加し，そこに赤い注連縄を作って結びつけたという［北川 2015：98］。
　第2回目には，田んぼに巨大な砦のような土壁を作りたいとの意向が古郡から示され，下条地区が「ぜひ自分たちの所で力のある作品をやりたい」と申し出てくれたという［北川 2014：127］。下条でその年使われていなかった棚田2枚が作品設営場所として用意された。田んぼの土と木材，そしてわらを使用し，伝統的な土壁の工法を用いて築く予定であった。しかし会期が迫っても進まず，あと3週間というときに半分もできていなかったが，古郡は慌てる様子もなかったという。困った下条の長老たちは相談のうえ，全戸に「大人たちはこれから開幕まで，可能な限り有給休暇を消化して現場に入るべし。子供たちは学校が終わり次第急行すべし」とのお触れを出した。そしてできあがったのが「盆景－Ⅱ」であったという。北川は，

「農村の伝統である労働を尊ぶ心と，アーティストが作品を手で作り上げていく作業との根源的なつながりは，こうして幸運な化学反応を起こす」と述べる。会期終了時までに5万人が来訪したという。豪雪と翌春の田植えに備え，作品は会期終了とともに撤去された。下条の人々の落胆ぶりは気の毒なほどだったが，彼らは祭りを催して，作品を土地へと還したという［北川 2014：127］。

やはり2000年に，松代のもとは棚田だった場所に國安孝昌が，「棚守る竜神の御座」を無数の間伐材と煉瓦を主材料にして築きあげようと，現地で一人黙々と作業をはじめた。この作品は稲と田と人々の命を守る神・竜が降臨する憑代をイメージしたものである。ときには学生のサポーターも手伝ってはいたが，学生は足腰が定まらない。木をくみ，煉瓦を重ねて針金で巻くという一連の作業は，組んだ素材がうまく固定できずに，難航していた。針金で丸太を縛るには慣れた技術が必要だが，おぼつかない学生たちを冷やかしながら遠巻きに眺めていた集落の年寄りたちに，北川があるとき「やってみますか」と水を向けると，ついにこらえきれなくなって手伝いに参加したという。年の功で要領をつかんでおり，みな幼なじみばかりでチームワークもよく，各自の持ち場も決まり作業がどんどん進んでいき，作家一人の手では実現不可能な規模の作品が，「地域が手をさしのべることによってはじめて完成がみえてきた」。おそらくその瞬間に「竜神は作家の手を離れ，地域の人たちの作品になった」と北川は指摘する［北川 2014：125］。

竜神は，期間中の50日間だけという条件で，やっとのことで地元の許可をもらった作品であったが，会期が終わっても誰も撤去を求めなかった。終わって1年たった頃に作家の國安は一人でメンテナンスをしていたという。次の第2回目の芸術祭を終えてもまだ解体されず，震災や積雪によって痛み，木材が痩せ，いよいよ作品がもたないとなった2006年の第3回芸術祭のときに，地元の人たちは自分たちの誇りとなった作品の補修，というよりも作り直しに手を挙げた。十日町の消防団まで出動し，最初の作品より大がかりな「棚守る竜神の塔」を作り上げた［北川 2014：125；北川 2015：98-100］。作品を支えた地域の老人たちは，訪れる人たちに作品を語り，アーティストとの交流を語り，ついには自分の集落から家族のことまで話している。

■ 3-2 モノが人を誘い・動かす
1）身体性・親和性：動きが誘う
「大地の芸術祭」では，地域の人々が制作作業に参加する事例が次第に多く見られ

るようになった。得体の知れない「現代美術のアーティスト」が自分たちの土地にきて、なにやら理解のできないモノを作りはじめたのである。まずは遠目からながめるのが最初の反応である。地元住民が制作に参加するためには、さまざまな仕掛けが必要である。先の二つの事例（本章3-1 4））は、作業自体の質とアーティストが数か月にわたって提示する熱心さが誘因となったと思われる。泥人形作成作業という作業（モノ）を見て、自分にもできると思い、ちょっとやってみたいと身体がうずき出す。これは踊りを見ていて、自然に手や足が動き出す感覚と似ており、身体感覚に誘われて踊りの輪に入っていくのである。針金で丸太を縛る技術は丸太で足場を組むときに必要な技術（モノ）で、長年の作業を通じてそれを身体感覚としてもっている人間は、不器用な他者の作業を見ているとつい身体がうずきはじめ、お手本をみせ、ちょっとしたこつを教えたくなるものである。現代アートは外部の要素（モノ）であり、最初は理解できず、近づきがたい対象であった。しかし、その制作段階になり、数か月にわたって見ていると、作業は親和性のある身体運動の繰り返しであると知ることになった。アーティストの作業を見ていて、地元の人々の身体が動き出した様子が見てとれる。

　北川は、「アートは赤ちゃんと似ている。面倒で、やっかいで、生産性がなく、放っておけば壊れてしまう。だから思わず周りの人たちが協力して支え、育てていくのではないか。竜神はそんなアートの姿を体現していた」と述べる［北川 2014：125］。

2)「アーティストも変われ！」「そして，観光者も……」

　十日町タイムスの社長は、アーティストに対して「妻有の人間とかかわって、人間が変わりなさい」という。アーティストは住民とワークショップをして作品を出展する。アーティストがその過程で地域を学び、どう変わるか。そして住民もどう変わるかが大切である。アーティストは住民目線のなかでかかわり、住民と一緒になって学び、変わっていく。この山間地のコミュニティのなかで、変わっていくのである。それが、単なるアートフェスティバルとの違いであり、「地域おこしの視点」がここにはあるという。

　しかし当初は人を集めた作品も、訪問客が減少していく。2006年の作品、ボルタンスキー「最後の教室」の受付をしていたボランティアの老人は、2015年には「来る人が減っている」と話していた。つねに魅力を更新する努力をしなければ、現代アートは陳腐化していく。新規性を狙ったものは一時的な注目を浴びても、飽きられるのが速い。それとは対照的に、イリヤ＆エミリア・カバコフの「棚田」には地

域の人々との交流の「ものがたり」が積み重ねられていく。それが語られるたびに，さらに新たな魅力となって来訪者を引きつける。カバコフは，この地に来て棚田とその持ち主の福島さんに出会い，地域を学んだ。彼らが作成する自分たちの作品紹介のホームページには，まず雪深い棚田をみて，美しい「歌麿の世界」のなかにいると感動したが，地元の人の話を聞いて，ここでの生活の厳しさを「学んだ」と記載されていた。そのうえに2015年の芸術祭では，イリヤ＆エミリア・カバコフは一般公募で，人生のそれぞれの段階を視覚化した新作「人生のアーチ」を出展しているのである。「棚田」の上の道からさらにわき道を登った広場に置かれたアーチ状の橋の上には，卵の形をした人間の頭にはじまり，四つん這いの「少年の像」や，実際に光を放つ「光の箱を背負う男」，そして「壁を登ろうとしている男，あるいは永遠の亡命」，最後に「終末，疲れた男」［北川＋実行委員会2015：134］が並ぶ。このようなアーティストが示す地域への愛着と努力が，アーティストと作品そのものの魅力となって来訪者を引きつけるのである。

　「地域アート」の鑑賞者は，都市の美術館の展示品を鑑賞する美術ファンとは様相を異にする。このような「ものがたり」をもった作品を求めて中山間地の村落を巡り歩く。この「鑑賞者＝観光者」は，公園の真ん中にただ作品が展示してあるだけでは満足感を味わえないのである。作品とそれを支える地域の人がいて，そして地域での「ものがたり」があってはじめて作品として完結するような気持ちになる。それはよく知られたものを「確認」にくる大衆観光者の姿ではもはやなく，地域の人々が紡ぎ出す「ものがたり」を探し求める「地域文化観光者」なのである。

図7-1　棚田（イリヤ＆エミリア・カバコフ）

図7-2　人生のアーチ（同）

4 行政の視点

「越後妻有 大地の芸術祭」は先にも述べたように1999年に第1回を開催する予定だったが、1年遅れで2000年に第1回が開催された。十日町市役所の方の話によると、芸術祭そのものの効果としては地域が再生し、元気になったとの評価を受けているという。単なるコンテストではなく、芸術祭としての質を担保している理由としては、キラーコンテンツに何千万円もの投資をしているからだという。新潟県知事や民間側の強いリーダーシップで、里山を中心に広域での企画をしたから成功したのであり、十日町市だけでやっていたら失敗していただろうとよくいわれているという。集落は過疎化が進んでおり、何かをしなければならないが、自らはなかなか手を挙げない。松代や鉢のように「現代アートにかけてみよう」と積極的に引き受けたところに作品が多く集まることになった。

4-1 自立に向けた体制づくり

1）参加集落と来訪者数

参加集落は、2000年には28集落、2003年は38集落、2006年は67集落、2009年は92集落、2012年は102集落、そして2015年も102集落である。予算からいって102集落が限界であるという。地域の人々が手を挙げて、ワークショップをし、たとえば布を切って木に貼り付ける作業をし、会期中や終了後の維持管理も引き受けている。11月には作品を外し、または冬囲いをして作品を守っているが、なかには冷めている集落もあるという。イベントが多いと、マンパワーがないので、人々は疲弊する。200ある集落全部が参加するには予算が不足しており、そのうえ行政が使える金は6億円から4.8億円と減少しているので、この予算からいって現在の102集落ぐらいが限界であると考えている。

来訪者数は2000年15万人、2003年18万人、2006年34万人、2009年36万人、2012年39万人であった。20015年は終了後の発表を見ると55万人の来訪者があった。リピート率は4割で、そのうち5回以上の来訪者が50％以上である。全体の男女比は、男性が37.8％、女性が62.2％と女性が多く、年代は10代から30代が50％で、高齢者も多いという。来訪者は、関東、中部、県内、北陸の順になっており、今後は関西圏へのプロモーションが必要だと考えている。交通手段としてはマイカー6割、レンタカー1割で車でのリピーター率が高い。越後湯沢ではトヨタレンタカーが200台以上を用意し、この期間に対応しているという。来訪動機として

は口コミが3割で一番多い。プッシュ型では，雑誌・TVなどが2.55割，ウェブが2割であるという。

2) 経済的自立に向けた体制作り

持続的な財源の確保が必要になってきたのは，県の「ニューにいがた里創プラン」に基づく財政的な支援が2006年の第3回の芸術祭の開催をもって終了してからである。総事業費の6割を補助してきた県の支援なしで，芸術祭を開催していくにあたり，第4回に向けて，新潟県知事を名誉実行委員長に，国の省庁の補助金や各種財団の助成金の情報収集や申請のために，県庁内に大地の芸術祭支援担当の部署が置かれた。第3回に応援団として参加した福武總一朗が総合プロデューサーに就き，ふるさと納税，企業や団体に対してのCSR活動や協賛での参加を呼びかけた。ふるさと納税で多くの寄付が寄せられたという［北川 2014：239］。

3年に一度の芸術祭から，この地が自立するために，芸術祭の「通年化」が課題となった。2008年にNPO法人越後妻有里山共同機構が設立され，十日町市・津南町の760km^{2}を「大地の芸術祭の里」と呼ぶことになった。この地が元気であるためには，「培ってきたブランド力，人的ネットワーク，アート作品の蓄積を地域固有の資産に重ね，空家・廃校プロジェクトに見られるように「あるものを活かし，新しい価値をつくる」」［北川 2014：239］ことであると北川はいう。山菜，米，キノコ類を産直や通販を含めて展開し，かつ地産地消するための食のステージを作り，強い産業へと育てる。越後まつだい里山食堂（農舞台），うぶすなの家，Hachi Cafe（絵本と木の実の美術館）などのNPOが経営する料理を提供する施設がある。宿泊施設でもある夢の家，脱皮する家，三省ハウス（かたくりの宿）などはささやかではあるが，地元に雇用を生んでいる。大地の芸術祭期間中で400人，通年では100人ほどが有料ボランティアも含めて関連施設で働いている［北川 2014：240］。

また，第1回目から「こへび隊」と地域のメーカー，参加アーティストによるグッズや食品が共同開発・販売されてきた。第4回からは「Roooots越後妻有の名産品リデザインプロジェクト」がはじまった。名産品のパッケージデザインをWEB公募で集め，クリエイターと地域メーカーのネットワークを結びつけることで，芸術祭を核とした持続可能な産業振興の可能性を探っている。このプロジェクトの結果，グッズや商品の売り上げは第4回の会期中に8,500万円で，通年では1億円になり，第5回では会期中に1億2,000万円，通年で1億4,000万円の売り上げを記録したという［北川 2014：240］。

■ 4-2 「地域化」の過程： 文化としての根づき

　「トリエンナーレ」と名づけ，3年に一度開催するつもりではあったが，当初は1回目を無事に開催できるかどうかもおぼつかない状態であったと，対応をしてくれた市役所の人はいう。それが第3回目を終え，自立化を目指すようになると，地域への根づきと作品の質が問われるようになる。地域アートプロジェクトにおける作品は，既存のアート領域におけるいわば「客観的」な評価を受けることもあろうが，それよりも地域にとって重要なのは「地域文化観光」における地域文化と同じく，地域の人々とそこに集う訪問者によって育て上げられて，地域の文化資源となるかどうかである。作品は地域の人々によって「真正なもの」とされる「真正化」の過程を経て，すなわち「地域化」されて地域の文化資源となるのである。

1）文化としての根づき

　地域の人々が参加した作品ほど，「地域化」の度合いが深まり，地域の人々にとっての作品となる。会期終了後は取り壊す予定であったが，そこを訪れた鑑賞者＝観光者の評価・賞讃を受けると，その作品は自分たちの誇りとなり，作品の設置継続を願うようになる。先に紹介した「竜神の御座」の制作者は会期後も一人で手入れをおこなっている姿を見られている。それが地域の人々の共感を呼び，長年の風雪でやせた素材を修復する際に，さらなる手が加わり「竜神の塔」に作りなおされることになった。ANTの視点からは，作家の熱意が作品を存続させたと考えるのは単純すぎるといえよう。まず休閑地の棚田という地域の空間があり，そこに木材や煉瓦が持ち込まれ，他所者のアーティストと手伝いの学生がそこで作業をはじめた。資材を針金でとめる動き。それを遠巻きに見つめる地元の老人たち。この場合，老人たちを動かした「モノ」は，アーティストと学生たちのつたない技術である。エージェンシーを発揮し，老人たちを動かすきっかけとなったのはよそ者たちの身体技法の「未熟さ」であった。完璧な技術をもつ専門家集団が木材の組み立てをしていたならば，老人たちの参加はなかったであろう。「未熟な技術」がたまたま人を動かし，交流のきっかけを作ったのである。学生もアーティストも学び，地域の人々と協働するなかで，作品制作活動が地域に根づき，完成後には作品そのものと協働の「ものがたり」が地域の人々のモノになっていったのである。

　市役所の職員のなかには，地域サポーターになって年休をそれにあてている人も多いという。職員のなかにはこのような企画のおかげで仕事が増えると不満をもつ人もいる。どこの自治体でもそうだが，首長は効率化を唱えながら，人員を削減

しておりマンパワーが不足している。職員は減少して一人あたりの仕事が増えることになる。それでも市として芸術祭の開催に賛成するのかと疑問をもつ職員もいる。しかしながら，なかには芸術祭にかかわりたいから職員になった人もいるという。また，おもてなしの団体による地域での対応がよかったとの声が聞かれる。たとえば，越後湯沢から1日ツアーのバスに乗った客は，十日町市で一度降りて芸術祭のパスポートなどの購入をするが，その受け付けをする仮設テントでは地域のボランティアグループが無料の飲み物やキュウリの浅漬けをサービスしていた。地区や町内会にとって芸術祭はいまや年間行事となり楽しみとなっている。昔から越後妻有は，東北から南に降りた「ドンヅマリ」にあり，外部者を労働力として受け入れてきているので，人を拒絶しないという。そして，四国のお接待が文化として根づいているように，越後妻有でもこの芸術祭での接待が文化として根づいて，それが子どもにも伝わっていくとよいと応対をしてくれた市役所の人は考えていた。

2) 行政の取り組み：3年に一度を払拭

芸術祭は「トリエンナーレ」で3年に一度開催されるが，地元の産業は3年に一度ではやっていけない。そこでキナーレ特別企画展や農舞台・空き家・廃校などでの200以上の恒久作品の公開などや，「夏だけ，パスポート1000円」なども発行して，通年で集客可能な方法を考えている。さらにブランド力を強くし，宿泊施設（現在2,500ベッド）など新たな産業につなげていきたいと考えている。自動車コースのモデルケースを設定して，紹介している人もいる。そして，外国人観光者向けの案内を4か国語で作成し対応している。「Push型は金をかけ，お節介情報を押し込む」ことを考えているという。

行政としてとくに重要視しているのは，交流人口の増加である。「人，モノ，仕事」を提供できるように，現在地域おこし協力隊を20名受け入れている。瀬戸内国際芸術祭の作家が瀬戸内に移住している例をあげ，芸術祭をやっている地域というブランド力を高めれば，東京に在住していても松代に山の家をもちそこで農業をするようになる人もでてくると考えている。市役所の職員採用では，芸術祭をやりたいからと外部から応募してくる人もいる。また，企業研修や内定式を「妻有」でおこない，冬場には大量の雪を活かして雪像を作り，祭りを一緒にするなど，通年で来訪者を集める企画を考えている。

大学生が参加することで，交流人口を増やし，それが地域創造・再生の糸口になればと考えている。こへび隊の人，里山NPOの人が地元の人と結婚し，3組合同の

結婚式もあったという。

5 山地は何で芸術祭を受け入れたか

　地域の人の話では、地域の封建的な関係を打ち崩したのが「アーティストの到来」であったという。少子高齢化で集落は人口減が進み、15人になってもさらにそこから減少していった。その人がいうには、最初に都市に逃げていったのはいち早く将来に見切りをつけたリーダー層であったという。取り残された人々はみな、滅びていくという実感をもっていた。保守的な村落で、それまで公の場から外されて発言の機会をもたなかった女性たちが、村に入ってきたアーティストを支えたが、男たちは手伝わず遠巻きにしていた。芸術祭がはじまると、訪問した観光者を迎えたのも女性たちであった。こうして「アーティストたちが、黙っている女性たちを表に出させた」という。

　「うぶすなの家」は2004年10月の中越大震災で空き屋になった築90年の茅葺き民家を再生させたものである。二冬放っておくと屋根が落ち、家の根太が腐っていく。しかし、解体するにも200万円以上の費用がかかる。そこで民家に詳しい棟梁に検討を依頼し、また焼物専門誌の出版者、料理のプロに参加してもらい、そこを宿泊が可能なレストランにすることにした。民家研究家や棟梁、料理のプロがかかわり、昔からの工法の家で地元の食材を使って、地元のお母さんたちの料理がふるまわれる場となり、さらには現代の陶芸家たち（焼物のディレクター、8人の焼物の名人）によって、いろりや竈、洗面台、風呂などがしつらえられ、焼きものの美術館として再生した［北川 2015：47］。そこは2006年から2015年まで継続して出展している。1階は、地場の食材を活かした女衆たちがもてなす手料理と現代陶芸家の器を味わえる贅沢なレストランで、2階には和紙の「光の茶室」と金箔を施した「闇の茶室」があり、安藤雅信の作品を展示している［北川＋実行委員会 2015：66］。第3回大地の芸術祭で、初年度50日間で2.2万人が訪れ、1,200万円の売り上げがあった［北川 2014：89；北川 2015：48］。代表の水落静子は、「過酷な自然と背中合わせの土地にあって、なかなか気づく

図7-3　うぶすなの家（うぶすなの家HPより）

ことがなかった地域の絆や伝統への誇りを，この家に携わったアーティストやこへび隊，そして訪れるお客さんたちから学んだ」という［北川 2014：89］。

2009年7月31日版の新潟県内各地の「ふるさとレポート」の8月前半号は，十日町地域振興局が担当していた。交流が盛んになっても，それだけでは地域の再生にはならない。地域が再生するためには定住する人が増えなければならないし，そのためには，その地で生計をたてなければならない。その答えの一つとして，「うぶすなの家」を紹介している[4]。「うぶすなの家」がある願入集落は全戸数がわずか5戸という過疎化した集落で，レストランのまとめ役の水落は，「最初はこんな山奥にお客さんが来るのかと半信半疑のところもあったのですが，素晴らしい作品のおかげで私達の想像以上の方々に来ていただいています。この夏のお食事は三つのメニューになりました。地元の妻有ポークと山菜を使用した「山菜餃子定食」，妻有ポークの蒸し豚がメインの「山地ごっつぉ定食」「夏野菜のカレー」です。お食事の他にも手作りの豆乳アイスや，作家さんの作った茶碗でいただく抹茶などもあります。食材は地元産のものを最大限使用し，足りないものは県内産のものを使ってできる限り地産地消を心がけています。お米なんかが足らなくなると，どこの誰となく「うちのお米持って来るわよ」なんていう感じで，みんなで助け合いながらやっています。山菜餃子定食は1,000円で，決して豪華な食材を使ってもいませんし，一流の料理人が作るわけでもありません。私達には手を抜かずに作ることしかできないです」という。レストランの収入はまだ生計がたつところまではいっていないが，大切な収入源となっている。最後に担当者は，「レストランの繁盛や地元野菜などの販売をとおして生計をたてられるようになれば，集落に活気と人が戻ってくる日も遠くないでしょう。女衆の挑戦は始まったばかりです」とまとめている。

この代表者水落の親戚筋にあたるという十日町タイムスの社長は，この集落で「うぶすなの家」を経営するなかで，女性が表面にでるようになったという。彼女たちが

図7-4 メニュー（うぶすなの家HPより）

---

4) http://www.pref.niigata.lg.jp/tokamachi_kikaku/1248724955646.html（最終閲覧日：2017年12月19日）

北川の「アートフロントギャラリー」がある代官山を訪ねたときのことを感慨深く語る。50代になって代官山に行けたのは，大地の芸術祭にかかわったからである。夏だけで1,200万円の収入を得ることができたが，それが成果となって，女性たちの仕事を男たちが認めていった。地域の封建的な関係を打ち崩したのがアーティストの到来であり，それによって新しいものがうちたてられた。女性をアーティストが表に出させた。普通のおばちゃんが「もの言う存在」になったのである。アートの創作・展示活動にかかわるなかで，食堂で来訪者と会話をし，稼いで儲け，かかわるおもしろさを実感したのである。「うぶすなの家」の女性6人は，2010年開催の第1回瀬戸内国際芸術祭に行くために旅費の積み立てをはじめようとしていた矢先に，2009年3月30日から2泊3日で瀬戸内海の直島・豊島に招待された。その様子がネット上で紹介されていた。外の世界とつながり，学会のシンポジウムにも呼ばれて，活動を発表している。十日町タイムスの社長がいうように，村人にとって芸術祭にかかわることが「ハレ」の出来事であった。突然ではあったが，かかわったらおもしろく，その活動が対内的にも，また対外的にも評価されるようになり，封建的関係のなかで「ケ」の存在であった女性たちが，まさに「ハレ」の存在となっていったのである。

しかしながら，指摘されていたように，まだ少子高齢化による過疎化という現状を脱却するまでにはいかない。すなわち「ハレ」の状況は祭りの期間とその延長線上にしか出現しないのである。日常に戻れば，過疎化の村落に戻る。「ハレ」の状況が恒常化することが求められているのである。それには，交流人口のある期間だけの流入ではなく，日常的に稼ぎ口を提供できる村落になり，「移動人口＝移住者の流入」という新たな段階に入ることが必要なのである。次の段階へのステップを切ることが求められている。

6 まとめ

よそ（海外，代官山，首都圏，県）からの外来の要素であるアートプロデューサーや現代アート，アーティスト，ボランティア，地域振興政策，芸術祭などと，地域の人，モノ（空き家，廃校，棚田，空間，景色，土，木材，農作物，素材），コト（祭り，地震など）とが織りなすネットワークのなかで「越後妻有」という空間と「大地の芸術祭」というキーコンセプトが中心的なアクターとなり，多様な要素を結びつけていったのが，「越後妻有 大地の芸術祭」であった。

誰か一人に焦点を当てても，全体的な動きをとらえることはできない。とくになぜ地域がこのわけのわからぬ現代アートを受け入れたのかについては，地域の状況と異なる外来の要素同士の出会い方が重要な要因となる。地域の状況はそれぞれ異なり，どこかほかの地でうまくいったアプローチ方法を同じようにもち込んでも成功することはない。この場では，ここにおけるさまざまな要素の間での偶然の出会いが，そこでの関係を作り上げる。アーティストと土地の男たち（竜神の御座，そして塔），陶器製作者と女性たち（うぶすなの家）など，どれをとっても同じものとはならない。

　大まかな状況としては，中山間地にある地域において少子高齢化が進み，空き家や廃校が多く見られ，廃村の危機を迎えていた。そこによそからの企画がもち込まれ，よそ者が地域とかかわることによって，地域は地元の「すてき」を気づかされた。それまで棚田とか里山は，効率が悪く，大型農法を使えず，気が引ける「恥ずかしい」モノであったという。みな町場（十日町）へ，市街地（新潟）へ，そして首都圏へと出ていき，空き家となり，子どもがいなくなって小学校が廃校となった。そのマイナスの要素と考えられた空き家や廃校，休耕田が現代アートの創作空間に「変換」したのである。また，そのなかで地域の人々が創作に参加することになったが，それは仕事（苦役）ではなく，祭りに参加するのと同様の「楽しい，新しいハレ」の活動となった。

　第8章では，瀬戸内国際芸術祭について述べた後，アクターネットワーク理論に基づく分析をおこなう。その際には，ここでは紹介していなかった「鉢＆田島征三・絵本と木の実の美術館」や釜川沿いの「ポチョムキン」（フィンランド，カサグランデ＆リンターラ建築事務所）の作品について扱うが，そこで問題となるのはモノとしての作品がエージェンシーを発揮して，地域の人々を取り込み，「ものがたり」を紡いでいく過程である。「ものがたり」は，人とモノ，モノとモノとのかかわりのなかで生成する。そしてその「ものがたり」が人を動かし，モノに影響を与え，新たな「ものがたり」を紡ぎ上げていくのである。さまざまなアクターが織りなすネットワークのなかで，「ものがたり」が生成し，人やモノに影響を与え，そしてまた新たな意味を生成していく様子を次章では考察する。

第8章

「地域文化観光」としての芸術祭

「瀬戸内国際芸術祭」と「大地の芸術祭」

　本章では,「越後妻有 大地の芸術祭」と「瀬戸内国際芸術祭」が「地域文化観光」となっているかどうかについての考察をおこなう。とくに人とモノを「対称的」に扱うアクターネットワーク理論による考察から,現代アートというモノがどのようにエージェンシーを発揮して,モノや人のネットワークを構築し,相互に影響を与え合うのかに焦点を絞っていく。なぜ現代アートを中心にした「地域芸術祭」が多くの「鑑賞者・観光者」を集めるのであろうか。そこでは「地域芸術祭」が「観光まちづくり」として機能しているのであろうか。また,「地域芸術祭」の作品である現代アートが「地域の文化資源」となり,それを中心にした芸術祭が「地域文化」となりうるか。外部的要素である現代アートが「地域化」しているのか,すなわち「ローカル化」しさらには「土着化」しているのかどうかを検証する。そのとき重要な論点としては,現代アートがどのような「翻訳作業」を経て受け入れられているのか,「翻訳」に注目する。この「翻訳」の過程においては,人やモノにまつわる「ものがたり」がどのようなエージェンシーを発揮してネットワークの各アクターに影響を与えているかに注目する必要がある。「地域文化観光」のさまざまな現場においては,モノとそれにまつわる「ものがたり」が人を動かしている点に注目すべきである。本章では,あらためて ANT における「ものがたり」の重要性を指摘する。

　まず,アートプロジェクトがどのように展開してきたかをまとめ,「瀬戸内国際芸術祭」について少し触れたあと,分析・考察をおこなうことにする。

1　アートプロジェクトの展開

　アートプロジェクトは,1990年代以降日本各地で見られるようになった芸術活動の様態のことで,単なる作品制作・展示行為ではなく,同時代の社会的事象に目配りをし,アーティストが対象社会に入り込み,そこにある既存の回路や文脈を読

み取り,さまざまな属性の人々の関与とコミュニケーションを介しながら,アートを通じてその社会において新たな文脈や回路を創造する活動である [熊倉 2014：9]。それは,アーティストたちが廃校・廃屋などでおこなう展覧会・拠点づくりや野外・町中での作品展示などをおこなう芸術祭,社会的実験など幅広い形で現れる。堀野は「アートの観光の展開について」[2011] のなかでアートプロジェクトの特徴について述べている。それをまとめると,①アートの側が作品の置かれる地域や空間を重視しはじめたこと,②地域の固有の場所を作品そのものの構成要素として結びつけて制作をおこなう,サイトスペシフィックなアートである。③地域の歴史や文化や生活などの地域の人々によって共通に感じとられている空間の意味を了解したうえで,その場所に合うように制作されるため,作家は地域に一定期間居住する。④地域・都市の活性化の一環として観光に結びつく仕掛けとして,さまざまな波及効果を期待する,継続的展開がおこなわれる(現代アートイベント)。⑤パフォーマンスを重要な表現方法として含んでいる。時間の推移とともに展開する動態的なものも作品として認められ,映像を組み込んだ作品,鑑賞者も巻き込む演劇的な作品もあるとまとめている [堀野 2011：25-26]。それに,熊倉 [2014：9] のいう特徴を加えると,⑥さまざまな属性の人々がかかわるコラボレーションと,それを誘発するコミュニケーション,そして芸術以外の社会分野への関心や働きかけがあることになる。

堀野は,このアートイベントが観光アトラクションとしての機能を果たすのは,アート作品の魅力,とくに「面白さ」が観光にかかわると指摘する。伝統的な美術鑑賞が「美しさ」に基準がおかれていたのに対して,現代アートでは「面白さ」に基準がおかれ,それが観光アトラクションとなるための大きな要因になっているという [堀野 2011：21]。アートが存在することで周辺とのコントラストが生じ,図と地として互いを浮かび上がらせ,通常の空間の機能や外観を,一時的に異なる風景へと変えてしまう。それは日常空間の転換による非日常空間の創出であり,観光アトラクションの用件を成り立たせるのである [堀野 2011：26]。

1950年代から1980年代まではアートプロジェクトの前史と熊倉は位置づける。1950年代はホワイトキューブ以外の空間に注目が集まり,前衛芸術グループによる野外展がおこなわれ,1960年代は新たな美術制度や表現形態が誕生し,1970年代は野外美術展が急増した時代である。1980年代〜90年代前半にかけては,空間から場へと概念が拡張した時代であった [熊倉 2014：17-21；山田 2017：82]。

1990年代からアートプロジェクトの萌芽的情況が見られ,バブル景気を背景とし

第8章 「地域文化観光」としての芸術祭　147

て企業が文化イベントをおこない，2001年には「文化芸術振興基本法」が施行され，さらに2007年の観光立国推進基本法などにより国・省庁・自治体の動きが活発になった。先の「越後妻有 大地の芸術祭」のきっかけとなった平成の大合併（1999年）や，2009年には地域おこし協力隊制度などを総務省がおこなってきた。この2000年から第1回「大地の芸術祭」が開催されたのだが，これを機会に「アートプロジェクトの時代」に突入したといえよう。「箱モノ行政」が批判され，ハードからソフトへ視点が移り，「文化」が注目され，阪神淡路大震災をきっかけにアーティストが社会的な接点を求めるようになった。他分野や社会的仕組みとの結びつきを考慮した「アートマネジメント」の概念が注目され，アートプロジェクトによる地域振興策を行政が企画するようになった。新潟県の「大地の芸術祭」や香川県の「瀬戸内国際芸術祭」に関しては，行政が積極的に関与していた。それを支援する企業の動きも注目すべき点である。

　まずは，瀬戸内国際芸術祭の開催までの過程と，プロデューサー，建築家，キュレーター，アーティストの意図や思いを見てみよう。

2　「瀬戸内国際芸術祭」

■ 2-1　ベネッセと地域の人々の「瀬戸内国際芸術祭」

　「越後妻有 大地の芸術祭」開催から10年後の2010年に「瀬戸内国際芸術祭」が開催された。しかし地域におけるアート活動はベネッセ（旧福武書店）によってそれ以前からはじめられていた。福武總一郎は瀬戸内海の小さな島・直島で安藤忠雄監修のもとで1989年に「直島国際キャンプ場」をオープンした。その第二期工事として，1992年に現代美術と自然と歴史をテーマにした「ベネッセハウス」ホテルのミュージアムを完成させた。美術館の中にレストランがあり，自然とアートに包まれて休むという発想のホテルで，なおかつ過疎の島に現代美術を常設するという世界初の試みであった［福武ほか 2011：4］。「現代社会の問題や課題や矛盾を，ひとつの作品に込めている」のが，現代美術のアーティストで，そんな作品を「問題や課題や矛盾の多い都会に置いたとしても，はたして作品自ら光を放つだろうか」と疑問をもち，江戸末期から明治にかけてやってきた世界の数多くの人々からも高く賞賛され，「世界に誇る美しい自然の瀬戸内海に現代美術を置くという構想」をもったという［福武ほか 2011：5］。直島では，実際にアーティストに足を運んでもらい，「直島にしかない作品」をつくる「サイトスペシフィック・ワーク」のコミッション

ワークをおこなっている。「絵が主役になってはいけない。あくまでも主役は人間であるべきだ」といい，見ている人にすべてをゆだねたいという。アートを大衆に引き戻す，アートが主張するのではなく，アートが自然や歴史のもっているよさを引き出す，そしてそれらの相互作用で人間を動かし，見ている人の生き方を変えてしまう可能性のある場を直島に出現させようとした［福武ほか 2011：6］。

　香川県を中心とする瀬戸内海の離島と港を舞台とする「瀬戸内国際芸術祭」の開催前の動きを山田が押さえている［山田 2017：85］。2003 年に香川県が「アートツーリズム」推進の取組みを開始し，2004 年に県庁若手職員による政策研究「現代アート王国香川の擁立」において，「アートアイランド・トリエンナーレの開催」が，県内にある既存アート資源の活用や離島振興に着眼して知事に提言されたという。2005 年に直島福武美術館財団が「瀬戸内アートネットワーク構想」を発表した。2006 年に同財団は直島全域を会場とした展覧会を開催した。この年福武總一郎が社員と越後を視察し，北川フラムと福武が「瀬戸内国際芸術祭」を構想した。県庁担当者も「大地の芸術祭」を視察している。2007 年に知事と北川フラムが会談し，9 月に香川県議会において芸術祭への参画表明がなされ，2008 年 4 月に「瀬戸内国際芸術祭実行委員会」が設立された。会長に香川県知事，総合プロデューサーに福武總一朗，総合ディレクターに北川フラムが就任した。2009 年 10 月に「こえび隊」（瀬戸内国際芸術祭ボランティアサポーター）が誕生した［山田 2017：85-86；北川・瀬戸内国際芸術祭実行委員会 2011：234-237］。

　2010 年から「瀬戸内国際芸術祭」は開催されている。特徴は，サイトスペシフィック・アートを見てまわり，島々のよさや人々の生活に触れることを目的としている。行政・財団・NPO・市民ボランティア・アーティストによる協働のプロジェクトで，実行委員会が主催している。ボランティア組織は「こえび隊」と称し，開催年と前後の年に運営部分に関与している。

　2010 年に第 1 回「瀬戸内国際芸術祭 2010」が「アートと海を巡る 100 日間の冒険」というタイトルで，7 月 19 日から 10 月 31 日までの 105 日間開催された。会場は八つの島で，来場者は約 94 万人であったという。予算規模は 3 年間で 7 億 2,700 万円であった。翌年 2011 年には「ART SETOUCHI 春，夏，秋」，2012 年にも「ART SETOUCHI 春，夏，秋」を開催している。特定非営利活動法人「瀬戸内こえびネットワーク」がこの年に設立されている。第 2 回は 2013 年に「瀬戸内国際芸術祭 2013 アートと島を巡る瀬戸内海の四季」として，12 か所の会場で開催された。来場者は約 107 万人となり，予算規模は 3 年間で 10 億 1,500 万円であった。2016

年に第3回「瀬戸内国際芸術祭2016 アートと島を巡る瀬戸内海の四季」が開催され，会場は12か所，予算規模は3年で11億9,800万円であった。

■ 2-2 「あるものを活かし，ないものを創る」

福武は，現代社会は「あるものを壊し，ないものを創る」といい，そうした不毛な作業の象徴が東京であるという。長い歴史の痕跡が見えないのは「経済が目的化」しているからで，瀬戸内海ではそれとは異なるあり方を試みたいという。それが「あるものを活かし，ないものを創る」あり方だという［福武ほか2011：6］。

1）「アートの直島」

1992年に「自然・建築・アートの共生」をコンセプトに，美術館とホテルが一体となった施設「ベネッセハウスミュージアム」が安藤忠雄の設計で完成した。アートに包まれたホテルは世界ではじめてで，収蔵作品の展示に加え，アーティストたちがホテルに滞在して，その場所のために制作したサイトスペシフィック・ワークが恒久設置されている。アーティストたちは自ら場所を選んで制作し，作品は海岸線や林のなかにも展示されている。

1997年に「家プロジェクト」がスタートした。本村地区という古くからある集落の民家を改修し，現代美術の作品に変えようという試みで，宮島達男の「角屋」が最初であった。直島には多くの若者が足を運んでいるが，「地元のおじいさん，おばあさんたちが元気を取りもどしてくれた」という。2004年にクロード・モネ，ウォルター・デ・マリア，ジェームズ・タレルという三人のアーティストの作品をゆっくりと見てもらうための「地中美術館」がオープンした［福武ほか2011：6］。2009年には大竹伸朗が手がけた直島温泉「Ｉ♥湯（アイ・ラヴ・ユ）」がオープンし，直島観光協会が運営をしている。2010年には「李禹煥(リウーファン)美術館」が完成した。

2）犬島と豊島：「犬島精錬所美術館」と「豊島美術館」

犬島には1909年から操業し10年間稼働して停止したままの銅の精錬所が，廃墟として放置されていた。その一部を産業廃棄物の投棄場にするという計画があり，豊島の不法投棄の二の舞には絶対にしたくないというつよい気持ちで2001年に福武が用地を買い取った。「1970年」をテーマにし，三島邸をモチーフにした作品を柳幸典が作り，環境に負荷を与えない完全な自然エネルギーで冷暖房をおこなう「犬島精錬所美術館」が2008年に完成した。そして「瀬戸内国際芸術祭」に合わせ

て，2010 年に犬島「家プロジェクト」のキュレーターに，東京都現代美術館の長谷川祐子，建築家に妹島和世が起用された［福武ほか 2011：8, 109］。柳は 1995 年から犬島で活動をして廃墟のもっている力，島の歴史や資源を利用して，アートの力で島を再生させ，産業廃棄物投棄場計画を食い止めたいと思っていた。しかし島は一枚岩ではなく，廃棄物計画で利益を得る人，得ない人がおり，立場が異なっていた。柳は他者との関係性のなかで現れるアートの特性を活かすため，自分とは絶対出会えない他者として死者とこれから生まれてくる者をイメージした。そこで三島を墓からよみがえらせることにしたといい，三島の作品『太陽と鉄』で扱われるギリシャ神話のイカロスをモチーフにしたアイデアを精錬所の高い煙突との関連でいかしたという［福武ほか 2011：102-104］。

　豊島は 1975 年から 1991 年までの 16 年間にわたり産業廃棄物が不法投棄されてきた島である。産業廃棄物についての闘争をしてきた人々のエネルギーを「食とアート」というテーマで昇華できるように，棚田を再生し，豊島でできた米や野菜，果物で自給自足できるようなイメージを打ち出した。海に臨む丘の中腹にある広大な棚田の一角に，西沢立衛を建築家に，内藤礼を作家に迎えた「豊島美術館」が 2010 年に完成した［福武ほか 2011：8, 93-94］。水滴をモチーフにした大きな白い楕円形の建物で，天井から壁伝いに三つの大きな開口部がある。ガラスは使われておらず，風の音や鳥の声がじかに聞こえ，一つの開口部は天を望み，一つは海を望み，一つは背景の林に開かれている。床の何か所から水が一滴ずつぽつりとわき出て，線を引いて流れる。訪問者は白い大きな床に座ったり寝そべったりして，静かな時間を満喫する。

　「島キッチン」は，唐櫃港から豊島美術館を経て，すぐ上の唐櫃岡にある。阿部良が設計した，大きな屋根に包まれた半屋外にテーブルが据えられた開放的なレストランである。豊島では産廃に対する態度の違い，集落間の落差，長老と若者の意識の違い，産廃に対する外部の人たちの思いと影響が重なり，島の方向に対するコンセンサスがとりにくい状況があった。そのなかで協働する仕組みを作っていかなければならないと考えていたと 2008 年に総合ディレクターに就任した北川はいう［北川 2015：169-170］。「島キッチン」という空き家と庭を使ったレストランに地元の女性たちが参加し，地元の食材を使って地元の料理をふるまうという協働のコンセプトができあがったが，各層の異なる人々の共通のプラットホームにまではなかなかならなかった。いろいろな試行錯誤の後，月に一度の誕生会を開くことにした。270 家族，800 人の各戸に，誕生会の 4 日前から戸別訪問をした。スタッフ，サポー

ター全員が全力で動き，一人で家にこもりがちな年寄りの気持ちを変えはじめたという。執拗な試行錯誤を継続したなかで，「島キッチン」が地域の人々の中心になっていった。北川は，この「こえび隊」の活動から，先輩格にあたる越後妻有の「こへび隊」の活動に関しても熱意のみならず粘度をもってやっていく必要性を，あらためて反省したという［北川 2015：170］。

図8-1　島キッチン

3　アクターネットワーク理論（ANT）より

■ 3-1　モノ，人，コトと「ものがたり」

　第3章および第Ⅲ部のイントロダクションで述べたように，とりわけANTの分析対象として考えているのは，第7章と第8章で扱っている現代アートという新たな要素を過疎地域に「取り込み」，「地域芸術祭」を開催している事例である。「地域芸術祭」とは，現代アートというモノを中心に異種混淆のアクターから構成されるネットワークを形成する「擬似物体」としてANTの視点からは定義される。ANTの特徴をより活かすことができるのは，新たに立ち上げられた観光地で，それぞれのアクターが互いを「取り込み」ネットワークを構築していく過程にあり，まだ安定化していない事例の調査・分析をおこなう場合である。

　「越後妻有 大地の芸術祭」のように，10数年の蓄積をもち成功事例とみなされるものもあれば，多くの人の関心をひかない例もある。「地域芸術祭」はまだ評価が定まらない現在進行中の過程にある試みである。この「地域芸術祭」をANTの視点から，モノ，人，コトなどのアクターがどのようにネットワークのなかに「取り込」まれ，そのなかでモノがモノや人に，そして人がモノや人にどのようなエージェンシーを発揮し，相互に影響を与え（affect）合い，新たに更新されていくネットワークのなかでどのような意味を獲得していくかなどを，さまざまな要素に焦点を当てながら明らかにしていく必要がある。廃校となった小学校という場，空き家，軒先，棚田，路地，海，山，空き地，広場，美術館，アート素材（泥，糸，針，丸太，針金），地域の食材，制作・作業のための技術，動作，移動手段（バス，自動車，

電車, 歩きなど), そして人 (自治体職員, 首長, ディレクター, アーティスト, 地域の人々, ボランティア, ディレクター, 訪問者, バス運転手, ガイド, みやげものの制作者, 販売員, 宿の従業員など) が関与してくる。一つの現代アートプロジェクトが動き出すと実にさまざまな要素が「取り込」まれ, 結びつき, 新たな動きが生じ, ネットワークが形成されていくのである。

　ここで一つ明確にしなければならないことがある。それはANTにおける人のポジションに関する問題である。ANTにおいては, モノと人を「対称的」(平等に) に扱うことを前提としている。エージェンシーを発揮するのはヒトだけではなく, モノもエージェンシーを発揮して, モノと人に影響を与える (affect)。とくに, 現代アートの芸術祭においては, モノ (アート作品) がほかのモノ (場である空き家や廃校) と関係し, そして人を動かす。しかしながら, とくにモノが人を動かす場合, ただモノが存在するだけで人を動かすのではないことを明確にする必要がある。そのモノにまつわる「ものがたり」がなければ, 人は感動しない。その感動がなければ, 新たな土地で新たな動きが生じることはない。ANTに対しては二つの批判があった。一つは, モノと人を対称的に扱うというが, やはり人に重きが置かれるのではないかとの批判である。もう一つは現在性が強調され, 歴史性が等閑視されるという批判であった。本章においては, モノにまつわる「ものがたり」に注目する。人のポジションが重みを増し,「ものがたり」がこれまでの過程についての語りである点を考えると, 歴史性を導入せざるをえなくなる。モノにまつわる「ものがたり」が喚起するのは, 人の過去の活動や感情である。廃校となった小学校でのアートプロジェクトに人々が参与するのは, 廃校 (モノ) が喚起する地域の人々の過去の思い出 (ものがたり) が作用するからである。また,「竜神の御座」の作成作業を遠目から観察していた老人たちが, 針金で木材同士を結びつけようとするアーティストや学生たちのおぼつかない手元をみたとき, 自分たちの身体レベルにまで長年にわたってしみこんだ技術がおもわず彼らの身体を動かしたと考えるべきなのである。

■3-2 「翻訳」について

　さて, なぜ「なかなか理解が難しい」現代アートを前面に出した芸術祭が, 多くの「鑑賞者・観光客」を集めるのであろうか。期間中に「越後妻有 大地の芸術祭」には50万人以上が,「瀬戸内国際芸術祭」には100万人以上が訪問している。ここで注目すべきは,「理解がむずかしい」と考えられている現代アートの「翻訳作業」

である。現代アートに限らず，第3章でもみたように，「モノの世界」はそのままでは理解不可能な場合がほとんどである。そのためにモノの世界に特有な概念や用語を，世界を異にする他者が理解し，かつその他者の「取り込み」を可能するための「翻訳作業（translation）」が必要とされるのである。現代アートを「翻訳」する作業について考えてみよう。

　地域でのアートプロジェクトを実践する場合には，地域の人々による翻訳作業について考えなければならない。「空き家プロジェクト」をはじめるには，空き家の持ち主にこのプロジェクトについて説明・翻訳する作業が不可欠である。越後妻有では当初はほとんど個人レベルで話を聞いてもらうことはできず，アート作品は県や市町村が管轄する公共の広場にしか設置できなかった。その交渉を重ねるなかで，アーティストと地域との仲介役を果たしたのがディレクターの北川フラムと「こへび隊」のメンバーであった。彼らは頻繁に地域を訪ね，地域の人々との話し合いを繰り返していった。もちろん現代アートについての説明もおこなわれたであろうが，空き家を提供して何年もの時を経てもいまだに現代アートがなんであるかわからないという人々を前にすると，受け入れるために地元の人々は何をどのように理解したのか，またはどのように了解をしたのかが，あらためて問われる必要がある。

　家を誰かに貸すときは，借り主の仕事内容で貸すかどうかを決めるというよりは，信用と人柄の方に重点が置かれる。現代アートでは家の内装にも改造が加えられるのでなおさらである。家をアーティストに貸すと決めたときに決め手となったのは，現代アートを理解したからだとは到底考えられない。もはや「こへび隊の人」ではなく，何度も訪ねきて名前で特定できるようになった個人が示す，その人の「真摯さ」を信用したからだと想像がつく。この場合は，現代アートというモノが地域の人を動かしたというよりも，プロジェクトにかかわる人が示す「真摯さ」が人を信用させ，人を動かしたと考えるべきである。ここでは「翻訳」作業がおこなわれていたのである。現代アートの制作・展示場所のための空き家を確保しようとした「熱心さ」を，地元の人は「真摯さ」「誠実さ」として「翻訳」し，その人柄を受け入れたのである。それは地元の文脈においては，家を貸すという決断をするための重要な基準であったのである。

　その後，その家は「空き家プロジェクト」の候補となり，訪問したアーティストがそこを選択すると，制作作業がはじまる。いくつかの場所で，アーティストと地域の人々との興味深い交流が見られた。越後妻有の記録映画では，家の床にまち針を隙間なくさすというアート制作作業が紹介されていた。それを手伝っていた年配

の女性たちが、一つの区画のなかで一つだけ色の違うまち針をさしていいといわれ、単純作業のなかで自分でさす場所を決めたのがおもしろかったと語る。期間中訪問してくる観光者に、自分が担当した作業がどのようなものか、どこに違った色の針をさしたかなどを話していた。現代アート制作の作業場となった「空き家」は、アーティストも含めた年配女性たちの楽しい「おしゃべりの場」に変換していた。ここにも「翻訳」が見られる。「現代アート制作の場」は、地元の年配者たちにとっては「翻訳」されて、使い慣れた「まち針をさす作業場」となっていた。さらに「翻訳」されて、仲間が集まる楽しい「おしゃべりの場」となり、自らすすんで「取り込」まれていったのである。このときに、モノ（アート作品）にまつわる「ものがたり」が生成し、それが語られていることがわかる。

■ 3-3　作品と「ものがたり」：アーティストによる翻訳

　越後妻有や瀬戸内では、アーティストは地域に滞在した作品制作を求められている。滞在することで地域を理解し、そこで得たものを作品に「翻訳」する。それはアート作品の制作作業そのものといえる。いくつか代表的な事例でアーティストが現場で「学び」、それを「翻訳」する活動について考えてみよう。それはアーティストによる現代アート制作作業が「翻訳」されて、「地域の作品」となる過程でもある。

1）「鉢＆田島征三・絵本と木の実の美術館」越後妻有

　鉢という集落にある真田小学校は、2005年に廃校になった。最後の生徒がユウキ、ケンタ、ユカの三人であった。絵本作家の田島は、そこに飛び込んでいき倉庫をあけ天井板をはがし、ガラクタを引っ張り出して調べ、残されていたモノに触発されて作品を作り出した。校舎全体を使い、伊豆や日本海で集めた流木や木の実などの自然物に絵の具を塗り、「学校はカラッポにならない」というタイトルで三人の生徒を主人公にした、いわば立体絵本のような「ものがたり」を、校舎全体を使って展開した［北川 2015：58；2014：111］。よその小学校に転校した三人が、この小学校の菜園の様子を見にきたところから絵本のストーリーがはじまる。ここにはトペラトトというオバケがいて、思い出を食べていた。三人が校舎に戻って退治をすると、お化けは学校の思い出を吐き出し、学校がよみがえった［北川 2014：111］。こうして鉢の人々のモノをめぐる思いが、アーティストによって子どもとオバケが活躍するストーリーに「翻訳」されたのである。それは校舎のすべての空間で展開され、子どもたちもオバケも遊ぶ。「オバケ退治」終了後、子どもたちは校舎の２階

図 8-2　絵本の美術館

図 8-3　外へ飛び出す子どもたち

の壁を突き抜けて，外へまさに飛び出していこうとする。訪問者はその三人の姿を，屋外に出て，確認することができる。

　鉢集落の住民はみなこの小学校の卒業生であり，制作には大勢が戻ってきて手伝った。この鉢は山間部の集落で，団結力が強く，大地の芸術祭には第1回より積極的に参加してきた。初回にはフランスのブルーノ・マトンを長期間にわたって受け入れ，第2回にはこへび隊出身の作家による樹上の茶室を集落総出で作成した。集落の人々はこの学校をこのまま残したいと考えており，2009年の第4回に田島征三の「絵本と木の実の美術館」としてよみがえったのである。会期中はコンサートや大道芸の会場になり，絵本コーナーや料理やケーキを出す"Hachi Café"も開設された。期間以外には企画展やワークショップ，コンサートなどの活動がここで展開されている。鉢集落に住み込んで制作を手伝ってきたこへび隊が敷地に畑を作りはじめ，なかには子どもが生まれた者もいるという。学校はなくなってしまったが，タイトルの通り，「カラッポにはならなかった」のである［北川 2014：111］。

　廃校（モノ）には地域の人々のさまざまな「思い」が蓄積されている。廃校がモノとしてあるだけでは人を巻き込むことはない。アーティストは地域の人々のモノによせる思いを「翻訳」し，モノへの働きかけをはじめた。それがきっかけとなり，喚起されたモノにまつわる「思い」が，地域の人々の身体活動へと「翻訳」されたのである。身体が動き，自ずと制作活動への参加へとうながされたのである。それが作品となって会期中に提示されると，最後の三人の在校生とトペラトトのストーリーとともに，制作の過程も語られる。それらのすべての「ものがたり」が，鑑賞者・観光者をひきつけるのである。モノが人にエージェンシーを発揮するというときには，このような「ものがたり」が媒介して「翻訳」作業が促進されることを，

ANT 研究では注目する必要がある。

2)「棚田」(イリヤ&エミリア・カバコフ)

第 7 章で紹介したが, 松代駅に設置された農舞台から川越しに見えるのがイリヤ&エミリア・カバコフ作の「棚田」(図 7-1 ☞ p.136) である。そこに農作業をする青と黄色の人, 牛, 農機具の彫像が設置されている。鉢と同様に, ここでも「アーティストが変わる」経験をしている。カバコフが自らの作品を紹介するホームページでは,「3 月に訪問。雪におおわれた歌麿の世界に入ったようだった。しかし, 説明を受け, 資料館を見た後, 棚田を耕す人々の厳しい生活と, 受け継ぐ次世代がいないことについて学ぶと, ここは単に「魅力的」であることを止めた。ここで働く人々の「記念碑」を建てようと思った」と述べている[1]。

イリヤ&エミリア・カバコフの「棚田」には地域の人々との交流の「ものがたり」が積み重ねられていく。それが語られるたびに, さらに新たな魅力となって来訪者をひきつける。この地は一度関わった作家をひきつけ, 2015 年には一般公募で「人生のアーチ」を出展することになったのである (図 7-2 ☞ p.136)。「翻訳」作業には「取り込み」作業も含まれるという意味がここで明らかになる。このようなアーティストが示す地域への愛着と地域での努力が「ものがたり」となり, 魅力となって来訪者をひきつけるのである。

3)「ポチョムキン (Potemkin)」(カサグランデ&リンターラ建築事務所)

釜川の土手に, 巨大なコールテン鋼の壁が重なっている。禅庭や廃タイヤを使ったブランコなど遊具のある広場, 東屋, 木のベンチなど顔つきの異なる要素が一体となった公園が 2003 年に展示された「ポチョムキン」である [北川・大地の芸術祭実行委員会 2015：115]。

以前は, 田んぼと川に挟まれたこの川原にはゴミが捨てられていた。川原が整備され,「ポチョムキン」が展示された。田んぼの側には錆びのついた長い鉄の壁が作られ, もとからある数本の大きな木をそのまま活かして空間が構成されている。長い壁の側に建設用重機の鉄製の大きなバケツが「捨てられ」(展示され) ている。そ

---

[1] ホームページでは, "monument not to heroes, rather to simple people who have labored in these fields for centuries." と記載されている 〈https://fineartbiblio.com/artworks/ilya-and-emilia-kabakov/2224/the-rice-fields (最終閲覧日：2017 年 12 月 19 日)〉。

第8章 「地域文化観光」としての芸術祭　157

図 8-4　「ポチョムキン」

図 8-5　廃棄物（ポチョムキン）

の作品が置かれると，地域の人がまわりを清掃するようになった。そして，綺麗に保たれた場所にゴミが捨てられることはなくなったという。

　作家は「大地の芸術祭」のホームページで，技術社会のなかにおいて世界を破壊する道具をもつ人類は，人類の持続的な存続を可能とするための責任をもっているといい，「ポチョムキンは，脱産業時代の寺社となり，現代人と自然をむすぶもの」と考えていると記している[2]。

4　「地域化」について：「ローカル化」か「土着化」か

　以上で示した事例では，現代アートという外部の要素を地域が受け入れて「地域化」している。「地域化」に関しては第2章で述べたように，二つの段階がある。「ローカル化（localization）＝地方化」[3]と「土着化（indigenization）＝地域化」[4]の二つの段階である。真に地域の文化となっているかを検証するにあたり，「ローカル化」の段階にあるのか「土着化」の段階にあるのかを見きわめる視点をもつことは重要である。「地域化」の過程においてどの部分がローカルなものに置き換わっているのか，ただ受け入れただけ（地方化）なのか，さらに進んでそれを自分たちのものとして育て上げている（地域化）のかが問題となる。この場合の「真正なも

---

2) http://www.echigo-tsumari.jp/eng/art-work/potemkin（最終閲覧日：2017年12月19日）
3) 「ローカル化」は「グローバル化」の反対方向の動きで「地方化」ともいう。
4) 「土着化」は「地方化」が進み，真の意味で「地域化」が完了した状態であり，「土着化＝地域化」といえる。

の」とは，地域の人々が自らのものとして作り上げ，継承し，育て上げ，「地域のもの」と認めたものである。この「真正化（地域化）の過程」を明らかにする必要がある。

■ 4-1 「地域化」：「ローカル化＝地方化」から「土着化（＝完全な地域化）」へ

第2章の議論をくり返すと，「地域化」の過程としては2段階あり，外来の要素が地域の人々によって受容される過程を「ローカル化」といい，さらに地域の人々の活動によって地域のものとなっていく過程を「土着化」という。この過程はあらゆる文化が他者の文化を受容するときに見られる現象である。本書では，「地域文化観光論」の立場からこの現象を「地域化」といい換えている。これは外来の要素だけにあてはまる概念ではなく，地域で発見・創造されたものが地域の人々に受け入れられる過程にも適用される概念である。また，「ローカルな主体の生産」に関して，地域性をどのように身体に刻み込んで「地域の人」となるのかも重要な問題となる。それにはある種の「通過儀礼」が必要となる。「地域文化観光」の文脈では，地域に生まれたからといって自動的に「地域の人」になるわけではない。自らが発見・創造したものを「地域文化」として育み，それを発信するという活動を通して「ローカルな主体」＝「地域の人」となるのである。

第2章では事例として，植民地時代以前・以後のキリスト教と近代スポーツをあげた。オセアニア地域にキリスト教は18世紀末に伝道されて「ローカル化」の過程を経て，「土着化（＝完全な地域化）」した。19世紀後半になるとキリスト教を学んだ現地の島嶼人宣教師が未改宗地のニューギニア島嶼部などに出向き，キリスト教を伝えたのである［Brown 1978：75-76；橋本 1999a：50-51；橋本 2001：2］。外来のモノが「ローカル化」し，さらに「土着化」して，「地域のもの」となる事例であった。「ローカル化」と「土着化」は異なる段階を示す。フィジーにキリスト教信仰が伝播され，それを地元が受容し，現地人によって運営された段階は「ローカル教会」である［Tippet 1980：2］。教会のすべてを地元の人々が運営しても，取り入れられた概念や教えは外来のままであると理解されており，「ローカル化」はしているが，「土着化」はまだしていない状態である。「土着化」とは，「ローカル化」していた状態が，世代を経るにしたがって地元の文脈のなかで理解され，血肉化されて「伝統」になったと認識されるまでにいたる過程である［橋本 1996：164-165］。フィジーのキリスト教は「土着化（＝完全な地域化）」が達成された段階にある。

■ 4-2　「完全な地域化（＝土着化）」を目指して

　オセアニアの事例では，フィジー人がキリスト教を受容し，改宗した状態は「ローカル化」の段階であった。越後妻有や瀬戸内の場合，地域が現代アートを受容し，アーティストと協働で制作し，芸術祭では受付をし，作業について語っているのが現在の状況である。「土着化」，すなわち「地域化」を達成するために何が必要なのかを明らかにする必要がある。「土着化（＝完全な地域化）」とは，外来の要素が地域のモノ（文化）となり，すべての権限を地域の人々が握るようになった状態をいう。フィジー・キリスト教ではフィジー人が各教会と全国的組織の長となり，方針決定から財政面・運営面のすべての実権を握り，自ら後進の育成をおこない，キリスト教が「フィジー文化」と認められるまでになった状態を指す。スポーツの事例では，組織運営も後進の育成も自前でおこない，地元住民が自らのスポーツと認め，自らの言葉でそのスポーツについて語るようになることをいう。本書の事例では，芸術祭のすべての実権を地域の人々が握り，企画・運営の後継者の育成もおこない，経済的にも社会的にも自立し，さらに参加者であるアーティストの育成も地域でおこなうようになり，現代アートとそれによる芸術祭が「自分たちの文化」となっている状態を，本書でいう「地域化」を達成した段階と考える。

　ここで扱っている二つの芸術祭を検証すると，外来の文化的要素が地域の人々によって受け入れられてはいるが，スタッフや参加アーティストは外部の人間が地元に一定期間滞在して，仕事を担っているだけである。アーティストは数か月間滞在して制作活動に従事する。こへび隊・こえび隊のスタッフも長期間滞在するものから，期間中週末だけ手伝いに通うものもいる。そのような実情を見ると，現在アートプロジェクトの活動は「ローカル化」の過程にあり，「土着化」の段階には入っていないといえよう。この場合の「土着化」とは，極論をいえば，外部スタッフが地元の人間になり，さらに芸術祭の運営及び作品に関する権限を地域が握り，最終的には地元出身の作家が作品を提供するようになる状態である。

　現代アートプロジェクトを少子高齢化の問題を抱える過疎地域で「地域化」することは非常に困難であるように思える。とくに地域が自前で後進を育てるまでには多くの年月と，さまざまな調整と行程が必要である。なによりも次世代の人々が地域で育つ必要がある。しかし，一方で，地域の高齢者たちが次に見るように，とくに女性たちが「地域化」を達成していると考えられる事例が例外的に見られる。

図8-6 島キッチン

図8-7 うぶすなの家（HPより）

■ 4-3 「地域化」の事例：女性たちによる「島キッチン」・「うぶすなの家」

すでに紹介したが，地域の女性たちによる地域の食材を使った「島キッチン」（図8-6）と「うぶすなの家」（図8-7）は，外部の要素を十分に「地域化」（＝土着化）した事例であると考える。瀬戸内海にある豊島の唐櫃岡集落には，大きな屋根に包まれた半野外にテーブルがおかれている島キッチンがある。2010年の作品であるが，いつも盛況で，食事をとろうとする客が早くから行列を作って並んでいる。島の女性たちと丸の内ホテルのシェフが協働し，オリジナルのメニューを開発し，地元産の魚や野菜をふんだんに使った料理が評判になっている。テラスでは音楽やダンスなどのイベントやワークショップが開催され，こえび隊の努力で毎月誕生会が開催される。家から出ず，芸術祭に消極的だった年配者たちも，誕生会に顔を出すようになり，村落内の連携と活性化の要となっている。

越後妻有の「うぶすなの家」（2006年）は，1924年建築の茅葺きの民家で，陶芸家との協働で，建物の内装がしつらえられ，陶芸の美術館となった。地域の女性がレストランを運営し，陶芸家の作品で料理を出す。夏の開催期だけで，当初から1,200万円の売り上げを計上している。第7章で取り上げたように，ここは旧来の保守的な村で，女性が表に出ることがなかったが，レストランの運営の成功を見て以来，男たちはこの女性たちの活動を認め，女性たちも積極的に発言するようになり，シンポジウムのパネラーとして招かれたり，他地域を訪問し連携を強めたりしている。

「うぶすなの家」「島キッチン」では，地域の女性たちが，地域の食材を使って「オリジナル料理を創作」し，観光客に提供している。これは，外部の「芸術祭」を自らの「祭り」として「土着化（＝完全な地域化）」している証である。現代アートを

「土着化（＝完全な地域化）」することは困難であるが，地域の女性たちはこの芸術祭を受容し，自分たちの「作品」（地域の料理）を創作し，提供する場に育て上げたのである。アーティストによる展示がおこなわれる「芸術祭」を外部者が多く訪問する自分たちの作品を提供する「まつりの場」と「翻訳」したのである。

■ 4-4　ANTと「地域化」の過程

本書では，地域の側にたった視点から，外部的な要素が「地域化（ローカル化・土着化）」する過程を追っている。「現代アート」という外部的要素が既存のネットワークに取り入れられると，さまざまなアクターが動き出した。アーティストが介入すると，空き家というモノがそれまでにないアトリエやギャラリーという役割を付与される。単なる道具や材料であるモノ（まち針，アクリルの黒紐，丸太，針金，土，ガラスなど）が，作品の素材として「取り込」まれ，作用を受けて，作品となる。さまざまなアクターによるネットワークのなかで，意味が付与されるのである。現代アートを理解することなく，また，その必要もないまま，身体にしみ込んでいる馴染みの身体運動がくり返される作品制作の現場に，吸い込まれるように村人が参与する。理解・認識のレベルで参与するのではなく，身体性のレベルにおける親和性が身体をいわゆるムズムズさせて，動かしたのである。それは「身体的翻訳作業」といえよう。気づいたときには作品制作に取り込まれており，自分たちが制作した作品は，地域の作品になっていったのである。

先の「島キッチン」と「うぶすなの家」は，既存のネットワークが新たなアクターの参入によって変容を被り，各アクター間の関係も変化し，それまで主流であったアクター（村の男性たち）が背後に退き，それまで表に出ることのなかったアクター（女性たち）が，新たに参入した現代アートというアクターとの結びつきによって結果として前面に出て，自らの存在の意味を新たに獲得した事例である。地域の側にたった「土着化（＝完全な地域化）」の過程を追うことは，これらのアクターの現在の動きが時間の経過とともに安定化・「ブラックボックス化」していく過程を明らかにすることになる。ANTでは，従来「ブラックボックス化」して当たり前と認識されている概念や存在を，人とモノの対称的な関係に立ち戻って認識し直すことに焦点があたる。「ローカル化・土着化」，すなわち本書における「地域化」に視点を据えることは，どのようにして安定化・「ブラックボックス化」していくかの過程を明らかにしていくことになる。一応の安定化を見たネットワークもどのように構築されたかその過程が明らかにされる。しかしながらそのネットワークは決

して最終的な形態ではない。現在もそしてこれからも，時と状況の変化とともにつねに変化していくものである。「土着化（＝完全な地域化）」に必要な条件を満たし，一時期は安定化しているように見えても，ほかのアクターの介入（資金援助の打ち切り，時間経過による作品の劣化，東京山手線のラッシュと越後妻有の水量減，来訪者の増加など）によって変化を被ることになる。

　ANTと「地域化（ローカル化・土着化）」論は，ある一つの事象を異なる観点から解明するものである。「地域化」の理論は地域の人々の「視点」にたってアクターを追うものである。今回は外部から内部への「取り込み」，すなわち「地域化」を主に扱っているが，逆の方向を向く場合もある。地域のモノが「グローバル化」する事例である。スポーツでいえば，日本の柔道やインドのカバディなどのグローバル化があり，それに伴ってルールが国際化し，体重別になったり，判定基準がより客観化されている。一方，ANTは人の果たす役割を相対化し，あるアクターをめぐってほかの複数のアクターと形成されるネットワークを見渡そうとするより全体的な視野にたった理論といえよう。

5　まとめ

　「アートからモノ（商品）へ，モノ（アート）から人へ」の動きが芸術祭がおこなわれている地域では見られる。まつだい雪国農耕文化村センター「農舞台」には，ミュージアムショップがあり，大地の芸術祭グッズや越後妻有の名産品が並んでいる。米や酒なども，デザイン性を付加すると売れるものになる。なかには，「アジア・デザイン・アワード」を得た商品もある。カリン糖は授産施設が生産している。それにデザインを加えると，10倍の売り上げになり，授産施設の人たちの給料アップにつながり，厚生労働大臣賞を受賞することになったという。そして「アートから人へ」という変化は，単なるアート目的の観光者から「交流人口」への変換を指す。「人，モノ，仕事」がキーワードとなり，「地域おこし協力隊」に20名の応募がある。市役所の職員の方は，瀬戸内芸術祭で作家が瀬戸内へ移住した例を挙げ，越後妻有でも鉢で冬場の雪像祭りの開催を一緒にやる大学生が都市から参加するようになったという。それが「交流人口」である。しかしながら，「世代交代」が次なる課題となっている。芸術祭は3年に1回開催されるので，地元の人の疲れが適度なのがよいという。しかし，2015年に第6回目が開催されたが，当初からは20年が経過して，50才だった人が70才になるのである。世代交代の時期である。

第8章 「地域文化観光」としての芸術祭　163

　本章のまとめとして，モノも人も「対称的」に扱うANTではあるが，人に注目した場合にはモノにまつわる「ものがたり」の重要性が増すとともに，それらがいかに「翻訳」され，人やモノを参与させていくかに注目する必要性を提案する。そしてここで紹介した芸術祭が「地域文化観光」となっているのか，「ローカル化と土着化」に注目して地域のものとなっているのかという「地域化」についてのまとめをおこなう。

■ 5-1　ANTにおける「ものがたり」と「翻訳」の重要性

　人を動かすには「ものがたり」が重要である。それはANTにおいても同様で，モノと人を「対称的」に扱うとはいっても，モノが人と同様にエージェントとなり作用を及ぼす（affect）というとき，モノはどのように人に対して作用を及ぼすのか，すなわちモノにまつわる記憶・「ものがたり」のエージェンシーに注目しなければならない。さらには「翻訳」の重要性についても，強調する必要がある。

　地元の住民にとっては，ただの「空き家」ではなかった。以前に身内が住んでいた，知り合いが生活していた場所である。その空き家がアートプロジェクトの対象となることを承認したとき，アーティストの介在によって家にまつわる「ものがたり」が作品へと「翻訳」される過程を経ているのである。しかしながら，「翻訳作業」はさまざまなアクターが参与するネットワークのなかで相互に影響を与えながら，受けながらおこなわれるのであるから，企図や意図はつねに変容を被る。現代アートなるものについての理解はなくても，身体が反応することがある。丸太を針金で結び固定する作業，まち針を刺す作業，アクリルの紐を蜘蛛の巣のように絡める作業，土をこねる作業など，地域の人たちにとって馴染みの作業には身体が反応する。アーティストはその作業を地域住民との「協働」と「翻訳」するが，地域の子どもや老人は「泥んこ遊び」や「丸太の組み立て作業」，または楽しい「おしゃべりの場」と「翻訳」をしてかかわってくる。同じ理解のもとで作業が進むのではない。ここではさまざまな「翻訳」が入り乱れて交錯している。このネットワーク全体の意味づけは，立場によって異なる。立場によってこの活動は「地域アートプロジェクト」「地域活性化」「コミュニティ再生」「観光まちづくり」などと「翻訳」される。その意味で後に紹介する藤田の批判（本書第10章第3節）もあながち見当はずれというわけでもない。その批判もネットワークに取り込まれた一つの立場，一つの「翻訳作業」であると考えられる。問題はどれだけの批判力が発揮されるかどうかという点にある。

積極的な「翻訳」は作品となることで，地域の人々を感じさせ，感動させ，動かすものとなる。「廃校の小学生たち」の「ものがたり」がアーティストを動かし，作品へと「翻訳」される。その過程では，廃校との思い出（ものがたり）が卒業生たちを動かし作品制作への参与を促す。その新たな「協働」の「ものがたり」が鑑賞者・観光者を呼び，現地への移動を促し，感動させる。他者の来訪という行為が，地域の人々の考え方に影響を与え，コミュニティの変容を促しているのである。

■ 5-2 「地域文化観光」と観光まちづくり

「観光まちづくり」では，「地域文化観光」と同じく，「地域の人々」が構築（発見，創造，流用）した「地域性」に基づく「地域文化」に焦点が当たる。第7章と第8章で紹介した「地域芸術祭」は，「地域文化観光」となっているのだろうか。まずは，「地域の人々」とは誰を指すのかが問題となる。その地域で生まれ育った人はもちろんであるが，その地域でボランティア活動をする「こへび隊」「こえび隊」の人々，さらにはその地域のファンになり，リピーターとなり，サポーターとなって地域のために動くようになった人々も含まれる。地域のために，地域で協働する人々すべてを指すのが「地域の人々」である。地域出身のディレクター（北川フラム），プロデューサー（福武總一郎）も含まれる。

では，アーティストはどうであろうか。アーティストには「地域を学ぶ」ように条件がつけられている。地域の外で制作し，作品を持ち込むだけのアーティストは，外部者のままでとどまることになる。越後妻有の応募作品のなかには，地域の人々とともに制作するというコンセプトで審査には通ったが，応募者は企画を立案しただけで，地域に入って地域の人々に地道に働きかけ人間関係を作り上げることをおろそかにしたままの未完成の作品があるとの批判を受けたものがあった。地域を学び，「地域性」を反映した作品を，地域の人々と協働で制作することをおろそかにしては，「地域アートプロジェクト」は根底から崩壊する。その逆に，地域のファンになったアーティストは「地域の人 (local people)」となる。

本書で紹介した二つの芸術祭は「観光まちづくり」として十分に機能していた。当初変化を嫌い，作品の設置に反対していた十日町の住民は，いまや積極的に芸術祭を受け入れている。市も専門の部署を新設して対応している。市役所にはこの芸術祭を担当したいので市の職員になろうと応募した人もおり，有給休暇をとってボランティアをしている人も多くいる。このようにUターン者，Iターン者を受け入れるきっかけになり，地域の活性化に寄与している点は十分に考慮に値する。この

「地域アートプロジェクト」は訪問者を地域のファンに変換し，リピーターとして何度もこの地域に引きつける。「観光まちづくり」の視点からは成功しているとの評価を受けるに値する事例である。「地域アートフェスティバル」は「地域文化観光」の対象としてまなざしを向けられている。多くの地域アート作品は，すでに「地域性」を刻まれた「地域文化」となっているといえよう。地域が受け入れ「ローカル」となったアーティストとの協働で制作し，観光資源として育て，提供している。芸術作品は，雪の多い冬場には地域の人々が屋内に入れて守り，地域の共有財産である「地域文化資源」になっているのである。

■ 5-3 「土着化（＝完全な地域化）」について

多くのものは「ローカル化」はしていても「土着化（＝完全な地域化）」は達成していない。「うぶすなの家」と「島キッチン」などでは，「芸術祭」自体が「土着化（＝完全な地域化）」し，この機会に，地域独自の「作品」（料理）を地域の人々が作成して，提供するという現象が見られる。現実的には，このように大きなイベントを地域の人だけで運営することは不可能である。その運営に地域の人々も参加することが可能であるという程度である。

このような地域芸術祭を訪問する観光者のなかには，「地域文化観光者」と考えられる人々がいる。サイトスペシフィックの場では，作品とそれにまつわる「ものがたり」を鑑賞し，地域の人々と交流することを目的とする人々である。もちろんよく知られた作品を確認し，写真を撮って次に移動するだけの「大衆観光者」も多くいるが，作品とそれにまつわる「ものがたり」を味わい，地域の人々との交流を楽しみ，自らを新たな発見に導くのが「地域文化観光者」である。

地元の力，地の力を導き出すアーティストは総合デザイナーともいえる。「ポチョムキン」では，作家とのふれ合いで，産業廃棄物の捨て場だった川原に，錆びると強くなる鉄鋼を使い塀と仕切りを作り，玉砂利を敷いた。いまでは地域の人がきれいに掃除をし，ゴミを捨てる者がいなくなった。十日町タイムスの社長は，「アーティストは総合デザイナーで，楽しい，新しいハレをつくった」という。辰ノ口砂防ダム「土石流のモニュメント」は，アーティストと地域の人々が黄色のポールを作り，たてた例である。ポールには地域の家々の屋号を書いて，訪問者を中に誘導していく。それは「ようこそいらっしゃいました」といっている。地域の人々がなぜやるかというと，それは「ハレ」の労働であるからで，苦役の労働ではないからだという。また，飛渡地区小貫集落では，神社に樹齢800年の杉がある。その木で，

カナダ先住民アーティスト，レベッカ・ベルモアが地元の人とふれ合った。そして，変わったという。地元の人々も，Yシャツに砂を詰める作業をすることで樹齢800年をたどるなら，自分も参加しようということになった。カナダ先住民のアーティストとの関係のなかで，閉村した村の出身者たちが動かされたのである。これらは，外部の要素である現代アートとアーティストが，地域の人々との連携のなかで「ローカル化」を達成できた事例である。しかしながら，現代アートについては，アーティストや企画者を自らの地域で育て輩出できるようになるまでの「土着化（＝完全な地域化）」を望むことは難しい。

先にも述べたように，女性たちが提供する豊島の「島キッチン」や「里山食堂」では，数は少ないが，着実に「土着化（＝完全な地域化）」の事例が出現しはじめている。90年前の茅葺き民家を福武財団が再建し，現代陶芸家がやきものの美術館にした。1階は女衆が自分たちで経営している手料理レストランで，料理を1,500円で提供している。地元の女性たちが，地元の食材を使って，自ら調理し（作品作成），外来のアーティストとともに彼らの作品を使って料理（作品）を提供しているのである。「ローカル化」した作家と作品を，地域の人々が自分たちの料理とともに「土着化（＝完全な地域化）」させ，新たな地域の作品（「陶器に盛られた地域の料理」）にして，来訪者に提供している。「食の再発見」をおこなったのである。「女性には，おいしいものとセット」というのが，キラーコンテンツになった。越後妻有にはほかにもいくつかその事例がある。松之山「三省ハウス」（旧三省小学校）にはお母さんが切り盛りしている食堂がある。朝食・食事は，「孫が喜ぶだろうな」と「顔の見える人が喜ぶような」ものを出している。具だくさんの味噌汁がそのようなおもてなしの代表である。さらに，津南上郷中学校を改装した「上郷クローブ座」レストランでは，「EAT&ART TAROによるショー，開演！」と「料理を鑑賞！」という演劇仕立てのレストランを開業している。上郷ではプロの劇団集団「ニブロール」「劇団サンプル」「指輪ホテル」などを，2015年から受け入れるようになった。演劇団体がここで合宿し，体育館で公演している。そしてそこで地元の女性たちによるレストランもはじめられた。「タロウさん」が割烹着姿でお母さんたちと一緒に踊っている姿がネット上では紹介されている。「大地の芸術祭」では食事を提供する場所がほとんどなく，「ランチ難民」がでていた。そこで，地元の食材と地元をアピールするために，朝採りトウモロコシ，地のもの，魚沼産コシヒカリを提供する，演劇のチケットのように完全予約制のレストランを開き，1日20人で2回，40人の客を迎えている。「タロウさん」が働くお母さんたちに演出をして，1回1時間で郷土料理を

提供している。当初，お母さんたちは「演技」することに戸惑ったというが，いまでは自信をもって，食材・料理の説明をしている。地元の女性たちが自ら作品を作り，さらには出演者にもなっている「土着化（＝完全な地域化）」の事例である。

　おもてなしの団体に参加している人々はみなボランティアである。行政は「おもてなしプロジェクト」に10万円以内の補助を出すが，人件費の手当はしない。マン・パワーには金を出さないが，みな喜んで参加している。儲けなしで，好きでやっているという。キュウリが豊作のとき，来場者に食べてもらうのがうれしいという。来訪者へのアンケートでは，「よってらっしゃい」「キュウリを食べてらっしゃい」という地域のおもてなしがよかったと，多くの回答があった。このようなボランティア活動を藤田のように「やり甲斐搾取」［藤田 2016b：24］ととらえるのは狭量といえよう。それは理屈をこねて，四国巡礼のお遍路さんに地域の人々が「御報謝」としてもてなしをするのも，「生き甲斐搾取」であると批判するようなものである。その批判では公的資金10万円を受けたもてなし活動は，行政の地域振興の意図に回収されるという議論になる。地元の人々は，はたしてこのような議論を受け入れるであろうか。

　次章で紹介するのは，外部からの不特定多数の訪問者をひきつける企画ではなく，地域のために考え，行動をしてくれる「交流人口」を確保するプロジェクトを実践している長野県小布施町の事例である。小さな町で年間100万人を超える観光者を迎えているが，不特定多数の観光者の数の増加は望まず，地域のために活動する「交流人口」が地域を理解し，地域の魅力を発信し，その活動を自ら享受する移住者・半移住者となってくれることを目標としている。越後妻有や瀬戸内の過疎地域では，単なる観光人口の増加では地域の人々の疲弊を増加するだけになる。「観光者」が「交流者」となり，そしてその「交流者」が「移住者」へ転換することこそが，究極の目的となろう。

第IV部

「交流によるまちづくり」と「地域化」論
まとめ

　第IV部は，第9章「交流人口を活かす小布施」，第10章「交流人口の「地域化」」，そして第11章「「観光まちづくり」と「地域文化観光」」の3章より構成されている。第9章で紹介するのは，外部からの不特定多数の訪問者をひきつける企画ではなく，地域のために考え，行動をしてくれる「交流人口」を確保するプロジェクトを実践している事例である。小布施は小さな町で，年間100万人を超える観光者を迎えているが，不特定多数の観光者数の増加をこれ以上は望まず，地域のために活動する「交流人口」が地域を理解し，かつ地域の魅力を発信する「移住者・半移住者」となることを目標としている。先に取り上げた越後妻有や瀬戸内の過疎地域では，単なる観光人口の増加は地域の人々の疲弊を増加するだけになる。まずは「観光者」が「交流者」へ，そしてその「交流者」が「移住者」へ転換することこそが，究極の目的となろう。

　第10章では外来のモノが「地域化」する過程を，とくにアルフレッド・ジェルの「芸術とエージェンシー」の視点から「どのようにして作品（モノ）がエージェンシーを発揮するのか」に焦点を絞って検証し，「地域化論」の深化をはかる。そして第11章では「地域芸術祭」を，「アフォーダンス理論」と「アートワールドの相対化」の視点からあらためて「地域文化観光」として考察するために何が必要かを見直す。そして本書のまとめとして，「部分」としての「地域文化観光論」を「全体」としての「観光学」にいかにつなげるのかについて述べることにする。

第9章

交流人口を活かす小布施

本章では，通り過ぎるだけの大衆観光者数がいくら増加しても，地域の力にはならないことが明らかになる。中山間地にとって外部の要素は必要である。しかし，それらは一過性ではなく，「地域化」されてこそ力が発揮されるのである。すなわちそこで求められるのは，一過性の大衆観光者ではもちろんなく，そしてもはやそこで新たな発見を求める「地域文化観光者」でさえなく，いまや地域に深くかかわる「交流者」に焦点があてられ，さらにはその「交流者」を「地域の人」ともいえる「第2町民」に育てて受け入れる段階にきているのである。ここでは「観光まちづくり」のその先の展開（「交流まちづくり」）についての示唆を得ることができる。

長野県上高井郡小布施町の中心にガイドセンター兼喫茶店の「ア・ラ・小布施」があり，その2階の事務室で「Town OBUSE 行政経営部門 行政改革グループ　移住コーディネーター」の肩書きをもつ大徳孝幸さんから小布施のまちづくりについての話を，2015年2月にうかがった。彼はリクルート九州からの出向で，2015年4月からは佐賀県の職員に転職するという。外からの人材を受け入れ，小布施のために活躍してもらい，そして小布施から巣立っていく彼の姿に小布施の懐の深さと，「交流人口」のあるべき一つの姿を見た思いがした。

1 さまざまな仕掛け

■ 1-1　ガイドセンター兼喫茶店「ア・ラ・小布施」にて

小布施には昔から住民参画の歴史があったという。江戸後期，千曲川の船運を使って交通と経済の要所として栄えた。菜種油や綿布の生産で財をなした豪商の一人である高井鴻山を慕って，小布施に勝海舟，佐久間象山らが来て宿泊したという。葛飾北斎も1840年に80才でここに来て84才まで滞在し，肉筆画を残している。それを記念した北斎館を建てている。北斎のお化けの絵があり，「ゲゲゲの鬼太郎」は

小布施の北斎の絵を参考にしたといわれている。市村家は飢饉のときに住民を救って「高井」という名を授かったが、高井鴻山はその市村家の家筋である。

小布施は町の南側を流れる松川がつくった水はけのよい扇状地と、酸性の土壌が栗栽培に適していた。小布施には老舗栗菓子店としては 200 年の竹風堂、小布施堂（枡一市村酒造が大正 12 年にはじめた）、桜井甘精堂の 3 軒があ

図 9-1　小布施のまち

る。1987（昭和 62）年、北斎館などがある町並修景地区に、和菓子店小布施堂本店が出店し、その後、桜井甘精堂や栗庵風味堂などほかの和菓子店も町並修景地区に隣接して店舗を構え、和風に整備された修景地区の景観に一体感を与えている。小布施町内には九つの和菓子店があり、特に栗菓子で有名である。

小布施の町長として元長野県県議会副議長市村郁夫が 1969 年から 1979 年まで務め、1979 年に死去しているが、現町長の伯父である。本章で話題になるのは、唐沢町長と現在の市村町長の時代である。唐沢彦三町長は 1989 年から 2005 年まで 4 期務め、現在は一般財団法人北斎館理事長を務めている。そして市村良三町長が 2005 年から現在まで 3 期町長を務めている。小布施町は 1982 年から、①人口政策として町営住宅を建て、人口を 7,000 人から 11,000 人に増やしている。②「北斎館」を 1976 年に建築した。小布施には北斎の作品が一般の家に残っていて、100 万円ほどで買いたたかれていたが、それらを集めて展示するためであった。③地場産業（栗菓子、酒など）の製品を小売りする場所の整備に補助をした。④町並み修景、⑤「花のまちづくり」などをおこなってきた。

小布施の町並み修景事業とは、「そこで暮らす人の視点に立ち、小布施堂界隈の町並みを美しく再構築した、1980 年から 87 年の事業のことで、行政、個人、法人という立場を違える地権者が、対等な立場で話し合いを重ね、土地の交換あるいは賃貸により、双方に利のある配置換えを果たした。国からの補助金などに頼ることなく、住む人主体で新旧建築物の調和する美しい町並みを作る新しいやり方は「小布施方式」と呼ばれ、現在に至るまで全国から注目されている」と紹介されている[1]。町民が自由に話し合える場として「ぞろ目バー」が月に 1 回、2 月 2 日、3 月 3 日、4 月 4 日など「ぞろ目」になる日に開催されている。役場の人や町民が 50 人ほど集ま

図9-2 栗の小径

り，会費は3,000円で飲み放題，食べ物は各自がもちよってくる。レストランのチーフも参加するので，おいしいものも食べられるという。後に紹介するセーラ・カミングスさんが「オブセッション（Obuse Session）」を開催していたが，その意志を継ぐものである。

桜並木を整備するために，30年前に一人ひとり苗木を買って植えた。また北斎館のまわりは田んぼのあぜ道だったが，「栗の小径」にするべく修景をした。そのようなときには市村酒造，枡一客殿，高井鴻山記念館，蔵部，そして洋菓子店などが話し合って周辺に栗の木を敷き詰めた道をつくり，歩いて回れるように整備をしたという。また酸性の土地で米を作れないので，栗を作り，加工品にして売っているが，ほかの果物のモモ，リンゴ，ブドウなども栽培し加工して，「6次産業」で収入を得ようとしているという。

われわれが宿泊した「プチホテル　ア・ラ・小布施」（ゲストハウス）は，町に宿泊施設がなかったので，20年前に小布施町が自前で造ったものである。通りに面した駐車場の前の建物がゲストハウスで，4室並んでいた。3室は同じような作りで，もう1室は蔵を改造したような2階建てであった。夕食はなく，ゲストは町内にでて夕食をとるようにすすめられる。朝食は，中庭をはさんだ喫茶店でとることができる。このゲストハウスで得た利益は小布施町に入る。ゲストハウスのベッドは，セーラさんもかかわっているので，少し高めになっているという。市村町長は，小布施改革の先陣を切っており，自宅の庭を開放する「オープンガーデン」プロジェクトに市長自らも参加して，誰もが自宅の庭を鑑賞できるように開放している。また小布施には，九州の豪華列車「七つ星」のデザイナー光岡研二がデザインした医院もある。

■ 1-2　「小布施若者会議」

この若者会議は2012年から開催されており，参加者はのべ250人になるという。大徳さんの派遣母胎であるリクルート社からは50名が私的に参加したという。市

---

1) http://www.kyakuden.jp/ajiwai_kukan.html（最終閲覧日：2017年12月19日）

村町長と話をして盛り上がるそうである。実行委員会形式で開催し、町民と町外者が参加し、半分が東京の大手企業のサラリーマンであった。「オールナイトセッション」で夜の8時から朝6時まで、相互に交流し、若者の起業を促している。参加者は「第2町民」として認定され、特典としては「町民運動会」に参加が認められるという。このJOC（Japan Obuse Conference）には10人の町内・町外の理事がいて、小布施会議を運営している。

　会議のテーマは「小布施の将来」で、リピーター参加者は100名を超えたという。外部からの参加者には町民の家にホームステイをしてもらい、町の人からこの若者会議に対する理解を得ているという。町民を巻き込むことによって地域からのクレームを減らし、かつ若者からの協力を得られるような仕掛けにしている。若者会議は小布施だけではなく、ここに参加経験のある若者が、全国のほかの地で札幌・名古屋・宮崎・京都若者会議を発足させている。ネットでリンクが張られていて、紹介し合っている。若者同士仲がよくなり、相互に異業種間で交流して、起業することもあるという。2016年の小布施若者会議の様子をネットで知ることができる[2]。その「Q&A」では応募方法、集団宿泊の義務化などについて答えている。参加費は、食費・宿泊費込みで2万円、公募人数が25名で、35歳以下という条件が示されている。小布施への移住を目的に参加者を決めるかという質問に対しては、それを目的とはしていない、全国各地にここでの経験をもちかえって地域で活かしてほしいと答えている。しかし、ある参加者のブログでは、審査のときには「本気で（ここに住む気で）提案しているのか」どうかを強く聞かれ、グループ内での議論でも「本気で」移住を考えている人の意見が強く主張され、採用される傾向があるという。

　2016年度の第5回小布施若者会議の最終発表会の案内と発表タイトルがネットに掲載されている。審査委員長は市村町長で、小布施の商工会青年部部長、町議会議長、観光協会会長、県教育委員会教育庁など地域の長のほかに、株式会社リクルートホールディングス Media Technology Lab.室長の名前が挙がっている。タイトルとしては、「小布施に世界最先端の「学び舎」を！」、SNSを使った「町民全員が繋がる新しい地域内メディアをつくろう」、デザイン力をアピールする「日本一有名な「果物のまち」へ」、クリエーターが集まっておもしろい田舎町をつくる「クリエイティブ・ハブは、つくれる？」、そして「小布施リトリートタウン化計画」など五つが紹介されている[3]。

2）http://obuse-conference.jp/（最終閲覧日：2017年12月19日）

説明によれば，渋谷で小布施をくらいつくす「小布施ツアー」の企画などもあるという。このように小布施では，町民が先に何かをはじめ，その後行政がかかわりはじめるということが多いという。提案に対してできるかできないかの判定は行政がおこなうので，ときどき抑えに入ることもあるが，行政と相談してやった方がはやく物事が進むことも多く，行政が信頼されているという。「小布施若者会議」の初期の頃は，町中が会議室になり，町長の家でも会議が開かれたことがあるという。

■ 1-3 「エイチラボ（HLAB）」

「エイチラボ（HLAB）」は，ハーバード大学の学生をはじめとする全世界の学生との交流のために，東京大学や国際基督教大学の学生と地域のPTAの保護者がサポートする「世界の人と交わる」企画である。「アンテナが高い」学生が来てくれるので，この町の子どもにとってよいことだという。町中に英語が飛び交う。2011年からはじまった企画だが，いまでは全国的に展開しており，2017年には東京で80人が8泊9日で8万円，小布施50人，徳島県牟岐町50人，宮城県女川町60人が6泊7日の期間で6万円で参加している。卒業生やスポンサーの寄付で支えられ，本来なら1人40万円程度の参加費が必要とされるところを，1泊1万円の，実費以下での参加が可能になっている[4]。応募の高校生には事前に「影響を与えた人」「一番変えたいこと」「参加理由」「自由課題・自己アピール」などの課題が英語と日本語で課せられている。

「HLAB OBUSE」は，「長野県内外の高校生，大学生，海外大学生が集う6泊7日の高校生向けサマースクールです。ハーバード大生をはじめとする海外大学生による少人数授業。大学生・社会人と真剣に向き合う対話の場。小布施の魅力を実感するワークショップ。一期一会の出会いがここにはあります。「普段とは違う夏を過ごしたい」あなたへ，「人生を変える1週間」を，小布施で過ごしませんか」[5]と誘っている。説明によると高校生を全国から公募して，ハーバード大や他の世界の学生がLiberal arts（教養）を教える。予算は，補助金や文科省や町から少し援助を受けている。実行委員の学生には「HLAB」から依頼がくる。東京大学を出た人物がハーバード大学に留学し，後に慶應大学の研究員となり，ここで一般社団法人

---

3) http://obuse-conference.jp/（最終閲覧日：2017年12月19日）
4) http://tokyo.h-lab.co/hlab2017_apply（最終閲覧日：2017年12月19日）
5) http://obuse.h-lab.co/（最終閲覧日：2017年12月19日）

「HLAB」を立ち上げたという。この慶應大学の研究員が主催する「慶應 SDM・小布施町ソーシャルデザインセンター」は市長室の隣の応接室におかれている。

■ 1-4 オープンガーデンと「花の生産」：唐沢町長時代の観光開発

1億円のふるさと創生資金で，ビジョンを共有するために町民をヨーロッパに連れていったという。イギリスのオープンガーデンを参考にして，自宅の庭をオープンにするプロジェクトを立ち上げた。オープンガーデン参加者は当初30軒だったが，現在は130軒になっている。庭を解放した人は，訪問者が自宅の庭を褒めてくれるのがうれしいという。

唐沢町長時代には「フローラルガーデン」（入園料300円）を開設し，その側にフレンチ・レストラン「HANAYA」を第三セクターで開業した。夏の忙しいときは，町の職員が様子を見て皿洗いに出向くという。1989年から1995年の唐沢町政で観光者が増え，年間100万人を超えた。春・夏・秋の開業で集客は昼間だけであるが，レストランでのおしゃれなランチには町民も顔を見せている。ランチは1,000円ちょっとで，珈琲も飲める。フローラルガーデンの前には，「農業は"強く，易しく，面白く"」と書かれた看板が置かれ，「1次産業（農業）×2次産業（加工）×3次産業（情報サービス）＝6次産業のまちづくり」と記されている。

観光庁のホームページ[6]には，唐沢彦三前小布施町長が「人と花の輝くまちづくりカリスマ」として紹介されている。選定理由として，「観光資源の乏しい人口1万人の小布施を，北斎館を中心とした文化と歴史が溢れ，年間120万人が訪れる町へと変えた。また，景観整備や花のあるまちづくりなど，住民が主役となって進める町づくり運動を成功させた」と説明されている。まちづくり運動の一環として，小布施は花のまちづくり運動を推進している。従来から，自治会による「花いっぱい運動」として沿道の花飾りや花壇づくりが盛んにおこなわれてきた。唐沢町長のリーダーシップにより，花のまちづくりの情報発信基地として1992年に「フローラルガーデンおぶせ」を建設し，ヨーロッパへの海外視察を定期的におこなったり，道路角地などの空地をポケットパークとして住民が自主的に植栽して管理するなど，「花」をテーマにしたさまざまな活動が小布施で見られるようになった。住民の間では庭先に花を飾る動きがあちこちに広まり，庭の一部を公開して来訪者との交流

---

[6] http://www.mlit.go.jp/kankocho/shisaku/jinzai/charisma/mr_karasawa.html（最終閲覧日：2017年12月19日）

を楽しむ住民が増えるなど，小布施は「花の町」として広く知られるようになった。

小布施町は1986年に独自の「環境デザイン協力基準」，1990年に「美しい町づくり条例」を制定し景観づくりの指針を示すとともに，規制によるのではなく「外はみんなのもの，内は自分のもの」をまちづくりのテーマにして，表彰や助成制度を使い住民の発想や意識を積極的に育てる方向で景観づくりを進めてきたという。まちづくりの主役はあくまで住民であり，行政はその強力なサポーターであるとの関係性に注目すべきである。唐沢町長は「行政が前に出過ぎないようにしたら住民たちに意識が生まれた。後はサポートするだけ」と語っていた。

例をあげると，北斎館の回廊として観光者にも親しまれている「栗の小径」（図9-2 ☞ p.172）は来訪者に地元の栗の木の感触を味わってもらおうという住民のアイデアから生まれたものだったという。この事業は住民が研究グループを作り，用地買収ではなく私有地を共同の空間として利用するなど，住民が意欲的に主導していった結果，設置者の県を説得させて動かし成功した事業であった。

■ 1-5 第二フェーズ（phase），市村町政へ

小布施堂の副社長時代に市村良三はまちづくりに参画していた。そして2005年に町長になった。小布施堂社長とは従兄弟同士で，年間何十万人も来る栗菓子店に成長させた。町長となって，10年前から「協働と交流のまち」という第二フェーズ（phase）へと踏み出すことになった。

公共の図書館，小学校体育館や運動場を各世代が使い，若者の次世代につなげようとしている。この期間に赤字が70億円から30億円に減少しているという。他地域と20年，30年以上の人材交流をしている。由布院の玉の井温泉に行って，まちづくりは民間会社によるべきだと実感したという。人材交流としては北九州のデザイナーである光岡研二とも交流をもち，設計のデザインをしてもらった医院もあり，町案内ではJR九州の「七つ星」とともに話題になる。修景に関しては，25年前から民間企業の小布施堂が景観に合わせた店づくりをし，ほかの有力企業である桜井甘精堂や栗庵風味堂，竹風堂も修景に参加して，観光者が見て楽しめる町並みにしている。第一フェーズから第二フェーズへ，そして第三フェーズにつなげていこうとしている。

1）図書館「まちとしょテラソ」

「まちとしょテラソ」は2010年に建設された。以前テレビ関係の仕事をしていた

花井初代館長は2～3年かけて50回のヒアリングをおこない，どのような図書館にするか議論をしたという。町民と話し合って造った図書館ではイベントを開催し，従来のような「自習禁止，飲み物禁止」の図書館ではないものにした。高校が町にないので生徒が町に帰ってきてここで宿題ができるようにした。子どもが遊べ，高校生が自習・宿題をできるスペースにしている。

2）第二フェーズ（phase）へ：市村町長

「農業立町宣言」をしたのは，3,000人が農業従事者であるからである。「第二フェーズ（phase）」では農村部にまなざしを向けるプロジェクトをはじめている。「カントリーウォーク」では，300人が全国から参加している。農家民泊では中高年の女性が中心になった「風の会」が結成されている。「小布施若者会議」がきっかけで，全国から集まった若者100人を農家にホームステイさせた。それが3年くり返されると，農家の人々がみな楽しみにするようになった。「農泊」を受け入れ，若者と接して楽しい経験をした。このようにして他所者・移住者を受け入れやすい環境が作り上げられた。「HLAB」でも，実行委員は国際基督教大学（ICU），東京大学，慶應大学の学生で，彼らがコーディネーターとなっている。ハーバード大から20人が来て，40人の高校生を集め，町中を学生たちが歩き回った。終了後も，参加した学生たちが小布施を訪ねてきて，ホームステイをした家に泊まりに来るという。

先に述べたように，町の赤字が70億円から30億円に減ったが，行政改革が一番難しいという。小布施では外から，民間からさまざまな企画やプロジェクトを引っ張って来ている。大徳さんの例のように，リクルート社が社員を派遣して，「なぜ小布施に若者が集まるのか」の調査をおこなっている。「町民」「地場産業」「町外企業」「研究機関」との四つの協働がおこなわれている。小布施のプロジェクトに参加した熊本出身の筑波大学の学生が，小布施のリンゴを熊本に持って行って売り，小布施の宣伝をしているという。小布施にIターン者が多いのは，外から人を引っ張ってくる文化があるからである。米ができないところなので，外から食料を運び入れなければならず，閉鎖することができない地域であった。現在まで町民の結束が固く，千曲川の水運があり外来者の来訪も多く，外来者を迎え入れる気質があるという。

3）そして，第三フェーズ（phase）へ

人材育成をして市村町政は40億円分の赤字を減らした。次のフェーズでは「観光人口」よりも「交流人口」を充実させ，現在の130万人の観光者との「交流」を主

眼にして，この人に会いに行こうという関係性を築き，長期的に住みたい町にしていこうと考えているという。「重層性のある町」にするために，「小布施の仕立て」「田舎のおしゃれ」として洗練さと素朴さとを，中心部から農村部へとグラデーション的にデザインしていく。小布施では退屈せず，さまざまな経験ができる。第三フェーズは，採用を控え赤字の博物館を民間へ委託するなどして，次の投資に振り向ける。そして，税収がしっかりしている11,000人の町にしていきたいと考えているという。

1982年からの町営住宅の建設などの人口政策で，7,000人だった人口がいまや11,000人になっている。人々が移住をしてきて，地価が高くなっている土地が小布施である。また，やる気のある若者が小布施で起業をしている。「小布施で仕事を作る実験をしませんか」と誘っている。住む家は小布施町が提供し，サテライトオフィスを開設し，民間企業と連携する試みをはじめている。

■ 1-6 今後に向けて

小布施では新産業を，「農業－医療－ウォーキング－美術館－文化－食事－温泉－農業」と輪を作ることによって進めようとしているという。たとえば，「ブラムリー（Bramley：苦いリンゴ）」プロジェクトとでもいう活動が進んでいる。アップルパイにするとおいしいが，ブラムリーの需要は多くなく，採算はとれないがニーズが現れてきている。オンラインショップ「小布施屋」がクッキングアップル「小布施ブラムリー」として販売し，8月下旬から9月上旬に出荷している。「Obuse丸ナス」の栽培・販売もはじまっているという。

「小布施クエスト」と「小布施キングス」は，スキーとスノーボードのジャンプ練習施設を提供している。通常のシーズンではライディングマットの上で安全に滑ることができ，冬場には雪が積もり，「小布施キングス」となって，雪の本格的なレーンとなる。プロのスノーボーダーも練習にくるという。若者たちがゲストハウスや家に泊まるので，土日はいっぱいになるという。また，「スラックライン」という幅5センチメートルのベルトの上でジャンプをしたり，前回転後回転などのアクロバティックな演技をするスポーツの機具が設置されている施設は，ドイツのギボン社から公式に認定を受けているという（図9-3）。小布施町浄光寺の林住職が，寺のそばに国内最大級のスラックラインパークを設置している。2017年9月にはワールドカップが小布施で開催されることになったとネット上では掲示されている。林住職の話によると，最初は屋外に設置したが，いつでも練習できるように屋内にも

図9-3 スラックライン（ギボン社公認）

図9-4 屋内の広告

練習機具を置くようにした。農業用の大きなハウスをパイプで組み立て，ビニールで覆って作った。ここで練習する子どもたちのための場所の確保と競技会への遠征費用を捻出するために，地域の人々にスポンサーになってくれるように呼びかけた。横1メートル縦2.5メートルの空間に町の焼き肉屋やうどん屋などが100近くの広告を出している（図9-4）。広告の効果を狙っているというよりも，ここで冬場もスラックラインを楽しみ練習し，競技会へも参加する子どもたちへの援助のために地域の企業や商店が費用を負担しているのである。日本での大会のみならず世界大会で上位に入賞している選手もいるという。そしてワールドカップがここで開催されるようになったのである。

2 セーラ・マリ・カミングスの小布施での事業

　2015年2月に長野市から車で30分ほどの中山間地にある若穂保科の「株式会社文化事業部」のセーラさんを訪問した。この若穂保科地区は高齢化が進んでいるが，住むには快適な場所であるという。1,325坪の敷地には，母屋と事務所のほかに，馬小屋・鶏小屋など7棟がある。母屋は改造中で，大工さんとボランティアの人たちが協同で作業をしている。セーラさんは40代後半で，夫は英語を教えており，子どもは5歳で幼稚園に通っている。1993年に日本に来てから，小布施の枡一酒造で働き，2014年に若穂保科地区に移住した。

2-1 「蔵部」創設
　彼女は1990年から1年間ペンシルベニアから日本に留学した。1993年に長野オ

リンピックの準備スタッフとなり，再来日した。1998年開催の長野オリンピックでは英国選手団のアシスタントとして働いた。その後日本と世界をつなぐ仕事をしたいと思ったという。そのとき，オリンピック景気にあやかって200年，300年の歴史をもつ蔵や屋敷を壊し，新しい建物にしようとしていたので，壊さずに活かす方法が必要だと感じたという。

　オリンピックに向けて日本酒のよさを紹介するためには，まず蔵元の集まりである「信州酒クラブ」の人たちとちゃんと話ができるようにならなくてはいけないと思い，1994年に「利き酒師」になった。日本で最初の西洋人利き酒師（First Western Sake Sommelier）の誕生であった。また，当時「枡一市村酒造場」の契約社員となっていた彼女は，オリンピックに向けて社長が酒蔵の一部を改造して「レトルト・ショッピング」の販売所にしようとしていたことに対して，「それでは発酵文化が途絶えてしまう」と主張して反対した。中途半端な改造をして300年の歴史が消えるよりも，「一度の本気を出して，あとの時代に残るものにすべきだ」と主張した。「一歩でも未来がみえるもの」を作るべきだと考えたという。社長も最後には決断をし，彼女に改造案を提案するように申しつけた。17代続いた260年前の蔵が二つあり，60年前のものが一つあった。佐々木常夫のHPには，この間の事情が掲載されている。「設計にはアメリカ人デザイナーであるジョン・モーフォードに香港まで出かけて頼み込んだ［…］（彼女の）熱意に負けて引き受ける。（彼らは）外壁，内装，厨房設備，家具などすべてオリジナリティを追求し，米は「かまど」で少しお焦げがつくように設定した。賄は全員男性で，枡一市村酒造の藍の印半纏に股引，足元は足袋に雪駄と日本の男衆伝統のユニフォームとした［…］この事業は当初予算の2500万円を10倍も上回る規模になってしまったが，その評判がお客を呼び，結果は投資を回収できる実績を上げた」[7]という。

図9-5　蔵部

　「蔵部」（図9-5）では，「寄り付き料理」を出そうと思ったという。「寄り付き」とは蔵人が休憩したり打ち合わせをしたり，食事をしたりする場所で，文化サロンのようなものになればと思ったと

---

[7] http://sasakitsuneo.jp/leader/23.html（最終閲覧日：2017年12月19日）

いう。古い蔵にあった陶器のデザインを活かして食器の作成を依頼した。最初は日本酒を楽しむのは4月から11月であり，冬はオフ・シーズンであると考えられていた。いまは冬も蔵部には毎日100人が訪れている。白馬スキー場が客用の1日ツアーで「snow monkeyの地獄谷，蔵部，善光寺」をまわるエクスカーションを組んでくれた。白馬のオーストラリア人がエージェントになってまとめており，メニューにはベジタリアン用のものも入れている。ユニフォームとして着物を考えたが，よく知らなかったので彼女は松本の着物学校の先生に相談した。藍染めがよいと思い，パッチに半纏の仕立てにした。酒蔵の従業員も同様に半纏・パッチにするように提案した。ネクタイをして半纏を着たいという店の人がいたが，「中途半端はだめ」と拒否した。その人は家で着てみたら家族から「よい」といわれて，着ることになったという。「酒蔵がダサイ，きたない」というイメージをもたれていたが，それを払拭できたという。

■ 2-2 「オブセッション（Obuse Session）」

2012年まで開催していた。最初は書道の専門家がいたので，集まって教えてもらうところからはじまった。オブセッションでは，長野オリンピックで活躍した同時通訳の人が参加したので，5回目から国際的な会になった。ここを人と会える接点，つなげる場にしたいと思ったという。佐々木常夫のホームページには，「町の人達はコミュニケーションの場を求めているし，必要だと考え，毎月1回ぞろ目の日（8月8日とか10月10日）に「オブセッション」を開催し，著名人を講師に呼ぶなど，知的で遊び心に満ちたイベントの立ち上げにも成功した」[8]と紹介している。先に紹介した大徳さんの話では，「ア・ラ・小布施」でぞろ目の日にいろいろな人が集まって飲食できる「ぞろ目バー」がその後も開催されている。

「オブセッション」をお寺などで開催し，若い世代につなげようと思ったという。1年，2年ほど経てば若い人が引き継ぐかと思い2年前にやめたという。「小布施若者会議」が2012年から，また「ぞろ目バー」も継続していることを考えると，若い世代が彼女の意志を引き継いでいるといえよう。興味をもった聴衆を集めないと，同じ顔ぶればかりしか集まらないようになる。メンバー構成の理想は，半分が小布施の人で，半分が外の人であるのがよいと彼女は考えている。

小布施は民間が動いた後に，行政が参入する町である。予算は行政に集まるが，

---

[8] http://sasakitsuneo.jp/leader/23.html （最終閲覧日：2017年12月19日）

民間はゼロからはじめる。小布施にはこれだけの若い人が来てくれ，文化サークルには人がいる。人がいるから人が来る。文化サロンと企業が連携して，地元のお母さんや家族が楽しめ，大学生が酒を飲めるところとして「オブセッション」をはじめたという。場所は工場の屋上や，社員食堂などの近い場所を使っていた。文化ホールなどでやると，地元のお寺などから人が離れてしまう。北斎のアトリエの外に竹のテントを作ってシェルターにする活動もおこない，また大学のインターンシップとして武蔵野芸術大学の学生が来て，瓦を作ったりした。彼女は，NPO法人を枡一の会社内に作ろうとしたが，会社の理解が得られなかったので，独立して「株式会社文化事業部」を作ったという。

■ 2-3 「小布施見にマラソン（Obuse Mini Marathon）」

小布施でハーフマラソンを楽しめるようにしたい。小布施の町を楽しむマラソン大会で，「海のない小布施に波を！」というキャッチフレーズで「海の日」の企画としてはじめたという。2016年「第14回大会」には，申し込み人数が8,327人，出走者数7,498人，完走者数7,467人という記録がある[9]。

長野電鉄の路線が廃線になったのでその日を電車を使う日にし，臨時電車を出すと満員になった。4月20日は「長野市民マラソンの日」になっており，オリンピック記念の長野マラソンで長野市内だけを走るイベントがあった。そのため「小布施マラソン」を提案したとき，「できない100の理由」を述べ立てられたという。

「Onの道よりOffの道を！」

開催を考えているというと800人が応募してきた。開催許可を得るためには自治会連合会の同意を得なさいと言われ，自治会連合会に行くと町長の認可を得なさいと言われた。結局誰が責任をもって認可しているのかわからなかったので，すべての自治会長のところに会いに行き，交通安全協会も巻き込んだ。28の自治会が判子を押してくれた。結局全員のところをまわったので，全員がこの小布施マラソンの開催意図をいっせいに知ることになった。そのため「聞いていないよ」と反対したり躊躇する地区が出てこず，警察署長も認めることになったという。

夏の大会なので，給水所が35か所，500メートルごとにおかれた。そのため500メートルごとにランナーの状態をチェックすることが可能になっている。一度心臓

---

9) http://www.obusemarathon.jp/results.php （最終閲覧日：2017年12月19日）

が止まったランナーがいた。参加者のなかに市民病院の心臓専門の医師がいたので付き添ってくれ，止まった心臓を2回蘇生させてくれた。それ以降，病院が業務として医療部隊を引き受けてくれた。市民病院が（First Penguin として）参加したので，ほかの医院の医者も参加してくれることになり，またこれが3・11以後の「Safety Net 体制」ともつながっていった。100メートルごとの家の電話を使わせてもらえることになり，消防署がすぐに家の場所を特定できるので，迅速な救急車の対処が可能になった。

　「小布施見にマラソン」は，国道や県道を横切ることのない「土手を行く，野道を駆ける，路地を走る」信号機のないコースを提案している。国道を渡れないので，国道となっている橋の下に仮設の橋を架けた。9回目の大会から常設の橋にし，通常も使える道にしている。夏の7月の「海の日」（2017年は7月16日（日））にあわせてハーフマラソンをおこなっている。参加料が一般6,480円，高校生3,500円のイベントとした。8,000人の参加者がいた。最初は5時間の余裕があり，コース閉鎖までに十分な時間があった。トップ3はいつも同じ顔ぶれだが，みな自己ベストを更新することを目指している。コスチュームをつけお祭りのように走る人もいる。しかしながら，警察からフルマラソンでは5時間の制限が設けられているので，ハーフなら3時間にするようにとの申し入れがあった。警察は「ランナーとウォーカーを分けなさい」「3時間に制限しなさい」と言ってきた。しかし，ホノルルマラソンは3万人の参加者が最後まで走り，その最後のランナーを沿道の人が温かく拍手で見守っている。小布施マラソンもゆっくりとした走りを楽しむ大会にしたいという趣旨でいまも5時間を確保している。すべてを参加料でまかなっており，行政から1円の助成ももらっていないから，主体的な運営が可能になっている。また警察が「倍のボランティアを集めろ」と言ってきたので，11,000人のまちで1,700人にボランティアとして参加してもらった。コースの沿道では町中の人が応援している。

　イベントが大切である。運営には若い人が50人も参加していて，ボランティアの人が楽しむことができる企画になっている。若いときからボランティアで参加していると将来も町のために活動する意識がつく。沿道で提供されるスイカは松本ブランドのスイカである。全国から参加者がいるので「信州最大のショールーム」になっている。シンガポールやイギリスからの参加者もいる。2011年の大震災の年は，チャリティ大会になった。

3 小布施の力：まとめ

　セーラ・マリ・カミングスは日本に来て20年以上が過ぎ，現在40代後半になっている。彼女の企画した「小布施見にマラソン」などの活動は，一企業である「枡一市村酒造場」内の「文化事業部」での仕事の枠組みをはるかに超えて，地域全体を巻き込んだ企画・イベントになった。ほかの小布施における彼女の活動も，次の世代が受け継いでいる。「オブセッション（OBUSE SESSION）」は，「ぞろ目バー」や「小布施若者会議」として継続されている。「若者会議」は規模も膨らみ進展を見せており，「小布施見にマラソン」は2017年にも継続して開催され，参加者は定員の8,000人を超え定着している。このめざましい成果は，粘り強く，かつしなやかに人との交渉を継続し，結果的にこれまでにない企画を実現させた彼女の活動によるものと考えられるが，彼女を受け入れた小布施がそれまで培ってきた包容力・需要力にも注目すべきである。外来の要素との接触はどの地域でも見られるが，それを受容し，活用する力（基盤）は容易に育むことはできない。そのような基盤は，小布施のもつ力といえよう。

■ 3-1　交流する力

　「交流」するには，地域に力が必要である。さらに「受容」するには，地域に基礎的な力が育まれている必要がある。受け入れる場や施設，食料・宿舎の提供，そして受け入れるプログラムとスタッフが備わっていて，はじめて「交流・受容」が可能になるのである。「受容力」とは，つねに発揮されるものではなく，さまざまな葛藤を経た後に，結果論的に認識されるものであるということを小布施の事例を見て実感した。

　17代続く酒蔵を取り壊して新たな建物を造ろうと「革新」を目指した社長と，歴史的な建物の「保存」を訴えた契約社員のセーラ・カミングスとの意見の対立があった。最終段階で社長の考えが「保存と革新」の両立へと変わった。いざ古い酒蔵を残すとの決断がくだされたあとも，新たなコンセプトに基づく設計や建設費の問題（結局は当初計画の10倍の2億5,000万円になった）が浮上してきた。そのたびに意見の対立が見られ，調整がおこなわれたはずである。「蔵部」は，「歴史のある酒蔵を残して改修されたもの」と外部からの評価を受ける建造物であるが，客が来なければ最終的には失敗と判断される。とくに小布施に人が来ない冬場に赤字を出していては，巨額の建設費をかけた事業は否定されることになる。この種の建築

物では，改修当時の建築物に対する評価と，その後の運営とがあいまって最終的な評価をされるのである。いくらよいコンセプトとデザインで建設されたと評価されても，赤字経営が続けば単なる「箱もの」であったと後に批判をされることになる。ましてや民間の事業では赤字は許されない。冬場の顧客対策として，近くのスキー場に宿泊していたスキー客にバスを出して「蔵部」まで運び，夕食を提供するディナー・ツアーが考案された。このような工夫で成果があがったことにより，結果論的に外来の彼女の企画が「受容」されたといわれ，枡一市村酒造場が「受容力」をもつ企業であるとの評価がなされ，そして小布施も「受容力」のあるまちとの評判をえたのである。

「外来の要素」が小布施にはさまざま存在する。しかしながら，それらがあらためて「外来の要素」であったと認識されるには，特別な機会と特別な視点の導入が必要となるのである。すなわち，その特別な機会に新たな視点から，実はそれらが「外来の要素」であったと反省的に「発見」されるものなのである。1976年の北斎館建設の動機として語られているのは，小布施の民家に所蔵されていた葛飾北斎の貴重な作品が100万円程度で買いたたかれていることに気づいたことであった。北斎の世界的な評価を受けて，小布施にある北斎の作品に新たなまなざしが注がれ，再認識されたのである。反対もあったが，北斎館を田んぼの真ん中に建設し，各家にあった北斎の絵を収蔵し，閲覧を可能にした。それと同時に市村家の祖先である高井鴻山が江戸時代後期に，北斎をはじめとする著名人を招いた歴史にあらためてまなざしが注がれ，小布施の「受容力」が再認識されるという過程を踏んでいるのである。

唐沢町政ではじまったオープンガーデンは，自治会による「花いっぱい運動」として沿道の花飾りや花壇づくりが盛んにおこなわれてきたことが契機となっている。ヨーロッパへの海外視察を定期的におこなって，英国などのオープンガーデンを参考にして民家の庭を開放するプロジェクトをはじめ，来訪者との交流を楽しむようになった。すでに土台が成立しているところに「外来の要素」が導入され，どの地域でも見られるまちかどの植栽をさらに進展させた「オープンガーデン」が成立した。通りに面した玄関から庭先に入り，花を見て，通り抜けると「栗の小径」に出て，また他家の庭先を辿ることができるという画期的な「まちあるき」が可能になったのである。

「小布施若者会議」や「HLAB」では都市部の若者の参加を求めるだけではなく，海外の若者も受容し，活躍の場を設定している。小さな町でこれだけのプロジェク

トを動かすことは通常では不可能だと考えられる。ほかの地域では在住者だけで運営することを考え不可能だとの判断を下すであろうが，小布施では「交流人口」を活用する。若者会議参加者は「町民」になることができる。その「町民」が企画・運営しているのである。また，企業から派遣された「交流人口」も活躍をしている。派遣後は，自分の出身地域で小布施での経験を活かしている。それは小布施における一過性の活動ではなく，他地域に在住する小布施のサポーターづくりの活動になっている。他地域のサポーターがまた新たな交流人口を小布施に赴かせ，小布施で活躍する人材が更新されていくのである。「交流」にもこれまで蓄えてきた地域の力が必要であることがわかる。

また，民間ではじめたことであるが，「外来の要素」であるスノーボード練習用ジャンプ台の設置や，スラックライン用施設の整備などがおこなわれている。スノーボードの練習にはトップクラスの選手が定期的に訪れて練習をし，近くで農泊をし，地域の人々との交流を深めている。そしてスラックラインは，お寺の住職が土地を提供し，機具を備え，さらには地域のスポンサーを集め，子供たちの練習を支え，世界的な選手に育てており，ついにはワールドカップも開催されることになった。それを可能にしているのは「若者会議」で都市部の若者を迎えて活用し，さらには「HLAB」で海外の学生を迎え入れている小布施の「交流力」であるといえよう。

単なる「観光人口」ではなく，意識的に「交流人口」の受容と活用を目指しているのが小布施である。本書で問題にしている「地域文化観光論」の次に論ずべき課題は，もはや観光のまなざしの対象となる地域の魅力を育て磨き上げることではなく，その先の「交流力」にまで育て磨き上げることであることを小布施の事例は示している。人口11,000人のまちで年間130万人の観光者数を確保することは必要である。地域の魅力を磨き上げることに直接つながり，まちにとって重要な収入源となっている。しかし，通り過ぎるだけの大衆観光者から「地域のファン」に，さらには「交流者」へと，その質を変えていくことが重要であることを示しているのである。

■3-2 移住者による「かのやまプロジェクト」

「台風むすめ」といわれた20代半ばの頃の活力はいまだに健在であり，それから20年以上経った現在もその精神は維持されている。その間に蓄積した経験と智恵と，そしてなによりも人材のネットワークが，セーラ・カミングスさんのビジョン実現

のための力強い基盤となって支えている。現在彼女は小布施を離れ，2014年春から中山間地にある若穂保科で「株式会社文化事業部」をはじめ，「かのやまプロジェクト」（図9-6）を考えている。

高野辰之作詞の「故郷」という唱歌のはじめに「兎追ひし彼の山，小鮒釣りし彼の川」とあるが，彼女によれば，その「かのやま」は中山間地の「母の山」で，「心のふるさと」であり，ここに「里山

図9-6　かのやまプロジェクト

のあり方」があるという。若い人の出発点になるようなプロジェクトをここで考えている。信州の食卓は豊かであり，智恵にあふれているが，地元の人はその豊かさに気がついていない。信州の食を発掘・推進するのもこのプロジェクトの一つになる。「お婆さんの料理の会」がここ若穂保科にあるが，引っ越してきた当時は受け入れてもらえなかった。1年たった2015年の春になると入ってもよいといわれ，やっと「受容」された。彼女はそこで食について学び発信していくという。また「編み物」の技術をもった人もいるので，「オブセッション」のような集まりを開催すれば習うことが可能になる。こうして若穂保科のおばあさんたちと地域が彼女のプロジェクトにかかわっていくことになるであろう。

この地域を「トンボ，ホタルのいる里」に，「いまよりはサスティナブルな里山」にする「エコ・ファーム・ビジョン」を彼女は抱いている。たとえばリンゴの木のオーナー制度「ウチのリンゴ」という企画では，収穫期に都市に住むオーナーもリンゴをとりにきて，農家の「おばあさんの豚汁」を一緒に食べるイベントにするという。「文化事業部」が企業とタイアップして，若者を地域創造に参画できる道を拓こうと考えている。

「外来の要素」が小布施で実を結び，その成果は小布施で継承されている。そしてさらに地域を移しても，その「つながり」はネットワークを保持したまま拡大し，次の段階へと進展しているのである。すなわち，「外来の人」が地域のモノ・人を「取り込み」，新たなネットワークを構築し，アクターそれぞれにエージェンシーを及ぼしている姿を，ここでは見ることができるのである。

第10章

交流人口の「地域化」

1 「地域化論」にむけて

■ 1-1 「ローカル化」と「土着化」

　第2章において「ローカル化」と「土着化」の二つの過程を包摂する「地域化」について論じた。「ローカル化＝地方化」とは「グローバル化」の別の視点からみた事象である。西洋の列強が中心となって周縁・辺境の「未開」世界を征服して植民地とし，支配力を行使したのがグローバル化である。征服され支配された地域は，「文明・近代」を本国から押しつけられ（グローバル化），受容することを強制された（ローカル化＝地方化）。このような視点から見るとグローバル化とローカル化は，西洋列強による植民地主義支配の表裏一体の過程であった。コミュニケーション手段に関しては，支配者の言語が押しつけられた。それを習得した者は，支配者の言葉の「翻訳者」・仲介者となり，具体的な利益を得ることになった。ここまでの過程は押しつけられた「ローカル化＝地方化」という要素が強く，本国側の必要を満たすためのローカルスタッフの育成の段階といえよう。

　次の段階が，スポーツなどにおいてとくに顕著に見られる「土着化」の過程である。本国からの官吏や植民者が楽しんでいた近代スポーツ（クリケット，テニス，サッカー，ラグビーなど）を現地の人々も見よう見まねではじめ，中心都市から村々にまで普及していく過程である。その後本国に挑戦し，勝利を収め，国民的スポーツになる。さらには自らコーチを育て選手を育成して世界的に強豪と認められ，ついには世界チャンピオンとなり，世界各地へ選手のみならずコーチも派遣するようになる。これは単なる本国から押しつけられた「ローカル化」の過程ではなく，むしろ積極的に自分たちのものにするという「土着化（＝完全な地域化）」の過程であった。この「受け身のローカル化」から「積極的な土着化」までをすべて含めて，「地域化」の過程と呼ぶことにする。

政治体制に関しては「ローカル化」はおこなわれても，被植民地側からの積極的な「土着化」に関する事例はなかなか見られないのが現状である。西洋列強が世界的に「正しい」と主張する普通選挙に基づく「民主主義」体制は，整備することが困難で，新たに独立した国には実現することが難しい。とくに植民地政策として移民を大量に受け入れた国にとっては，普通選挙も民主主義も地元住民の既得権が移民によって侵犯されることを意味しており，容易には受け入れがたい制度となる。多くの被植民地は独立戦争を闘うなかで本国から民族自決権を勝ち取り，自らの国の方針を自ら決める「民主主義」体制をとったが，独立後は国内の民族問題はかえって激化し，国家としての統合がおぼつかない地域も多い[1]。政治体制の受容に関しては，スポーツや音楽などの文化面における受容や「地域化」の過程のようにはいかない。国家における政治体制の「土着化」は難しく，「民主主義」は数十年たってもなじまないお仕着せの借り物の体制となっている。それに比べて文化的側面はあこがれをもって積極的に受容され，地元の文化に定着し，自らの言葉で表現されるモノとなり，「土着化（＝完全な地域化）」する例も多い。

　本書においてはここで述べたように「グローバル化」と「ローカル化」とは，ある意味の強制が加わった世界的な拡大とその受容の過程の表と裏の局面をいう。それに対し「土着化（＝完全な地域化）」は，地域の人々が積極的に自らのものとして受容し，受け入れたモノを自らが育て上げ，外部に自らのものとして発信していく過程となる。「ローカル化」と「土着化」のそれぞれニュアンスの違った二つの過程をも含めて，本書では「地域化」という。

■ 1-2　「地域化」の諸相：九州小国，北海道，越後妻有，瀬戸内，小布施

「地域文化観光論」としては，地域性，地域文化の創造とその人材育成について，

---

[1] それらの本国との独立戦争を経験した国々とは異なり，1970 年に世界的にも類稀な独立の過程を経験したのが南太平洋のフィジーである。フィジー人自らは植民地体制を望んでいたが，英国の世界戦略のなかで独立するように促され，独立・自立を準備された。そのとき提示された「民主主義」体制は，先住のフィジー人にとっては自らの主権を脅かされるかもしれないものであった。独立後，新国民となったインド系住民と先住のフィジー系住民を「平等」に扱う「民主主義」体制は，独立後 17 年経った時点でほころびをみせた。民族別政治体制を横断する新たな政党「労働党」が 1987 年の選挙で政権を握った。労働党党首はフィジー系ではあったが，インド系党員が主流であった。フィジー系住民を中心に構成されている軍隊は，「インド人」にフィジーが乗っ取られることを危惧して，クーデターを起こして新たに成立した労働党政権を倒壊させた。

「九州ツーリズム大学」(第5章)と「北の観光まちづくりリーダー養成セミナー」(第6章)を第Ⅱ部で紹介した。九州の臍と自ら位置づけている熊本県阿蘇郡小国町はJR日田駅から高速バスで1時間ほどのところにある。さらに小国町の中心部から車で20分ほどで北里にある「学びやの里」に着く。そこに1997年に実践を担う人の修行の場として日本で初めての「ツーリズム大学」が置かれた。農山村観光のモデルになるということで小国町が選ばれたという [橋本ほか 2015：81]。当初は日本各地から受講生がいたが,後にいくつかの地域でそれぞれの「ツーリズム大学」が開講された。「九州ツーリズム大学」は福岡など九州北部からの受講生が多かったが,近年は鹿児島や宮崎など九州南部からも来るようになり,ここならではの形になっていった。北海道の「北の観光まちづくりリーダー養成セミナー」はすでに社会人としてそれぞれの分野で仕事をしている人々が,新たな展開とステップアップを目指し,グループワークが中心となる観光まちづくりで活動するための能力とその質の向上のために参加している。その「きたかんセミナー」では,敷田教授の人材養成に関する教育工学的方針に基づくプログラムが明確であるため,観光まちづくり以外の目的で参加する人もいた。

1)「ものがたり」をもつ「モノ」が地域を動かす

各地のいわゆる「ツーリズム大学」では,地域の文化資源の発掘と利用への提言ができる人材の養成がおこなわれている。講義を受けた後に,実践的なワークショップがおこなわれ,廃校の利用などについての提案がなされている。第7章でも触れたが,廃校の場合はモノ(建物)が地域を動かしているともいえる。日本各地で多くの学校が廃校になり,その建物の活用方法を「ツー大生」が考えることになるが,学校のような建物はさまざまな「ものがたり」とともにある。アニメ「けいおん!」の桜ヶ丘高校のモデルで「聖地巡礼」の対象になった滋賀県の旧豊郷小学校(現町立図書館)がよく知られている。また第7章で紹介したように,「地域芸術祭」を開催している越後妻有では,地域の多くの廃校が利用された。『越後妻有 大地の芸術祭ガイドブック』[北川・大地の芸術祭実行委員会 2015] から抜き出しただけでも,鉢の「空間絵本」(田島征三作)の対象となった真田小学校,「最後の教室」(クリスチャン・ボルタンスキーとジャン・カルマン作)の旧東川小学校など多くある[2]。「空き家プロジェクト」の旧民家だけでなく,学校の旧校舎もまた多くの「ものがたり」とともにあり,「地域文化観光」の拠点となる可能性を大いに秘めている。

第10章　交流人口の「地域化」　191

2)「地域化」の過程：「ローカル化」がもつ危険性

　「ツーリズム大学」の修了生は「観光人材」にとっての宝庫である。とくに地域から参加し，地域で事業をはじめようとする意欲のある人々は，修了後にさまざまなアクションを起こしている。小国町内では200軒の「民泊」が開業し，九州ツーリズム大学の修了生が運営しているものも多い。2期生には大根の生産農家で，野菜・健康を目指す農家レストランを開業している人や，またドイツでハム・ソーセージ製造のマイスターの資格を取得して帰国し，店をはじめている人もいる。このように地域で栽培した産物を農家民宿で活かし，地域で育てた豚を使ってハムやソーセージを製造し，自ら畑で栽培した野菜を使ったレストランを開くなど，まさに本書でいう「地域文化観光」の実践が見られる。北海道のセミナー修了生は，次世代の観光人材を育てる活動にボランティアで参画している。なかにはセミナーで培ったネットワーク「きたかん.net」を活かして地域出身の修了生と協働してフィールドワークをおこない，地域発のツアーを旅行会社と連携して開拓しているグループもある。

　人材の「地域化」とは，外部の人材を地域に取り入れるだけではない。この場合には地域の人材が地域を意識し，地域のための活動を自らに課し，かつ内向きな動きだけではなく外部に地域を発信するようになることでもある。「地域」の刻印を自らに刻んだ「地域の人」の活動である。小国町は「ツーリズム大学」をはじめる10年前の1986年にはすでに「悠々と湧き出す水，景観，小国杉」によるまちづくり「悠木の里」プロジェクトをはじめていた。地域の資源である杉を原材料に造った木魂館，大型木造建築の小国ドームなどを建設して日本建築デザイン賞を受賞した。この頃に全国的に地域おこしのブームが起こり，全国から来訪する「観光者と町民・職員の交流」による地域おこしが意識されたという。小国町でのイベントは単なる観光者の来訪を促すことを目的とするだけではなく，「交流事業」と位置づけられている。その代表がツーリズムをテーマにした大人向けの「ツーリズム大学」であった。それ以外にも子どもたちを育成するプログラムとして小中大学生向けの

---

2) そのほかに，「枯木又プロジェクト」の旧枯木又分校，「赤倉の学堂」（ナウィン・ラワンチャイクン作）の旧赤倉小学校，「明後日新聞社文化事業部」（日比野克彦）の旧莇平小学校，室野の「奴奈川キャンパス」（北川フラムほか）の旧奴奈川小学校，「秋山郷結東温泉かたくりの宿」の秋山郷結東にあった廃校，「インターローカル・アート・ネットワーク・センター［CIAN：地域芸術研究所］」（川俣正ほか）の旧松代町立清水小学校，そのほかにも旧公民館や旧工場，元診療所なども芸術活動の拠点や展示場となっていた。

「学生農泊体験」がはじまった。「一連のツーリズム学校」として，幼児向けの「どんぐりの冒険」，小学生向けの「トンボの学校」が位置づけられた。中・高校生向けのプログラムはないが，「トンボの学校」修了生の中学生が小学生の世話をするサポーターとなり，高校生がリーダーとなって一貫した関与が促されている。なかには幼稚園から参加していた福岡の修了生が小国に下宿して高校に通っていたり，また大学生リーダーが恋人と一緒に小国に移住してきている例もある。学生リーダーたちは自分たちが必要とされているので楽しいという。小国には都会と同じような仕事はないが，選ばなければ就職先は十分にあるという。一般財団法人「学びやの里」も自主財源で3名を雇用している。ボランティアではあるが，自分が必要とされる「ツーリズム学校」での役割があり，かつ生活を支える仕事があれば，ここは魅力的な「やり甲斐」のある地域となる。先に紹介した「ボランティアのやり甲斐搾取」などという薄っぺらな批判はここでは成立しない。

　ここでおこなわれていることは，担い手たちの「地域化」である。形は異なるが村落社会が維持されている地域では，その地域の生え抜きの青年団員が消防や祭りの仕事などを担当し，地域のために誇りと自負をもって活動している。そのような「伝統的」な役割とは質を異にするが，「観光まちづくり」における対外と対内に向けた役割を，その地域出身者とその地域のファンである「地域の人々」が，いわゆる「ツー大生」および「修了生」として担っているのである。先に述べたように「観光まちづくり人材」の「地域化」とは，外部の人材を受け入れるだけではなく，地域の人々が外部の視点から地域を再発見・再認識し，地域の評価を新たにする過程も含まれる。その場面では，地域の価値を対外的に発信する地域が主体となった「グローバル化」と，全国的かつ世界的な価値を自らのものにする主体的な「ローカル化」が同時に表裏一体となって展開するいわば「グローカル化」がおこなわれているのである。本書では，グローバルな価値を地域が受容し「ローカル化」する過程のみならず，さらに地域のモノとして「土着化」する過程をも含めた「地域化」を視野に入れている。単に全国的・世界的な価値を受容する（ローカル化）だけではなく，地域の人々が地域の文化資源として育て上げた後に，対外的に発信する過程までを含んでいるのが「地域化」である。その意味では，本書で扱っている「地域文化観光」においては，外部とは無関係に純粋に地域で発見・発掘されるだけのモノは存在しないといえよう。観光とは地域外の人々が地域の観光資源を目指して訪れることであり，その観光者はつねに地域外の価値観をたずさえて移動する存在である。そこで注意すべきことは，単なる「ローカル化」では地域がグローバルな力

にのみ込まれ，それこそ「搾取」されるだけの存在になる危険にさらされるのである。本書でいう「土着化」の過程までを意識的に含めた「地域化」が目指されるべきである。

　そのような地域による地域人材の育成，そして地域文化の発見と育成，発信に焦点を当てた「地域化」をいわゆる「ツーリズム大学」は可能にしていたのである。

3）「地域文化資源」の発見・発掘

　「きたかん」を含めたいわゆる「ツーリズム大学」は，各地域でプログラムが展開されている。北海道のように東北6県を合わせたよりも広いところでは，ネットワークがなければ着地型観光を効果的，効率的に進めることができないと「きたかん」の修了生はいう。240名の修了生のネットワークが広い北海道では有効に働き，スピンアウト企画でデザイナーと農家がつながって商品を作るとき，その地域にいる「きたかん」の仲間に来てもらうと，個別にプライベートに地域とつながることができる。友人の友人が「きたかんメンバー」であるというつながりがある。第6章で述べたが，10人の修了生が2組に分かれて小樽・石狩，日高・むかわの2か所で，地域のツアー会社と連携して地域密着型の商品を開発した。ツアー商品の多くが地域を実際見ないで作られることが多いのが現状であるが，「きたかん」の場合は地域にメンバーがいるので，本当の地域密着の「着地型ツアー」を開発することが可能になる。1泊2日で調査して，地元密着のツアーを作っているという。地域で育ち地域の事情を知る「きたかん」で鍛えられたメンバーが参加することで，地域でのフィールドワークの期間を短縮した「商品」開発が可能になっている側面が語られている。

　本書でいう「地域文化観光」では，商品制作だけではなく，地域の文化資源を発見することからはじまり，「売りもの」にし，それを育て上げる過程までを重視している。九州ツーリズム大学では具体的な事例が豊富であった。「おぐに自然学校」は小学生を対象にした農泊体験を取り入れている。近隣だけではなく，東京や北九州からも中学生が参加するという新たな動きも見られた。最初は植え付けや収穫の体験をさせていたが，「植え付け」を提供するとなると，毎週農家が植え直しをしなければならなくなる。そこで農家は新たな発見と工夫をおこなった。「農業とは雑草との戦い」であることをあらためて知ってもらうことにし，草取りも体験メニューにいれたのである。薪割りや団子作り体験も加えている。受け入れ農家同士で教え合い，学習し合っている。自分たちにとって大変で，人にすすめられるような仕

事ではない「草取り」を，期待が膨らむ「植え付け」や喜ばしい「収穫」と同様に農泊体験の「売りもの」に仕立て上げたのである。『観光経験の人類学』で紹介した和歌山県本宮町の「山の神汗かきツアー」も，楽しみを目的とした通常の大衆観光では考えられないたいへんな重労働となる「下草刈り」を，地域の文化資源として「発見」し，「売りもの」に変換させた例である［橋本 2011：139］。

　大分県教育旅行誘致協議会が県主導で農泊体験を広域でおこなっている。七つの市町が参加しているが，今後縮小するとの見通しがある。小国町では，現在12校を迎えているが，もしそれが5校に減少しても続けていくつもりであるという。それは「交流」を重視しているからである。農泊体験は生徒の積極性を引き出したり，ふだん見ることができない生徒の顔を見ることができ，保護者も子どもが料理を自主的にするようになったと変化を評価している。農泊先とは文通をしたり，家族ぐるみの付き合いをはじめた例も多い。農家は翌年の新しい体験メニューづくりを楽しみにし，休耕地の耕作を再開することもある。都市に住む来訪者が，小国の農産物に関心をもち，選んで買ってもらえるようになるとの期待もあり，「交流」を目的に据えたこの「農泊」は，単なる一過性の大衆観光者の受け入れとは質を異にする「地域文化観光」の特徴をもっている。

4)「観光」から「交流」，そして「移住」へ（第一フェーズから第四フェーズへ）
　本書で取り上げた北海道，九州，そして小布施の例を見ていると，地域における人々のネットワークづくりから，地域のファンになった人々との交流，その交流人口の地域への積極的な巻き込み，そして移住へという段階的な過程が見えてくる。いわゆる地方からは若者たちが恒常的に都市に移出している。ツーリズム大学などで農山村でのやり甲斐を見出した人たちが新たな「グリーンツーリズム」や「農泊」，レストラン経営などに取り組んでいる。大学生のインターンシップの課題として「移住者が事業を始めるためのサポート」を提示し，古民家をどう住めるようにするのか，移住についてのヒアリングを移住者におこなったりしている。過疎対策としては，訪問するだけの観光者数の増加よりも「移住者」人口の増加が求められる。そのため地域の魅力度を上げて，観光から交流，そして移住への過程を視野に入れた，「観光まちづくり」から「まちづくり」への転換が目指されるのである。この転換はこれまでの「まちづくり」から「観光まちづくり」へと変遷してきた過程と逆行するように見える。地域には資源も人材も欠落しており，たとえ地域の宝物（文化資源）を発掘しても地域だけでは消費できない。それゆえ地域の文化資源

を売りものに仕立て直して，外部の観光者の来訪を促そうと「観光まちづくり」が実践されてきた。しかし，「観光まちづくり」で魅力的な観光対象を作り上げても，地方の過疎化現象はおさまらないという現実と直面したのである。第一フェーズの「まちづくり」があり，その「まちづくり」の限界に対応するために第二フェーズの「観光まちづくり」がはじまった。しかしいまや訪問するだけの観光者を迎える「観光まちづくり」では根本的な課題である過疎対策にならないと気づき，第三フェーズとしての「交流まちづくり」に重点が置かれ，さらには第四フェーズとして「移住」による「まちづくり」へと移行している現状が小布施などでは見られる。

5) 交流人口の「地域化」：小布施

小布施における「交流」事業は，目的が明確に設定されている。目的は単なる観光ではなく，「交流」である。それはもはや「観光まちづくり」開発のための活動ではない。新たな「まちづくり」のために都市の若い世代との「交流」を前面に出しているのである。都市の大企業で働く若い世代が小布施の「まちづくり」と将来のために議論をする場を設定し，そこに多くの若者が集まっているという現実がある。「小布施若者会議」では，小布施への移住の覚悟の温度差が問題になることがある。グループでの議論で意見が衝突し，どちらをグループの意見として採用するかというときに，移住を覚悟して参加した者が，単に経験を積むために参加した者の意見を「覚悟の違い」で押さえ込もうとしたとの事例をネット上で紹介していた。一般論ではなく，自分の将来のためにもより小布施のためになる提案をしたい，またはその提案を自分がここに移住して実践できるようにこのグループで支持してくれるようにつよく依頼することになったのである。この場合は「交流」希望者と「移住」希望者との覚悟の違いが前面に出ている。一地方都市でこのような場面が現出していること自体が現在の日本においてはまさに稀有な事例となっているのである。

2 現代アートの「地域化」：越後妻有，瀬戸内，神戸，京都，木津川アート

過疎の集落からは若者だけではなく，限界集落の将来に不安を抱くようになった目先の利くリーダークラスが離れていった。話によると，過疎の集落でみな地域のために努力をしていたが，成果が上がらず将来の見込みがなくなってくると，それまで村のために中心的に動いていた人が家族の将来を考えて，動けるうちに都市に移動したという。土地はあっても，人手をあてにした工場などが過疎の村に移転す

ることはない。人の移入・移住を促す新たな企画が必要であったのである。

■ 2-1 空き家・廃校

例外的に空き家・廃校などの存在がかえって有効と考えられたのが現代アートを導入した「地域芸術祭」であった。外部的な人材（ディレクター，アーティスト，ボランティア）と要素（現代アート，行政の助成金）を中心にした企画ではあったが，「過疎性」がかえって好条件ととらえられて導入されたのである。多くのアーティストが分散して地域に入り，そこで一定期間居住し，地域に残った人々と協働して作品制作に取り組んだ。このような外部のアーティストと地域の人々との長期的交流を物理的に可能にしたのが，新潟県や香川県による「アートプロジェクト」の企画であった。ボランティアも期間は長短さまざまだが，一定期間の滞在かまたは移住をして地域の人々との連携による「アートプロジェクト」のための活動をしている。なかには，その後本格的な移住を実現した人もいる。当初から移住を目的として「アートプロジェクト」がはじまったわけではなかったが，「アートプロジェクト」によって魅力的になった地域に，生活の糸口を見つけ，結果として移住がなされたのである。

ここには現代アート（モノ）が「地域化」するプロセスが見られる。モノは人とモノのネットワークのなかに位置づけられる。「科学の対象」となるモノは，人間による科学的な関心の対象となったときに存在が顕在化する。それまでは自然界に背景化して存在しているが，あるテーマが現出したとき，その関心に基づいて関連するモノやコト，そして人が焦点化され，それらを核として，アクターのネットワークが形成されるのである。テーマの進展にともなってさらなるアクターの取り込みがおこなわれる。その生成し，絶えず変容をくり返すネットワークのあり方を追うのがアクターネットワーク理論（ANT）であった。モノと人とを「対称的」に扱うことによって，これまで追うことが難しかった生成のメカニズムが明らかになると主張されているが，当初から批判されているように扱う事例によって人とモノのどちらに力点がおかれるか，その度合いが自ずと異なっているのが現実である。本書では，人による創作が必ず関与するアート作品が，地域の人々によって受容され，訪問者によって鑑賞されて，どのように「地域化」していくかの過程を扱っている。「地域のモノ」となる過程に焦点を当てているが，地域のネットワークに位置づけられているといっても，それが「地域のモノ」になっているかどうかを判断するのは，「地域の人々」である。モノにまつわる「ものがたり」が人を動かす点に注目したの

が，本書の事例であった。決して安易に人を主体として設定しているわけではないが，モノが人にエージェンシーを及ぼす（affect）ときに，何が起こっているかを解明する必要がある。

■ 2-2 どのようにして作品はエージェンシーを発揮するのか

アルフレッド・ジェルは『芸術とエージェンシー』［Gell 1998］で，技術作品をはじめとしてモノや環境と人間との関係性を考察している。ジェルは「人と事物の社会的関係や事物を介した人間同士の社会的関係によって，モノが人々と結びつけられている領域」［Gell 1998：12；久保2011：44］を探求する。行為主体（エージェント）とは人間だけでなくさまざまな非・人間が他者との関係を通じて行為主体性（エージェンシー）を発揮しうる。エージェントとペーシェント（行為を受け取る受動的な存在）の関係は二者間を超えて入れ子状に拡張する。A（エージェント）がB（ペーシェント）に対して働きかけ，さらにB（エージェント）がC（ペーシェント）に働きかけるとき，Bを通じてAがCに働きかけるという事態が生じる。ジェルによればこのときBは，Cに対してのAの「エージェンシーのアブダクション（仮説的な推論）を促す指標（インデックス）」として働くという。この指標とは推論を喚起する物理的な存在であり，この物質＝記号を媒介にして人間と非・人間の間でエージェンシーが連鎖するという。こうした場を「アート・ネクサス」とよび，指標，アーティスト，レシピアント，プロトタイプの4項が織りなす関係の図式によって描き出す［久保2011：44-45］。

石井は，「呪術的世界の構成—自己制作，偶発性，アクチュアリティ」で，ジェルの分析の中心となるのは人とモノが織りなす社会的な連関であるが，社会関係は行為によって顕在化してこそ存在するという［石井2011：185-186］。このとき，社会的行為の遂行者は，それ自身もまた社会的エージェントである「ペーシェント」に対して行為する「エージェント」として定義される。社会的なエージェントとペーシェントの関係は，次の四つの項において成立する［Gell 1998：26-27］。

1. 指標：アブダクティブな推論や認知的な解釈などを動機づける物質的な存在
2. アーティスト：アブダクションによって，指標の存在やその性質の因果的な責任が帰される者
3. レシピアント：アブダクションによって，それらとの関係において指標がエージェンシーを行使するとされる者。または指標を介してエージェンシ

―を行使する者
4. プロトタイプ：アブダクションによって，指標のなかに表象されているとされる存在

　ここで使われている「アブダクション」とは，「仮説的推論」や「仮説形成」などと訳される。演繹と帰納に先立ち，それまで説明の与えられていない不規則的現象のうちに一つの仮説的秩序を見出す過程として「アブダクション」が遂行されると考えられている［石井 2011：201］。石井はこのジェルの理論を使って「傀儡人形の呪術」が作動する仕組みを分析しようとした。呪術の標的となる者に似せた人形などを傷つけることによって，標的自身に危害を及ぼそうとする呪術で，ここでは「傀儡人形の呪術」といわれる。呪術の標的となる犠牲者は「プロトタイプ」，犠牲者に似せてかたどられたイメージは犠牲者の「指標」で，イメージを制作する呪術師は「アーティスト」として表現される。プロトタイプである犠牲者を表現するイメージを制作することは，犠牲者をそのイメージに「縛る」ことになり，それによってプロトタイプのイメージは指標に結びつけられるのである。プロトタイプが指標に結びつけられた結果，指標に対する攻撃はプロトタイプ（犠牲者本人）への攻撃と等しい効果をもつことになる。ここで注目すべきは，犠牲者となるプロトタイプを苦しめるのは，実は指標に媒介された犠牲者自身のエージェンシーであると石井は指摘する。指標とプロトタイプ，アブダクションといった用語を駆使したジェルの理論は，このように人間とモノ，神々の間に生じる現実的で具体的な相互作用とその効果を，人とモノを結ぶ因果的連関の作用と人間の認識の働きとして論理的に説明する方法を提供してくれると石井はいう［石井 2011：190-191］。

　しかし，批判としては，傀儡人形の制作者である呪術師は，ほかの項（アクター）に対してやや特殊な位置を占めていることがあげられる。呪術師はほとんどつねに自発的なエージェントとしての位置をしめており，モノである指標を介してプロトタイプに作用を及ぼす因果的な連関のなかで，指標を操作することでプロトタイプを統御する人間のエージェンシーに決定的な役割が付与されていると，モノと人の「非対称性」を石井は指摘する。モノは神や人間といったプロトタイプの存在を人々に「推論」させる指標であり，あくまで二次的なエージェントとして位置づけられているのである。神々やモノとともにある社会的連関のなかに参入した人間の，意図や認識の働きには必ずしも還元されえない運動や衝動といった側面については，十全には追求されていないと批判する。それは，芸術作品と芸術家との関係

において，モノとの関係における人間の受動性や変容可能性にかかわるもので，人間の認知の働きである「〜を知る」，行為的で実践的な経験である「〜できる」，そして生成的な側面である「〜になる」に着眼する必要があると述べ，制作行為における未知性を石井は指摘する［石井 2011：191-192］。これは芸術作品の制作にとってもまた重要な要素である。呪物を制作し，神の依り代としての力を賦活する儀礼は，そのモノを人間の統御を超えた存在にする。それが実現したかどうかは，呪物を社に据えた後の呪物の働きによって判断される。呪物の存在を契機として新たな社会的連関が形成され，伸展していく過程や方向性もまた，呪物の制作者である司祭の統御や予測をはるかに超えている。その予測不可能性と統御不可能性こそが，神の依り代としての呪物のもつ力を示しているという。そして呪物を制作するという行為は，司祭にとって自己と他者の身体やモノが相同して生みだす運動のペーシェントとなる経験であり，さらに呪物制作，祭祀という行為を通して，司祭は人とモノの新たな連関（ネットワーク）のなかに巻き込まれていくのである。オートポイエーシス論的には，自らの身体運動を通して呪物を制作する行為は，それ自体が事後的に気づくほかない自己の変容であり，新たな自己の産出であると石井は説明をする［石井 2011：194］。ジェルの芸術論的視点による「芸術的なるモノ（非西洋芸術）」の検証については第11章で扱う。

■ 2-3 棚田・絵本の美術館はどのようにエージェンシーを発揮するか

ジェルの呪術論からモノ（呪物）がどのようにエージェンシーを発揮するのかを前項で説明した。しかし石井が指摘するように呪術に関しても，また現代芸術に関しても同じく，モノ（呪物や作品などの指標）がエージェンシーを発揮するときには，制作者である呪術師やアーティストの意図を超えた予測不可能性と統御不可能性が見られる。関係の不安定さは，呪術的世界を構成する人とモノ，霊や神々を含めた諸要素の連関において人間以外の要素の力がほとんどつねに人間の意図や力を凌駕することから生じる。形成された連関が安定せず，安易に「自然化」しないということが重要であり，この点が日常的な現実世界の構成と呪術の世界が異なる点であると石井は指摘している［石井 2011：182］。それはまたアートの世界も同じである。自らの予想を超えた結果を，呪術師やアーティストはペーシェントとなって受け取り，なおかつ新たな人とモノによって構成される新たなネットワークのなかに自らも取り込まれていくのである。制作者自らも予想しなかった結果に翻弄されることもありうるのである。観光的世界もまたこの呪術的世界同様に，当初の目的

を実現できない例や，また思わぬ好結果に戸惑う例もあり，決して安定しているとはいえない。第7章と第8章で，現代アートを過疎地に持ち込んで「地域芸術祭」を開催した二つの地域を紹介したが，そのなかのいくつかの作品を事例として，呪術と芸術を平行して論じるジェルにならって，現代アートにおける作者，インデックス（作品），レシピアント（作者も含む受領者，鑑賞者），プロトタイプという四つの項が相互にどのように作用し合っているかを見ていこう。

1)「鉢＆田島征三・絵本と木の実の美術館」（越後妻有）

まずは「鉢＆田島征三・絵本と木の実の美術館」（第8章3-3 1)）である。鉢集落にある真田小学校が廃校になり，最後の生徒が三人いた。絵本作家の田島征三は，そこに飛び込んでいき，そこに残されているモノに触発されて作品をつくりだした。すなわち，〈アーティスト〉は廃校をひっくり返して，さまざまなモノのなかから最後の生徒三人を〈プロトタイプ〉としてその指標（作品）を作り上げたのである。よその小学校に転校した三人が，この小学校の菜園の様子を見にきたところから絵本のストーリーははじまっている。学校にはトペラトトというお化けがいて，思い出を食べていた。三人が校舎に戻って退治をすると，お化けは学校の思い出を吐き出し，学校がよみがえった［北川 2014：111］。赤，緑，青などに塗られた長短さまざまな木材が，不確かな形に束ねられ，それが最後の在校生三名となり，校舎内の各所で飛び回っている。

アーティストは〈プロトタイプ〉に動かされて〈レシピアント〉となり，素材である角材をまとめ・つないで〈指標〉である子どもたちを制作した。その〈指標〉に今度は〈アーティスト〉が刺激されて〈レシピアント〉となり，トペラトトの「ものがたり」（指標）を作成した。さらにはそのものがたりが〈プロトタイプ〉となり，〈アーティスト〉を刺激して〈指標（トペラトト）〉を制作させるという連関がここには見られる。制作過程では，校舎における作業そのものが卒業生たちを〈レシピアント〉として刺激をあたえ，制作に参加させる（一種の〈アーティスト〉）という連関が見られた。こうしてできあがった作品全体（指標）が公開されて，多くの鑑賞者・観光者を作品の〈レシピアント〉としてひきつけている。そして鑑賞者はその作品について語り（エージェント），その話を聞いた人が〈レシピアント〉として刺激を受けて，現地に赴くことになる。

2)「棚田」

カバコフの「棚田」でも同じことがいえる。まずは雪に覆われた棚田（モノ）に〈アーティスト〉は魅了された。当初，歌麿の世界として認識したのであるが，実はそこはきびしい労働が蓄積された場所であることを〈レシピアント〉として知った〈アーティスト〉は，長年ここで耕作してきた特別な英雄ではない，一介の農夫の記念碑（指標）を作成することにした。身体的な限界からその棚田耕作をやめようしていた年配の農夫（プロトタイプ）は，〈アーティスト〉が鋼板で農機具・農馬・農夫（指標）を制作する過程を〈レシピアント〉として見て，もう少し農業を続けてみようと思ったのである。その〈プロトタイプ〉（農夫）の死後は，その作品（指標）が置かれている棚田も「エージェンシー」を発揮し，〈レシピアント〉となったボランティアの有志に棚田耕作を受け継がせているのである。それを鑑賞した観光者（レシピアント）が，自らの感動をエージェントとなってほかの鑑賞者・観光者に伝えているのである。

2-4 「人・アート・地域」によるネットワーク

先の「鉢＆田島征三・絵本と木の実の美術館」もカバコフの「棚田」も，地域との協働による現代アートである。ラトゥールがミシェル・カロンらとともに推進してきたアクターネットワーク理論（ANT）では，「あらゆる存在者は関係を通じて生みだされるという関係論的な存在論を基盤にしている。関係に先立つ存在はなく，個々の存在者は他の存在者との関係を通じて特定の形態や性質を持つ。この原則は人間だけでなく動物や機械や道具などの非・人間も含むあらゆる存在に適用される。差異を生みだすことによって他の事物の状態に変化を与えることができるもの」[Latour 2005：71]はすべて「アクター」と呼ばれ，これらのアクターがとり結ぶ関係が「ネットワーク」と呼ばれる。ネットワークはその働きを通じてアクターを定義し変化させ，アクターは互いに働きかけながらさまざまな関係の網の目（＝ネットワーク）を構成していく。「アクターネットワーク」とは，この両者を同時に表す概念なのであった［Callon 1987：92-93；久保 2011：36-37］。過疎化により子どもがいなくなり，小学校が閉鎖され，校舎の建物だけが地域に存在していた。過疎地域の活性化を目的として「地域芸術祭」が企画された。エージェント（芸術祭プロデューサーと行政）が募集をし，地域の「ものがたり」を知ったアーティスト（レシピアント・ペーシェント）が企画（プロトタイプ）を提出し，採用後制作に取り組む。制作にはアーティストと，そのアーティストからの刺激を受けた地域の人々

（レシピアント）が，二次的な「アーティスト」となって制作活動に参加した。「芸術祭」開催期間中はその地域の人々が受付をし，エージェントとなってエージェンシーを発揮する側になり制作の様子や学校の「ものがたり」を鑑賞者・観光者に語る。それを聞き，見て，体験した人（レシピアント）が，また人に語る（エージェント）。そしてこうして構築されたネットワークが「アートネクサス」であり，「人，アート，地域」によって構築される「大地の芸術祭」だったのである。

　個々の存在者（アクター）は原理的に不安定で流動的なものだが，諸関係（ネットワーク）が相対的に安定して一定の持続性をもつに至ると，それらの形態や性質は確定的なものとなり「ブラックボックス」化される。ネットワークの安定化を通じて特定の現実が作り上げられていく過程を描き出すのが ANT の特徴であり，それは主にテクノロジーと社会的関係が密接に絡み合うような事例を分析する方法論として効力を発揮してきた。外部的要素である「現代アート」が「地域」にやってきたときは，当然ながら不安定で流動的であった。諸関係・ネットワークが安定していないので，さまざまな関係がぎくしゃくし，市街地では拒否され，排除されることもあった。それがいまや当然のこととなり，反対の声は表だって聞こえなくなった。訪問者数が安定し，さらには増えるようになれば，この「地域芸術祭」は恒例の行事となり，「ブラックボックス化」していくこととなる。そうなる過程を本書では「地域化」と呼び，「ローカル化」を経て「土着化」にいたるかを検証しているのである。

3　アートプロジェクト批判への批判

　アートプロジェクトに対する批判がはじまっている。2014 年に『すばる』10 月号に掲載された藤田直哉の「前衛のゾンビたち——地域アートの諸問題」は，評価が定まることがない「現代アートプロジェクト」に対する美術評論的な見地からのコメントであったことから話題になった。

■3-1　前衛の「地域化」への危惧

　現代アートには理論が不足しているという現状があり，1968 年前後に生まれた理論を参照しているとの指摘がある。美術館という制度から美術作品を解放すること，美術作品が固定した感性をもつことを拒絶すること，社会のなかで関係性の布置を変更させることなどがそこから調達されているという［藤田 2016b：33］。都

市のなかでさまざまな「イベント」をおこなった赤瀬川源平，市街劇をおこなった寺山修司などの68年代を頂点とする運動は，すべて「芸術」を囲む枠を疑い，破壊し，攪乱しようという当時の社会状況との関連のなかでおこなわれていた。問題は，21世紀の現在の日本でおこなわれているアートが，それらの過去の運動を自身の正当化の根拠として引用しながら，結局は，国策の一環であるかのような「地域活性化」に奉仕してしまって，閉じていく現状を藤田は批判する［藤田2016b：35］。68年的なモノが日本の田舎に吸収されてしまっているように見えるといい，「前衛のゾンビたちが，身体を溶かしながら，田んぼのなかに崩れかけている」と表現する。「芸術」の制度を疑い，それを解放することを裏づける理論的な背景がいかに立派であろうとも，「お金を出す自治体・国の理屈」である「地域活性化の圏域に芸術が回収されることを正当化するものとしてしか機能しえない」と批判する。全体としては，「地域活性化」に流れやすい重力が，スポンサーが公的機関であることと官僚的な文章術によって生じてしまう。それが仮に「方便」だったとしても，「方便」がひとり歩きすることが多くあると危惧を示す［藤田2016b：36］。

　1968年前後に生まれた反体制の理論を現代アートによる「地域アートプロジェクト」活動の説明のために使用しながら，地方自治体や国家という体制側の「地域活性化」策の手段として「地域アートプロジェクト」が利用されているというのが，藤田の論点である。公的資金の投入先として以前は「箱モノ」が建設されたが，有効に利用されることなく批判を受けた。今回も，現代アートという「消えモノ」に形を変えただけで，有効に利用されることなく，結局は失敗だと批判されるに違いないとの危惧を表明しているのである。しかしながら大きな違いに藤田は気づいていないといえよう。「箱モノ」行政は2年から3年の予算措置の期間に建物を建てて終了するのに対して，藤田のいう「消えモノ」を使った「地域アートプロジェクト」は，最初の3回までは公的資金による運営費でまかなわれるが，その後は自前での運営に移行する。そのときマネジメント能力のないプロジェクトは経営難に陥り，じり貧になり，終息する。自前で運営できるようになればその成果が表彰され，企画に対して新たな私的分野からの参入や，そのほかさまざまな名目の公的資金補助の導入が可能となる。もちろん「鑑賞者・観光者」の支払う鑑賞料収入，関連商品の売り上げも大きな支えになっている。越後妻有ではすでに6回の芸術祭がおこなわれ，入場者数が増加し，地域への経済的な効果も確実になっている。それを単に「地域活性化」という官僚的な文章術に回収されただけであるとはいえまい。むしろ，植民地体制下で被植民者が支配者の論理を「流用」し，着実に主体性を育ん

でいった例を視野に入れた方が，地域に対する展望が拓かれるといえよう。本書においては，官僚のいう「地域活性化」を「流用」して，地域の人々が「地域文化観光」に育て上げて発信するしたたかな戦略にこそ注目すべきであると主張したい。

■ 3-2　美術批評の限界性：「永遠性・普遍性」への疑問

2016年5月の読売新聞「論点」では，地域と芸術が出会うなかで両者が変化し，それが「地域アート」となり，観光者が訪れ，地域がブランド化し，移住者も増え，経済効果があり，住民が元気になると喧伝されるが，来場者数や収益があれば成功していると評価できるのかと藤田は疑問を呈する［藤田 2016a］。先にも述べたように，藤田は「地域アートプロジェクト」は，使用するものが「箱モノ」から一時的な「消えモノ」に姿を変えただけで，これまでと同様に公的資金が有効に使われることがない，内実の伴わない資金投入であると批判する。そのなかでは芸術的な評価が置き去りにされることが多く，郷土愛をくすぐり，喜ばすだけの内輪的な作品がしばしば作られ，そこにこそ一番の価値がある，という錯覚が起きているという。

そして，「論点」の最後で彼の考えの論拠となる芸術観が述べられる。彼は，「現代社会が抱える諸課題の解決が芸術に託されて，ある意味，道具的なモノとして扱われていることに危惧を覚える」という。そして「行政や市民運動には代替えできない，芸術だけがもつ価値を見失うべきでない。地域の固有の生活や信仰の感覚まで降り，触れ，そこにある生命に根付きなおして，新しい日本の芸術のあり方につなげていくことが必要だ」という。芸術は，その理念において，歴史も地域も越えた「普遍性」と「永遠性」を志向する。「地域の固有性が，世界性，普遍性へと直結する軌跡。消えゆく生が，芸術において永遠へと昇華する可能性。私たちはそのような夢を，地域アートに託してもよい」と藤田はいう［藤田 2016a］。しかしながらANT的視点からは，現代アートというモノが，最初は核となってネットワークを形成するとしても，地域住民をはじめとしてさまざまな要素がテンポラリーに関与するという性質から考えると，「ブラックボックス化」されていつまでも中心として固定的に位置づけられることはない。ほかの要素との関係のなかに位置づけられ，その位置は条件により，状況によってつねに変化するものである。藤田のいう「普遍性」や「永遠性」は望んでも得られるものではないことが明確となる。関係性のなかでしか意味を獲得できないことを前提とするならば，「普遍性」や「永遠性」を獲得するためには美術批評という営みが「ブラックボックス化」して永遠に続くことを目指すということになる。そのためには，批評作業が固定化するように美術界

なるものを狭く保つ必要がある。それは藤田も望むことではないと思われる。

■ 3-3 「やり甲斐搾取」への批判

　藤田の議論のなかで，「やり甲斐の搾取」なる言葉が遣われている。税金が使われているため，役に立つものを作らないといけないという圧力があり，アートがコミュニケーションの生成にかかわるものへと変化しようとしているときに，問題が起こってくる。「そんなに簡単に，有用になっていいのか。質はなんで判断されるのか。芸術の独自性は保ちうるのか」との危惧を表明する［藤田 2016b：24］。その境界領域では単なるサービス労働と「アート」との区別が曖昧になっている。ときには「アート」というものが，ある種のやりがい搾取を肯定し，非正規雇用者のアイデンティティを維持させるための道具となっていさえするかもしれないという［藤田 2016b：24］。

　「やり甲斐搾取」とは，それこそ1968年前後の学生運動のなかで使われた言葉である。労働者の幸せは，ブルジョアが与えた小さな幸せにすぎない。「働き甲斐」は資本家のためにすべて回収されてしまうものであるというおおざっぱな議論となる。現在の過疎地域で閉村されていく危機を目前にしている人々に，そしてその人々との協働をするボランティアの人々に，「芸術性」に関してまだ曖昧であり「やり甲斐搾取」であるからかかわるのを慎重にせよという議論は成立するのであろうか。ほかでも指摘されていたが，これは1960年70年代の活動家が陥っていた「上から目線」での物言いである。労働が，資本家による搾取にさらされているとしても，生存のためにはその労働をやめることはできない。労働そのものに楽しみを見つけることもある。状況を把握したうえで，その労働を選択する者に，よそからの批判は成立しない。地域の状況を知らず，地域を置いてけぼりにした批判のための批判であるといわざるをえない。それこそ68年の大学生活動家の息子が労働者である父親を，「労働に生き甲斐を見出し，それが家族の幸せになると考えるのは，資本家にだまされているのだ」と批判しているようなものである。息子にとってはその仕事よりも，資本家・資本主義体制を打倒することが重要であっても，父親にとってはこの仕事に従事し，家族が毎日生活でき，その息子が大学に通えることの方が重要なのである。地域の状況は，この父親の状況であるといえよう。自らの生活を支え生き残るためには，清濁あわせのみ，役に立ちそうであれば，「現代アート」であろうとなんであろうと取り入れてみるのである。

　藤田の論点は，地域からの視点が欠落している。その点で，「地域文化観光」を考

える本書のポジションとは決定的に異なっているといえよう。

■ 3-4 「アートなるもの」の相対化の必要性

藤田は1968年前後に生まれた理論から「地域アート」は理論を調達していると［藤田 2016b：33］いい，国策の一環である「地域活性化」に奉仕してしまって，閉じていく現状を批判していた［藤田 2016b：35］。理論的な背景がいかに立派であろうとも，「お金を出す自治体・国の理屈」である「地域活性化の圏域に芸術が回収されることを正当化するものとしてしか機能しえない」と批判していた。しかしながら藤田の批判もまた，1968年代の芸術論・アート議論に拠り所を求めていることになる。この批判にならない批判を超えるためには，彼の拠り所としている「アートなるもの」の相対化が必要であることを主張したい。また，本書の視点から藤田による批判の問題点を指摘すれば，「アクターネットワーク」論的「存在論的」問題として，「地域」と「人」の存在に注目する視点を欠いていることである。

お金を出す自治体・国の理屈で「地域活性化」の圏域に芸術が回収されることを正当化するものとしてしか機能しえないと，藤田は批判する。しかしながら，人類学では権力側の懐に入りつつ，被支配者側が「流用」という戦術で自分たちにとっての「実」を確保する戦い方を問題にする。植民地主義支配下にあって，または今日では国家主導の政策の中で，地域が生き抜くための戦略についての考えが欠落している点が指摘される。「地域芸術祭」における地域の人々の動きを評価できず，その地域の人々との協働による成果を測る「地域化」の理論が欠落しているのである。国の理屈に回収されない，地域のあり方が問われている。この「地域アート」が国家的「地域活性化」に回収されない力をもっているのは，過疎地域の人々の最後の「生き残り」をかけた戦いとなっているからである。

さらに藤田は，ボランティアで参加している人々が主催者による「生き甲斐搾取」を受けている可能性を指摘する。しかしながら，ボランティアで参加する人々といっても一様ではない。軽い気持ちで，主婦や老人がアルバイト感覚で参加する場合もある。そのような地域の人々は，作品の芸術的価値を説明するわけではなく，受付をするなかで，自分たちが見聞きした作品の製作過程や作家に関する逸話を話す。またこれまで訪問してきた人々についての話をする。小豆島の「うみのうつわ」（作品番号074）で受付をしていた島の人は空いた時間にアルバイトとして参加している。波の音に合わせて光が明滅する展示室のなかで，瀬戸内の伝馬船をイメージした船型の作品に横たわることができるという彼の案内を受けると，女性たちは光の

船に横たわってみるが、男性たちはほとんどが「いや、いいです」と断ると紹介していた。アルバイトで参加している地域の人たちは、作品の制作過程を見て、訪問する鑑賞者・観光者たちに説明し、自分たちなりの交流を経験していることがわかる。

地域の人々の巻き込み方や巻き込まれ方については、それぞれの立場・文脈によってかかわり方も多様である。越後妻有の川原にある「戦艦ポチョムキン」は、見た目にものすごい「存在感」があり、それに圧倒される。それまでゴミ捨て場になっていたが、以後そこにゴミを廃棄する人がいなくなったという。地域の人々がその作品を大切にし、掃除やまわりの草取りなどの整備をし、面倒をみている。作品が愛されて大事にされており、労働の搾取や生き甲斐搾取とはほど遠い現実がある。

先ほどの藤田の批判は、「美学・芸術論」側からのものであり、自らもいうように「芸術の制度を疑い」「それに挑戦する前衛たれ」という1968年の美学的な事情を反映する主張でしかない。藤田も「方便」という言葉を使って、行政の資金を獲得しながら別種の道を探る個々の戦略や実践は存在するし、その成果は否定しないという。しかしながら、全体としては、「地域活性化」に流れやすい重力が、スポンサーが公的機関であることと、官僚的な文章術によって、生じてしまう。それが仮に「方便」だったとしても、「方便」がひとり歩きすることは、歴史上、何度もくり返されてきた［藤田2016b：36］と危惧を表明するだけで終わっているのである。「生き残り戦略」としてこの「地域芸術祭」を実践している地域の人々にとって、「芸術なるものの使用・流用」はその重要な戦略であるという点を強調する必要がある。すなわち、この地域においては「アートなるもの」の相対化がおこなわれているのである。その「アートなるものの相対化」に視線が向かなかったことが、藤田の批判の限界というべきであろう。世界的な観点からの「アートワールドの相対化」については第11章1-3で詳しく検討する。

4 まとめ

地域の人々の活動の論理は美学的ではない。美学的ではない論理で地域の人々は動いているのである。藤田は、「1968年的なものの残骸をただ参照するだけで芸術的価値が保証されると思い込んだり、社会や政治に関わりさえすれば良いと思い込んでいる作家たち、そしてそれを肯定しようとする批評家たち」に問いかけたいという［藤田2016b：41］。「それでは芸術が芸術という固有の領域であることにより期待されていた、現世を超えたある種の力を、失うことにはならないか。そしてそ

のことにより，社会や政治を変える力を，かえってなくすことにならないだろうか」と疑問を呈する［藤田 2016b：41］。藤田によれば，「芸術は固有の領域で，現世を超えたある種の力があり，社会や政治を変える力を持つものである」ということになる。しかし「アート」は，その多様な歴史性ゆえに「よく知られて」おり，鑑賞や体験は美術館などで容易に可能であるが，別領域となる「言語的説明（芸術理論）」に関しては，理解不可能で，気取ったカタカナ外国語の専門用語がちりばめられた「こむずかしい」「よくは分からないモノ」になっているのである。

　本書の立場からいえば，アクターネットワーク論における「人，アート，地域」の分析こそなされるべきなのである。とくに，この場合の「アート」は，それまでとはまったく異なる「人，アート，地域」という「アートネクサス」のネットワークのなかに措定されているのである。それゆえに，ほかの連携する要素との関係のなかで新たに付与される意味，そしてそれ自身がそのネットワークのなかで獲得する新たな意味は，それまでの「芸術」の意味とは必然的に異なっている点を見逃してはならない。この場合の「アート」とは，地域の人々には何かわからぬ「不可思議な」喚起力をもつものであり，新たな意味を付与されるものである。見知らぬ「人」が「地域」の空き家に滞在し，長い時間を使ってなにやらわからぬ「創作」をおこなっている。ある「アーティスト」は，呪術のように床に数万本のまち針を刺し，別のアーティストもまた，呪術のように黒い紐を部屋中に蜘蛛の巣のように張りめぐらせる。地域の年寄りが，「意味のわからぬまま」に，その手作業を手伝った。手になじんだ手作業を見て，人々の身体感覚が喚起され，自然と作業への参加が促されたのである。「地域」の「人」と「地域」外からの「人」（アーティスト）が，「地域」での「アート」制作を機会に，アクターたちのネットワーク内に措定されたのである。そこで醸成される意味は，これまでの美術館，そして美術ジャンルにおけるアートの意味とは当然異なってくるのである。

　これまで，芸術というジャンルは，あまりにも自明で，強固な制度であり，絶対に消えることのない「自然なもの」であると思われていたようである。それゆえ芸術をほかの目的のために「流用」すること，単なる道具としては使えないものと考える固定観念があったと思われる。現在用いられている「芸術」の概念が日本に輸入されたのは明治時代にすぎない。大きな変化がもし起これば，消えてしまう可能性もあるのである。「地域アート」を評価するためには，「アート」だけでなく「地域」を評価する必要があるという重要な視点を見落としてはならない。アート批評家は，地域にいっても「アート」しか目に入らないことを自白しているようである。

いまやそのアート創作活動が「地域活動」として評価できるかどうかについての基準を提示する必要が生じている。そして「地域性」「地域の人々の巻き込み方」が考慮されていない作品は，「アーティストの単なる自己満足」でしかないと批判されるべき時点にきている。しかし「地域」としてもまた，批判をする基準をまだもたないのが現状である。本書における「ローカル化」「土着化」の両過程を含んだ「地域化」に関する議論は，その基準について参考になるものと考えている。

第11章
「観光まちづくり」と「地域文化観光」

　本書では，ANT においてモノがアクターとなってエージェンシーを発揮する点に注目してきた。それは近年しきりに参照されるようになった「アフォーダンス」の概念と通じるところが多い。本章ではまずアフォーダンスと「地域芸術祭」についてまとめ，最後に部分としての「地域文化論」と全体としての「観光学」についての考察をおこなう。

1 アフォーダンスとモノのエージェンシー

　芸術作品が人に影響を与える点に注目して，須藤廣は「観光者のパフォーマンスが現代芸術に出会うとき—アートツーリズムを中心に，参加型観光における参加の意味を問う」［須藤 2017：63-78］という論文において，「アフォーダンス」と「パフォーマンス」の関係から，アートツーリズムにおける「参加」の意味について考察している。まずは「アフォーダンス」についてまとめてみよう。

1-1　アフォーダンス
　J. アーリと J. ラースンは『観光のまなざし 増補改訂版』［2014］で観光写真の分析をおこなっているが，携帯やインターネットでの写真がネットワーク上に集積していることが意味するものは，写真技術的「アフォーダンス」が劇的に拡大したということだという［アーリ＆ラースン 2014：282］。
　「アフォーダンス」とは，J. ギブソンが『生態学的視覚論—ヒトの知覚世界を探る』で提出した造語で，「環境のアフォーダンスとは，環境が動物に提供する（offers）もの，よいものであれ悪いものであれ，用意したり備えたりする（provide or furnish）ものである」［ギブソン 1985：137］。この語で「既存の用語では表現し得ない仕方で，環境と動物の両者に関連するものを言い表したいのである。この言葉は動物と環境の相補性を包含している」［ギブソン 1985：137］と説明している。

陸地の表面がほぼ水平で，平坦で，十分な広がりをもっていて，その材質が堅いならば，その表面は支えることをアフォードする。それは支える物の面であり，われわれは，それを土台，地面，あるいは床と呼ぶ［ギブソン 1985：137］。この水平，平坦，拡がり，堅さは，物理学で用いられる尺度，面の物理的（physical）特性である。ある文化圏の人間はひざまずいたり，しゃがんだりする仕方とは別の座り方の習慣をもっている。先の四つの特性を備えた支えの面が，もし地面よりも膝の高さほど高ければ，その面はその上に座ることをアフォードする。われわれは一般にはそれを坐るもの（seat）と呼ぶが，とくにスツール，ベンチ，チェアーなどとも呼ぶ。機能的配置が坐る物の配置である限り，それはさまざまな形をとりうる。その面の色や肌理は関係がない。もし，ある面が水平で，平坦で，広がりがあり，堅くて，知覚者に対して膝の高さにあるならば，事実その面は坐れるものである。もしこれらの特性をまさに備えていると弁別されるならば，それは坐ることのできるものに見えるに違いない。もしそう見えるならば，そのアフォーダンスは視覚的に知覚される。また，その面の特性が身体の面，つまり自己と関連づけて見られているときには，それらの特性は，坐るものを構成し，意味をもつことになるという［ギブソン 1985：138］。

　アーリとラースンは「観光のパフォーマンス転回」においては，カメラとか観光バスとか車とかのようなモノと技術が観光パフォーマンスを起こさせるのに重要であることを強調する。モノや技術は肉体の能力範囲を超えて身体的性能を増大させ，新しいことをしたり，違った現実を感受することを可能にしてくれる。パフォーマンスを分析するのに欠かせないのは，「アフォーダンス」という概念であるという。個々の人間の器官とこれを作動させる技術に向けて個々の場やモノが与えてくる力を「アフォーダンス」と呼ぶが，それは客体的であると同時に主体的であり，環境でもあり器官でもある。「アフォーダンス」はある可能な範囲内でだが，人の行動を左右する。過去と現在の社会関係が与えられ，人間が感覚的で，肉体的で，技術の助けで拡大し，移動する存在でもあるということであれば，環境のなかのモノが可能性や抵抗を発信（afford）してくるのだという［アーリ＆ラースン 2014：300-301］。

　異なった配置は動物が異なれば異なった行動をアフォードし，かつ異なった機械的動作をアフォードするということになる。これは単なる環境と対象との関係ではなく，対象となる存在（主体）によってどのような「アフォーダンス」になるかが規定されてくるという相互関係性が重要になってくる。これまでどのように人はモ

ノによって動かされるかについて分析したが、この「アフォーダンス」の概念を採用すると、より緻密な分析が可能になる。動物も人間もモノや人が構成するネットワークのなかにあり、そのなかでモノのエージェンシーを感受する。しかしながら同じ影響を受けることがないのは、感受する知覚によって環境が示す情報が異なるからである。異なる動物は異なった器官をもち、異なった情報を感受する。人は各人が異なる知覚を発達させており、環境から得る情報も異なる。地域において制作をしている芸術家の作業を見て地域の人が反応する場合も、各人の身体感覚が異なるので反応する人と無関心でいる人が出てくるのである。

■ 1-2 「地域芸術祭」とアフォーダンス

須藤［2017］はアーリとラースンの議論を参考にして、アフォーダンス理論が観光の変容を説明する上で最も重要と思われることは、観光をめぐる技術の発達であるという。技術をアフォーダンスに含めるかは議論の余地があるが、ここでは人工技術によるアーキテクチャーもアフォーダンスの一部であると須藤は考える。アフォーダンス理論からは、観光者にとって観光環境は多義的な情報（意味や価値）をもっており、観光環境の変化は観光者にさまざまな選択と能力を開花させる可能性をもつ。観光が提供するアフォーダンスを観光者が読み取り、それに向かって創造的に行為しようとパフォーマンスを発動したときに、観光の快楽は実現するという［須藤 2017：66-67］。

現在、観光環境はバーチャル情報と混在しつつあるものの、基本的には外的自然（=「自然」）も内的自然（=「身体」）も含めた「自然」のうえに成立している。人工的に演出されたものであれ「場」は無限の情報をもっており、その「場」が示すアフォーダンスから観光者はその意味と価値を読み取り、創造的に行為の方向を選択し、パフォーマンスへといたる。観光地がもつ膨大な情報量と複雑性は、観光者が短い滞在時間内に得ようとする観光地の情報量をつねに超えているが、観光者は情報を縮減しつつ、観光地の環境が提供する無数のアフォーダンスのなかからなるべく多くのパフォーマンスを選択しようとする。一方、観光提供者は観光地のアフォーダンスをできる限り多く観光資源化しようとするのであるが、原理的には観光提供者が提供しようとする情報とアフォーダンスの間にはつねにズレが存在する。観光者のパフォーマンスは、観光地のアフォーダンスの意味と価値を創造的に読み取りつつ、観光提供者の意図を少しずつ超えてゆくのが現実である。観光提供者が意図的に先回りして、「場」のアフォーダンスを利用した人工的なアーキテクチャーを

創作する場合がある［須藤 2017：66-67］。それが，マキァーネルが「演出された真正性」の例としてあげた，本来裏に位置する調理場が見えるオープンキッチン・レストランである。

　須藤は，パフォーマンスとアフォーダンスの関係から，現在増えつつある「参加型」観光，とくにアートツーリズムにおける「参加」の意味について考察する。近代化にともなうアフォーダンスの変容とそれに呼応するパフォーマンスの拡張の結果，現代では文化表現において鑑賞者の参加がおこなわれていると指摘する［須藤 2017：63］。観光の環境がもたらすアフォーダンスの拡張が，観光者や観光地住民のパフォーマンスを呼び込み，観光にさらなるスペクタクルとエンターテイメントという消費の次元を拡張し，関係作りの自己目的化をもたらすのと同時に，「日常」に対する「異化効果」や「覚醒作用」をもたらすこともあるという。芸術と観光は，両者ともに商品化と政治的支配への回収と，文化的および社会的革新に向けた創造力の開放の両面性をもっている。現代の表現芸術が「観光化」することは必ずしも，芸術の商品化と消費の「退廃」をもたらすわけではない。問題はそのただなかで，対立性と創造性という現代芸術の核心をいかに担保できるかということなのであるという。須藤は「ソーシャル・エンゲージド・アート（社会関与アート）」（P. エルゲラや C. ビショップ）が，1990 年代に提唱された N. ブリオーの「社会関係の美学」を批判する美学的な関心から語られる側面が強いという［須藤 2017：73-74］。ビショップらと同様「地域アート」の無批評性を批判しつつ藤田が主張するように，「地域アート」において，地域のつながりの回復を目指すなかでさえ，芸術は「世界を全的に変えてしまうような［…］現世を超えたある種の力」［藤田 2016b：41］，すなわち「違和」の力をもつべきであると須藤も主張する［須藤 2017：74］。しかしながら，この点に関しては，本書では，藤田らの批判者もまた 68 年代の議論にとらわれていることを指摘した。謙虚に地域で現在起こっている現象を検証すれば，現代アートを含む新たな「地域文化観光」の動きを見てとることができると主張したい。

■ 1-3　アートワールドの相対化

　「未開芸術」「民族芸術」を対象として人類学の領域では，あるモノがいかにして芸術作品となるかについての研究が進められてきた。非西洋地域の芸術を対象にするときには「未開芸術」「民族芸術」とのレッテルが貼られ，西洋の芸術世界とは別のものとして考えられてきたのと同時に，非西洋の「芸術的なモノ」によって西洋

的芸術が相対化される契機ともなった。非西洋的芸術をいかに位置づけるかに関する文化相対主義的な立場からのアプローチは，既存の芸術論や民族学とは異なる独自のフレームワークを提供した点で芸術の人類学の展開に貢献している。南太平洋フィジーにある南太平洋大学（University of the South Pacific）のオセアニア・センターで調査をした渡辺文は，オセアニアという非西洋地域にありながら芸術を追究しようとする，境界領域における人々の実践を対象とした研究をおこなった［渡辺 2014：3］。本節では，これまで芸術として語られてきたものを相対化したときに，本書で扱っている「地域アート」を新たな枠組みのなかに位置づけることの重要性を指摘する。すなわちこれまで「芸術」として当然視され「ブラックボックス化」していたが，非西洋の「芸術的なモノ」が出現し，そして日本の過疎地に現代アートによる「地域芸術祭」が出現したのを契機に，既存のアートワールドが再編成・再構築を迫られたのである。

1）「芸術＝文化システム（アートワールド）」批判

　非西洋の「民族芸術」や「未開芸術」と名づけられるものは，超歴史的かつ没個人的に，同じ文化内の集団によって等しく共有されるものであると見なされた。しかし，制作過程における偶然性や個人差などが必然的に含まれる芸術的創作活動を無視することになるとの批判をうけた。それに対して本質主義的に芸術は通文化的なカテゴリーであり，「作品に内在する力」はモノ自体の属性であると考えることが，「部族社会」を野蛮で未開なものだとする誤った見方を払拭することになるという立場が現れた。その立場では，西洋芸術が合理化のプロセスで失っていったような呪術的審美性が「部族社会」の美術には宿っていると讃美し，さらに芸術を構成する普遍的な領域として呪術的審美性があると考えた。この立場は，審美的な価値判断を引き起こすようなモノが通文化的に見受けられ，芸術の源泉が宗教的領域にあるという共通見解に支えられていた。しかし，審美性が普遍的なカテゴリーであるという理解は，世界各地の事例を調査した人類学的知見に照らすと疑問視されることになった［渡辺 2014：8-10］。

　次に一連の「芸術＝文化システム」批判がジェームズ・クリフォードらによってなされた。近代西洋を起点とする純粋芸術の概念が普遍的でないのは当然だが，かといって非西洋という閉じられた時空間など存在しないという反省が，1980年代には人類学全体へ広がった。非西洋における芸術は決して自律的なものとして把握することはできず，とりわけ西洋の芸術システムとのかかわり抜きにそのあり方を論

ずることはできないと主張された。クリフォードは近代西洋を舞台に，収集，分類という作業を通してエキゾチックなモノがコンテクスト化され価値を付与された諸過程を考察し，これらを可能にした西洋の制度的かつイデオロギー的なシステムを「芸術＝文化システム」と呼んだ。そこでは「真正」か「非真正」かを判断し，次に「傑作」か「器物」かの分類がなされた［渡辺 2014：11-12］。その結果「芸術」「文化」「非文化」「非芸術」の四つの意味領域が生み出された。19世紀には，芸術と文化とは価値の領域において，人類の最良な創造物を収集し分類する戦略として互いに補強し合うようになった。20世紀に入りエリート主義が弱まるにしたがって，高尚な文化と低俗な文化との区別が解消され，またヨーロッパ中心主義の弱まりとともに，原則的には，人間のどの社会も完全に「文化的」であると認定されるにいたった。芸術と文化が並行的な概念となることで，おびただしい量の非西洋の器物や慣習は，一時的にせよ「芸術＝文化システム」のなかへと成功裡に包含され，編入されたのである［クリフォード 2003：280-286；渡辺 2014：13］。

2）物質文化としてのアート

物質文化研究の枠組みから展開される議論では，移動するモノを追う分析方法と，モノの物質としての属性それ自体を論点化しようという二つの潮流が見られる［渡辺 2014：16-17］。前者は，モノを動かし，価値づけ，意味を与えている人の社会を浮かび上がらせ，収集や展示にまつわるモノの移動を政治化・歴史化するクリフォードなどの研究である。モノが移動する様を「モノの社会的生活」と表現し，それらが商品として交換され流通する過程こそが，価値が生産されてゆく過程そのものであるというアパデュライなどの研究もある［Appadurai 1986］。後者では，大航海時代の収集活動を支えていたのは，実際のモノに媒介されることによって「知られた世界（西洋）」は「知られざる／見えざる世界（非西洋）」を了解できるのだという認識があり，近年にはアクターネットワーク論などで，芸術品が作られ意味を獲得していく過程を「行為＝作用」の次元からとらえ直すという方向に向かっている。

ここで先の第10章で扱ったアルフレッド・ジェルの研究を再び引き合いに出すことになる。宗教研究の領域では「方法論的無神論」が受け入れられているのに，芸術の人類学はいまだ「美」という神話に囚われていることを指摘し，「方法論的世俗主義」［Gell 1999：159-162］をジェルは提案する。本書で事例としている現代アートによる「地域芸術祭」を分析・考察する際にも，これまでのように美学的領域

で議論をしていても，一番肝心な地域の現状を視野に入れぬまま，結局は見当外れな見解を提示することしかできないという結果になる。ジェルの四つの項目については呪術論のなかで石井の説明を紹介したが，ここでは芸術に関する議論として渡辺のまとめを参照する。「芸術作品」と呼ばれるものをジェルは記号論的なインデックス（指標）としてとらえ，それが指示する何ものかはアブダクションという推論形式によって把握される。インデックス，アーティスト，レシピエント，プロトタイプという四つの項のそれぞれが当該項それ自身をも含む他項との対面組み合わせにおいて，エージェント（作用主）あるいはペーシェント（受動者）となりうる。それゆえ，理論的には $4×4＝16$ 通りのエージェンシーの発現が想定される。このような組み合わせのなかでアブダクションが展開することから，生成するつながり（nexus）こそが「芸術らしきモノ」が作動する「芸術的状況」の全体を覆うのである。作品とは意味を運ぶ箱ではなく，モノとしての特性を動員しながら作動する作用体であるととらえた点に特徴がある。しかしながら，ジェルは，「芸術的状況」に権力が侵入するという側面を論じようとしなかった点が批判されている［渡辺 2014：18-19］。

　ここまでの経過を振り返って，渡辺は，西洋芸術を起点とする中心的な芸術システムと，それを仮想敵とする立場から議論が展開してきているが，メタレベルから眺めると，この両者の議論には大差がないと指摘する。「非西洋芸術をどのように論じればよいのか」という問いは，「西洋芸術という圧倒的な権力との関わりにおいて非西洋芸術をどのように論じればよいのか」という問いに置き換わっただけであるという。芸術の人類学は，西洋芸術と対比されることによって作られた非西洋芸術というカテゴリーを，今度は批判の刃として西洋芸術へと突きつけかえすというような，堂々めぐりに陥っていると批判する。そして権力論を適切に考慮に入れることを条件にして，ジェルの研究に可能性を渡辺は見出している［渡辺 2014：23-24］。芸術が生まれる場に参与する人々とは，必ずしも主体性をもった意識的な個人ではなく，芸術とはモノや人を含むさまざまな相互行為のなかから立ち上がるのだとする見方は，中心的アートワールドとの交渉だけには限定されない「実践の大海」を明らかにしようとする方法論を提示するものとなるのである。

■1-4 「地域アート」というカテゴリー：京都・神戸，そして「木津川アート」

　現代アートによる「地域芸術祭」においても，既存のいわゆる「芸術＝文化システム」からの評価を受けることになる。しかしながら藤田［2016b］が指摘するよ

うにこれまで適切な批評・評価を受けていなかったとすれば，それは芸術批評の領域における怠慢であったといえよう。社会科学の領域ではつねに指摘されることであるが，変化するスピードに学問的研究が追いつかず，現実の後追いをしている状況がある。「地域アート」に対する無批判性は「芸術＝文化システム」領域の問題であって，事象が先行する「地域芸術祭」の問題ではない。現実の少子高齢化と中山間地や離島の村落における過疎化はとまることがない。そこでは行政による対策や支援はそれなりに講じられてはいるものの，間に合わないのが現状である。もはや開発プロジェクトがもち込まれることのない地域に，ただ一つやってきたのがアートプロジェクトによる「地域芸術祭」であった。高齢化・過疎化による空き家・廃校の存在が，皮肉にもアートプロジェクトにとってのアフォーダンスを提示したのである。

1）京都・神戸の芸術祭

都市部でおこなわれる現代アートプロジェクトもある。2015年に開催された「パラソフィア京都」と「神戸ビエンナーレ」を訪ねたが，いわゆる美術館や建物内での展示が主で，人は建物から建物へ移動し，従来型の「美術館鑑賞」をおこなっていた。芸術文化の振興が目的とされており，地域や地域の人々が介入する余地はない。神戸では港の側に大きなテントを設置しその中での展示が中心であり，兵庫県立美術館では「日本の漫画＊アニメ＊ゲーム」展が開催され，最近までの動向をまとめ，若い世代を集めていた。興味深かったのは東遊園地で開催されていた「アート・イン・コンテナ国際展」であった。公園のなかには沢山のコンテナが並べられており，コンテナ内での展示という決められた条件のなかで創作された一つひとつ異なった作品を巡るのは楽しみであった。コンテナ内を暗くすることが可能なので光を使った展示が特徴的であったが，なかには黒い下地に白の線を浮き立たせた作品や，切り抜いた白い下地を立体的に積み上げた作品もあった。すべてのコンテナを巡った後では一つの統合的な印象をもつことができた。神戸と京都の都市における芸術祭の全体的な印象としては，1日にいくつかの美術館をまとめて訪問する機会を提供しているというものであり，「地域文化観光」の視点からは，とくに注目すべき対象ではなかった。

2）「木津川アート」

小規模ではあるが「木津川アート」には地域を訪問させる意図が見られた。受付

図 11-1　ベンチの老人蔵　　　　　　　図 11-2　路地あるき

は駅近くのビルで，そのなかで現代アートの展示を見た後，大通り沿いの神社の境内の作品を見てから，住宅街に入っていく。集会所前に作品が置かれ，なかではグッズ販売所が設けられていた。矢印にしたがって細い道を辿っていくと家の門からなかの一部屋までに小さな兵隊の人形が何百体と並べられた作品がある。道ばたには実物大の老人の人形が座っていた。道を奥まで辿ると崖に突き当たり，道なりに曲がっていくと暗幕で暗くした倉庫で映像を流していた。その前の小屋では地元の老人三人が椅子に腰掛けて，訪問者に倉庫内の映像についての案内をしていた。いくつかの作品を追いながら，昔ながらの趣のある木造の家屋が重なっている地区の細い道を辿って集落を一周した。ここに展示されていた一つひとつの作品自体にはそれほど強く人をひきつける力を感じることができなかったが，「作品展示付き地域めぐり」としての「木津川アート」は十分にリピーターをひきつける魅力があると思った。アートめぐりの訪問者への配慮として地域の人々によるさらなる休憩施設の設置などの必要があるが，それはこの企画がどれだけ「地域のモノ」になっているかの目安になる。このままであれば，地域にとっては外部的な要素を主催者とアーティストによってもち込まれただけのプロジェクトで終わる可能性が高い。

3)「地域文化観光」としての芸術祭

「地域文化観光」の視点からは，あらためて地域の人々にとってその企画を「地域のもの」にする必要があるのかがまず問われなければならない。越後妻有の多くの地区では，この企画を成功させないと地域がなくなるという危機感があった。一方，近隣には過疎地が多いとはいっても，消滅の危機に直接はさらされていない十日町のような市街地には，何やらわからぬ現代アートの「地域芸術祭」開催に反対し，抵

抗を示す余裕があった。この「木津川アート」の開催地区は，十日町市街地と同様に地区消滅の危機に直接さらされているわけではない。近くに京都・大阪・奈良などの都市を控え，その中間地点に位置しているのでこの企画がなくても地区が消滅することはない。行政や主催者だけによる単なる地域活性化策であるなら，協力する必要性を感じない住民も多くいるはずである。さらに重要な問題は，地域の人々が考え，作り出した企画かどうか，その企画を地域の人々が育てようとしているのかどうかという点である。地域の人々が発見，または創造し，それを地域の人々が育て上げる地域文化でなければ，「地域文化観光」は成立しない。「木津川アート」が「地域文化」になるかどうかは，この点にかかっているといえよう。

■ 1-5 「地域文化観光」研究に必要な視点

　先に紹介した「地域芸術祭」における地域の人々は，渡辺の事例とは異なり，「地域アーティスト」ではない。そこで展示される現代アートは，西洋的審美システムのなかで評価を受けるという側面と，過疎地における地域創成活動としての「地域芸術祭」のアイテムとしての側面がある。アーティストが芸術作品として展示しているかぎりは中心的アートワールドの「芸術＝文化システム」内での評価を受けるのは当然であり，「越後妻有 大地の芸術祭」や「瀬戸内国際芸術祭」の作品のなかには世界的な評価を受けているものもある。その世界的知名度をたよりに，すなわち「よく知られているモノ」を観光目的にしてやってくる大衆観光者もいる。そこでは大衆観光者とアート鑑賞者は同じ契機で行動をしていることになる。まさに「大衆鑑賞者・観光者」もともに存在している空間である。

　この「地域アート」を「地域文化観光」として考察する場合には，何が必要であろうか。当然ながら，すべての観光対象は観光以外のジャンルにも属し，そちらでは観光の領域とは別の評価を受けている。「地域文化観光」として「地域アート」を研究するとき必要とされるのが先に紹介したジェルの「方法論的世俗主義」であった。藤田などによる地域アートに対する批判は，芸術の人類学と同様にいまだに「美」という神話に囚われていると指摘できよう。それでは，先に渡辺が指摘したように，未開芸術・民族芸術と称されるモノを対象とした芸術の人類学においては，西洋芸術との対比によって作られた非西洋芸術というカテゴリーを，今度は批判の刃として西洋芸術へと突きつけかえすというような堂々めぐりに陥っていたのと同じことになる。「地域アート」を批判するために西洋美学をもち出し，今度は西洋美学を批判するために「地域アート」をもち出すことになる。必要なのは，「方法論

的世俗主義」的な考察である。芸術の領域でも観光の領域でも有効な分析手法となる，物質文化としてアート（＝観光対象）を見直す視点が必要とされていたのである。地域における観光対象の創造・制作過程を見ると，インデックス，アーティスト，レシピエント，プロトタイプという四つの項のそれぞれが当該項それ自身をも含む他項との組み合わせにおいて，エージェント（作用主）あるいはペーシェント（受動者）となっているのである。そこでは理論的には16通りのエージェンシーの発現が想定され，その組み合わせのなかでアブダクションが展開して，生成するつながり（nexus）が「芸術らしきモノ」が作動する「芸術的状況」全体を覆うことになる。アート作品を，西洋美学的な意味を運ぶ箱ではなくモノとしての特性を動員しながら作動する作用体であるととらえたときに，アートワールドの芸術＝文化システムだけではなく，当該地の行政も都市部からの鑑賞者・観光者も，そして地域という場と地域の人々をも含めて生成するつながり（nexus）が，現代アートによる「地域芸術祭」全体を覆うのである。

　本書では，「地域芸術祭」も含んだ「地域文化観光」において，観光対象だけではなくさまざまなアクターのネットワーク内におけるエージェンシーの発揮と受容の関係に焦点を当てて考察をおこなってきた。あらためてANTが「地域文化観光論」においては新たな展望を拓くことを指摘しておきたい。

2　「部分」としての「地域文化観光論」と，「全体」としての「観光学」

　観光の核心は人（観光者）が動くことであり，それは生活（とくに食と住）を伴った移動であることを特色とする。それゆえ人間生活の全分野に関係し，移動過程や現地での滞在過程におけるさまざまな局面をすべて含むゆえに，人間生活全般を扱う総合的分野（人間学）ともなる。「観光学」とは，観光現象についての理論的分析・研究の体系を指すことになるが，まだ世界全般的にみても確立途上にあり，学問としての樹立を目指して世界的な努力がおこなわれている。観光研究は人間の研究同様，人文科学，社会科学，自然科学などの多くの学問領域でなされている。しかし，観光の総合的研究といえるものはまだなく，それぞれの学問領域の一分野としておこなわれているだけである。たしかに第二次大戦以後，複合的で複雑な事象に対処することが求められるようになり，政治と経済，文化と政策が結びつき，環境問題では産業と自然と生活が結びついている。さらに現代の地域活性化問題や観光まちづくりの問題などでも，これまでの個別の学問の領域をこえた学際的な研究

第11章 「観光まちづくり」と「地域文化観光」

が必要とされているのである。

■ 2-1 「部分」と「全体」

最初に述べたが,本書が目指しているのは,観光研究における一分野の研究(部分)が観光学という全体的研究とどのようにつながるか,そのつながり方を明らかにすることである。すなわち,観光人類学,観光社会学,観光地理学,観光経済学,観光経営学,観光心理学,観光統計学などの個々の領域の観光研究が,M.ストラザーン[2015]のいう「部分的つながり(partial connections)」を通して「観光学」としての全体をイメージ・展望することを目指している。そのモデルとしては,「観光学の新たな展望」[橋本 2013]で述べたように,さまざまな研究領域から構成される人類学の分野においてこれまでなされてきた批判の過程を歴史的にたどることが参考になると考えた。人類学では「ホーリスティック」な研究を目指し,対象民族の全体像を記述することに力を注いできた。しかし1980年代以後のポストモダン人類学では「誰が何をどのように書くか」という研究者にとっての基本的な問いかけに関心が向けられ,全体性を追求する研究そのものも批判の対象となった。今日ではそのときの「文化を書く」こと自体への批判をいかに乗り越えるかが問題となり,混迷状態に陥っている。そのような状況から一歩を踏み出す可能性をもつのが,ストラザーンが提唱した『部分的つながり』[Strathern 2004;ストラザーン 2015]であった。

観光学ではあらゆる研究分野を網羅した「ホーリスティックな観光研究」が必要であると主張されている。しかしながらそのような研究では,さまざまな要素が混ざり合い研究者のはるか先で激しい変化を遂げている「観光の現実」から,結局は,ますます乖離することになる。「観光の現実」を明らかにするアプローチとして,本書では「地域文化観光」研究を提唱している。「部分」ともいえる「地域文化観光」がいかに「全体像」となる「観光の現実」に「つながる」のか。この両者の関係を,別々の機能を有する部品が集積されて一つの総体を構成するという有機体モデルではなく,個々のうちに全体像がイメージされ全体のなかに個々がイメージされる「部分的つながり」モデルで考え,「観光の現実」を明らかにするために個々の「地域文化観光」を徹底的に研究すべきであるという結論に本書では達した。

J.クリフォードとJ.マーカスによる『文化を書く』[1996]が強調した「部分的真実」に対して,ストラザーン[2015]が見出したのは「partial connections(部分的つながり)」であった。比較が現実を作り,作られた現実が比較されてさらなる現実

を作っていく。「部分的つながり」は，部分が一つの全体を構成しシステムの一部をなすという認識ではなく，関係は文脈から文脈へ，領域から領域へとアナロジカルな増幅や切断や転倒をもって展開しているとの認識にいたる。部分が別の同類の部分と関係を形成し合い，その関係によって全体のあり方を新しくイメージさせていくのである。人間以外のモノや人工物を同等な要素として組み入れる点（ANT を指す）で，さらに実在はこれらとの関係においてのみ成り立つと主張する点で，またリアリティとは関係の生成変化に等しいと認識する点において，「徹底して」関係論的な認識になる［春日 2011a：18］。これまでは定まった点から視覚が広がることを前提としてきたが，「定点なき視点」は人やモノや複合体がそれ自体を比較の基準としながら別なそれらへと新しくつながる「部分的つながり」を導く。しかしながらストラザーンによれば，人類学者の視線はあくまでも不確かなままだから，自らを尺度として外部の人々やモノや複合体との間に完結しえない「つながり」を作るしかないということになる。反復複製的な関係の連鎖によって，文脈や領域をまたいでアナロジカルな増幅や切断や転倒が展開されると，規模は相似性（フラクタル）の具現でしかなくなる。小が大に網羅されるのと同様に大が小に網羅されることも起こる。規模の非対称性が成立しなくなるのである［Strathern 2004：xix］。

　事例が法則の具現や主張の裏づけにとどまるのではなく，事例自体が法則や主張に働きかける力をもっているのである。規模の序列化が退けられ，どんなアクターにも均等な視点が付与されると，法則や因果関係のような非対称的な関係が実体化されることなく，その関係がどのように作り上げられるのかを対称的に追跡することが可能になる。細部が自らを基準として内側から差異を生成し，その差異をもって外部の差異へとつながっていく。そうやって外側に向けて新しい現実をつくり出していく。「静かな革命」とは，細部に力を宿す人類学という学問の本領を，現実批判として発揮する運動であると春日は結ぶ［春日 2011a：29］。

　本書で「部分的つながり」をもち出したのは，観光研究に携わるさまざまな分野が「観光の現実」をどのようにイメージするかというアプローチ方法が，この「部分的つながり」のあり方とアナロジカルな関係にあると考えるからである。観光学の分野は，さまざまな領域の研究が学際的に集合し，相互の研究が分断されたまま全体が見渡せない情況であるかのような印象をうける。一つのディシプリンとしての観光学の統合を叫ぶ研究者は，まるで世界が部分と切片にあふれていることを嘆く人々のように，それらを「集め」，「結び合わせ」ようとする。それは，切断は破壊的な行為であるとの前提のもと，仮想される社会的全体性（または，全体として

の「観光学」)がそれによって切り刻まれ,断片化されてしまうに違いないと感じていることに由来している。ストラザーンのいうように,身体が手足を失いつつあるかのように感じるのである［ストラザーン 2015：272］。これに対して,第4章で示したメラネシアの事例は,切断という行為が実は全体を想像する創造的行為になるという,全体性を志向する場合に西欧的思考にはない展開を示す。メラネシアでのように,切断が諸関係を現れさせ,反応を引き出そうという意図をもっておこなわれるところ,すなわち切断が創造的な行為であるような前提があるところでは,切断は,それぞれの内的な能力と,関係の外的な力を顕わにし,全体性を立ち現せる可能性を示すことになる。本書では,このような部分と全体との関係を,アナロジカルに部分としての「地域文化観光論」と全体としての「観光学」との関係でとらえている。

■ 2-2　知識の喪失をデータの一部にする

ストラザーンの『部分的つながり』［2015］を参照して,一つの部分に向けられた視点がいかにして全体を見る視点としても成立するのかについて学ぶ必要がある。すなわち観光学の一分野の研究がいかにして全体的な観光学に結びつくのか,そのつながり方についての示唆を得ることができるのである。

1)「現在あるもので情報を作り出す」「知っているものの再創造」

儀礼のある部分を忘れたバクタマンの長老の事例(第4章1-2)が示唆的であった。部分的な事象をいくら集めても全体とはならないことは自明の理であるが,それを決定的な欠落(空白)と考えれば全体像へは決してたどり着けない。現在あるもので,自らの情報を作り出すことが求められているのである。失われたものは,かつて存在したコミュニケーションの乗り物あるいは媒体であると想像されているが,それらの媒体が失われたという知識は,いわゆる知識の喪失ではなく,むしろ不在についての,忘却と回復不可能な背景についての知識であった［ストラザーン 2015：237-238］。バクタマンの長老は,そのような喪失の感覚に促されて,現在あるイメージを働かせようとしていたのである。

彼らは「空白(ギャップ)」を埋めるという不可能なことをしているのではなく,現在あるもので,自らのために情報を作り出そうとしているのだとストラザーンはいう。彼らは文字通り,手元にあるものを作らなければならないのであり,それには,近隣に住む人々の知識を借り受けることも含まれる。それはまた,背景を内包することが

できるのはそれらの人工物のみであるから，現在ある人工物のなかに回復不可能な背景を見てとることも含まれる。そしてそれらが生み出すのは「新しい」情報であるという［ストラザーン 2015：238］。すなわち，いま手元にあるものに，失われた複雑性の徴を担わせているのである。年長の専門家たちは自らの道具立てを，他の地域から借りてきたものに拠って補足するという選択肢をつねにもっている。重要なのは，空白（ギャップ）が保たれているということである。彼らは，欠けていると思われるものを再創造しているのではなく，単に自分たちが知っているものを「再創造」しているのだ。あたかも，そのような不在を強調することで，自分たちは自らの創造性を創造していると知っているかのようである［ストラザーン 2015：239］という。これは「きたかんセミナー」で敷田が，「隣の専門家の知識をいかに使うかが重要になる」（本書：106）という点に通じる。

2）サイボーグ的つながり：「ひとまとまり」のイメージ

　観光学の各領域のつながりの様態としては，同質のものがつながっているわけではない。観光学全体としては異質なもの同士が，異質なままつながっている。それはサイボーグとのアナロジーで考えると示唆的である。すでに述べたように，サイボーグはSFの世界のものであるが，部分的に生命を与えられ部分的に技術化された生き物である。それは装置を埋め込まれた人間，ないし人間の臓器を組み入れた機械であり，移植と遺伝子操作のハイブリッドである。異なる部分が作用するための諸原理が単一のシステムを形成しないため，身体でも機械でもないことになる。それはストラザーンがいうように「ひとまとまり」のイメージではあるが，全体性のイメージではない。本書では部分と全体との関係のあり方についての議論がなされている。観光学という全体性のイメージではなく，「ひとまとまり」のイメージとして考えるべきであるとの示唆をえることができる。部分から全体を形作るような関係性は疑問視され，自然と文化が再編され，もはや一方が他方に領有されたり組み込まれたりする資源ではなくなる。異なる方法で作られ，あるいは生殖＝差異生産され，この意味で異なる起源をもちつつもともに作動する存在の間に，どんな種類のつながりを思い描くことができるのかが問われなければならない［ストラザーン 2015：131-132］のである。サイボーグがどのようにして比較可能性＝等質性を前提とせずにつながりを作ることができるだろうか。一方が他方の可能性の実現ないし拡張なのだとしたら，その関係は同等でも包摂でもない。その関係は，人と道具のように，人工装具的（プラスセティック）なもので，比較可能性＝等質性なき共存可能性（コンパティビリティ）である。つ

まり，一方が他方を拡張するが，それは相手のポジションからのみおこなわれる。拡張が生み出すのは異なる能力である。この見方では人と道具の間に主客の関係はなく，拡張された，または実現された可能性だけがあることになる［ストラザーン 2015：134］。

3）自己内部の差異を参照し，ほかの事例につながる

ここでラトゥールをもち出すまでもなく，今日の科学が作られる現場も，オセアニアの一画で執行される儀礼の現場でも，「細部が自らを基準として内側から差異を生成し，その差異をもって外部の差異へとつながっていく。そうやって外側に向けて新しい現実をつくり出していく」［春日 2011a：29］様子が見られる。「部分的なつながり」のきわだった特徴として，先にも紹介したように「比較は対象自体に宿っており，おのれでおのれを比較すると考える。ものはみずからを対象とし，みずからを測定する」のである。自己を参照しながらほかの事例へとつながっていくことによって全体性をイメージすることが可能となるのである。

歴史学においては，個々人の生やローカルな世界に焦点を当てて得られた「小さな」データをめぐって，社会的変化や文化的動機についての一般的な「大きな」問いを立てることが可能であった。そこでは大小の差異は消失する。ストラザーンは，「大小の差異が元どおりになるのだとすれば，それはパースペクティヴやレベルを修復し，それに付随する記述の部分性の感覚を取り戻すことによってのみ，なされるのである」と部分性を強調する。「無数のパースペクティヴによる相対化の効果は，すべてのものが部分的であるように見せ，類似した命題や情報のかけらの繰り返しは，すべてがつながっているように見せる」［ストラザーン 2014：34］と指摘する。これが先に提示したカントールの塵が表す部分的なつながり(パーシャル・コネクションズ)なのである。

分析者の「視点」は，つねに局所的に構成されるものでしかありえない。だからこそ，自らの「視点」を変形・拡張し，他の視点と部分的に接続することも可能になる。「視点」が，個人や集団に内属するものではなく，諸存在の関係性を通じて形成されるものであるならば，異なる他者の「視点」もまた彼らや彼らを取り巻く存在と関係を結ぶなかで自らの「視点」と部分的に結びついていくのである［久保 2015：20-22］。さまざまな領域の研究が重なり合う観光学という新たな領域では，「私たちの視点」と「彼らの視点」を形成するネットワークは，部分的には重なり合っているが，至るところで齟齬や摩擦を引き起こす。これらの齟齬を除去するのではなく，久保のいうように，むしろ齟齬を活性化させることで異なるネットワーク

の間にさまざまな「部分的なつながり」を発生させ,それぞれの領域の観光研究の相互作用を通じて両者が潜在的に取りうる未知の様態を喚起する研究となることを,学際的であることを逃れられない「観光学」の一つの領域を担うそれぞれの研究が目指すこととなる。

おわりに

　本書は，地域における地域の人々による「地域文化観光」の創出の事例に焦点を絞って考察をおこなってきたが，議論においては視野を可能な限りひろげて論ずるように心掛けた。単なる日本の「地域文化観光」の事例研究にとどまることなく，広く「観光学」研究全体への展望に結びつける意図をもってのことであった。観光学という学問領域においては，これまでの観光人類学，観光社会学などの観光学領域の基本的かつ古典的な研究から最新の研究までを，「大衆観光」研究から「地域文化観光」研究への過程として，とくに観光における「真正性」「真正化」に関する議論に焦点を絞って総括した（第1章，第2章）。一方では，外来の要素の「地域化」に関する議論を，他分野ではあるが植民地体制下の南アジアやオセアニアにおける人類学的研究の成果と比較しながらおこなった。観光学では，観光に関する現象のみを扱っていればよいということはない。宗教や近代スポーツの「伝播・ローカル化・土着化」などの過程との比較において，一地域の「観光資源」の「伝播・ローカル化・土着化」の研究も求められるのである。一地域における「地域化」の現象であるが，他地域における「地域化」の現象との比較によって，地域の人々が一つの外来の要素を受け入れ，育て上げ，自分たちのモノ・地域のモノにするとはどういうことなのかが明らかになる。このようにして部分としての「地域文化観光論」研究が全体としての「観光学」研究へとつながっていくのである。
　アクターネットワーク論（ANT）の「観光学」研究への応用がはじまっている。定番のよく知られた観光商品はすでに「ブラックボックス化」されており，たとえば定番の温泉旅行などについてはあらためてその存在意義について議論されることはなく，根源からの見直しを目的とする研究以外ではANT的研究の対象となることはない。しかしながら，何十万人の観光者を集めながら，複雑な要素が絡み合ってその仕組みがまだ解明されない現象を相手にするときには，ANTは有力なアプローチ方法となる。本書で取り上げた現代アートを導入した「地域芸術祭」は，さまざまな要素が複雑に絡み合う一筋縄ではいかない研究対象である。美学的な研究だけでは地域の人々の活動を評価や批評に取り込むことができず，またこれまでのようなまちづくり研究だけでは異質な現代アートやアーティスト，それにアート鑑賞者の存在を考察の対象として取り込むことは難しかった。それは既存のジャンルにおける研究にとらわれているからであった。発想の転換は，さまざまな異種混合

的な要素をすべて取り入れ，対称的に位置づけるというアクターネットワーク論によってもたらされるのである。それまで相互関係を考慮する対象とはならなかったモノ同士を，エージェンシーを行使するアクターとそれを受け取るペーシェントとして結びつけ，さらにはそのペーシェントがアクターとなりほかの存在に働きかけるというネットワークのなかに位置づけて，はじめて新たな役割と存在意味が付与されていることを理解できるのである。新たな要素がアクターとして関与する関係のなかで，それまでの意味と役割は更新されるのである。ANTの理論構築の過程では，近代科学の創出についての考察があり，ライプニッツからミシェル・セール，そしてラトゥールにいたる認識論的な変遷への省察がある。ANTを本当の意味で観光学研究に導入することは，観光現象の認識についての反省と再構築に結びつく。本書では，文化人類学的な研究を引き合いに出すことが多いという傾向があるが，それは自ずと比較対象が筆者の研究にとっての検証可能な領域から選択されることが多いからである。しかしストラザーンもいっているように領域が異なり地域が異なっても，事例を突きつめていくと同じような部分と全体との関係が見えてくるのである。「地域文化観光論」研究をすすめることが「観光学」全体への展望を拓くことになる。個々の事例の比較研究と，さらには異なる学問領域間の比較を通した理論的追求と深化を経て，全体としての「観光研究＝観光学」を構築できうるような展望が拓ける可能性を実感している。それはさらに学問全体への認識，すなわち理解をすることとはいかなることなのかについての知見をひらくことにもなると考えている。

　先にも述べたが，第2章で理論的な検証をおこなった「地域化論」は，外来の要素を地域がどのように取り入れ，「地域のモノ」とするかを問題としたが，そこで語られたことは，単に日本の一地方における問題ではなかった。「グローバル化」と「ローカル化」の問題を，世界的規模の植民地主義や国家との関係のなかで，「ローカル化」を権力関係のなかで位置づけ，新たに「土着化」という概念で地域の人々の積極的な「地域化」の動きを明らかにした。近代スポーツではイギリスからインドにもち込まれたクリケットや，フィジーにもち込まれたラグビーが「土着化」し，国民スポーツとなり，母国を打ち負かし，世界チャンピオンにもなり，地域から世界に再発信するモノとなった事例を紹介した。また「土着化」したフィジー・キリスト教の事例もあった。本書では，ほかでも世界各地のさまざまな事例が紹介されているが，これらの事例は，日本の地域とは関係のない「異世界」の単なる事例ではなく，世界的なモノの移動における「地域化」とその後の「グローバル化」とい

う展開を経ているのである。それはまたモノのネットワークのなかでの位置づけの変容とともに ANT 的に新たな意味づけを獲得しているのである。

　また，大学における「新たな観光教育の展開」(第 4 章第 3 節)で問題にしたのは，観光人材育成の現場では何が教育されるべきであるかということであった。地域における観光人材を，大衆観光的(現行の資本主義経済的)原理で，すなわち観光庁の求めるビジネスマネジメント能力に力点をおく教育によって育てるのか，それとも社会科学に力点をおくこれまでの観光系大学の主流となっているような，観光における資本主義的原理を批判的に検証する教育によって育てるのかが問題になった。少なくとも地域で人材育成を目指すことに焦点を当てるならば，新たな価値観を地域において「制作」することを目指す，地域目線での観光「制作」が求められている。それは ANT 的には，これまでとはどこか異なる仕方で世界を作り上げることを，すなわちこれまでの「我々」にとっては異質な現実を提示することを求められているといえよう。「地域文化観光」はこれまでの大衆観光とは異なり，地域の人々が自らの仕方で世界を作り上げる営為となる。世界を認識するわれわれの新たな営為が，世界を特定の仕方で作り上げることになり，またそれが世界を特定な仕方で意味づけることになるのである。それは逆に，世界を特定の仕方で意味づけるからこそ，世界を特定の仕方で作り上げることになるともいえるのである。観光教育の現場においては，観光庁のいうビジネスマネジメント的教育も必要であるが，地域においてはそのような大衆観光的利益追求に対抗しうる，「地域文化」に根ざした地域の人々にとっての新たな観光のあり方を志向する人材の育成が求められているのである。

　こうした実践のただなかにおいて，世界(物質=記号のネットワーク)そのものが自らに対する認識を産出するのである。本書で説明しているように科学と文化が，対極に位置するのではなく「世界を制作=認識する」営為である点で本質的に異なるものではないように，観光人材育成の理論構築において求められていること，そして広く「観光学」に求められていることは，地域目線での「地域文化観光」を「制作」することによって新たな価値観が「制作」され，世界が新たな仕方で意味づけられる過程を考察することである。一過性の大衆観光ではなく，地域の人・モノとの「交流」を通していかに新たなネットワークが構築されるかを研究することである。そして自らをその実践のなかに位置づけることが観光人材には求められており，そのような人材の育成を可能にする「観光学」が求められているのである。

　最後になるが，本書は，2013 年から 4 年間にわたる「観光まちづくりと地域振興

に寄与する人材育成のための観光理論の構築」(課題番号255010125年度科学研究費補助金基盤研究(C))の研究の成果である。科研メンバーである堀野正人・遠藤英樹・金武創・岡本健・森正美・片山明久と, 科研事務や研究会などのとりまとめと連絡係を担当してくださった山田香織・川崎和也のお二人と, 京都文教大学で科研の窓口となった研究支援課の方々, そしてわれわれの調査に協力してくださった方々に感謝の意を表したい。

また関係する各章で調査に関する紹介をしているが, メンバー全員で訪問した二つの「ツーリズム大学」で受けた説明とその後の議論は, 本『地域文化観光論』にとって大きな参考になった。「地域芸術祭」の越後妻有および瀬戸内の調査もこの科研費でおこない, 刺激を受けた。また, 小布施の調査は京都文教大学の地域協働研究教育センター「地域志向協働研究」の研究費で, メンバーである京都文教大学大学の観光・地域デザインコースの教員4名で調査をしたときの成果である。

本書は, ある意味で筆者にとっての学問的な総括の一つとして位置づけられるものであり, これまでの学問仲間の研究を意識的に引用した。突然の死でいまとなってはもっと話しておけばよかったと後悔をしているが, 筆者の大学院入学以前からすでに大阪大学大学院に「存在」していた足立明のANTに関する論文をあらためて読み返し, 本論で引用した。また大学院で1年先輩にあたる春日直樹の研究にはいつも刺激をうけており, 調査現場から理論を積み上げる筆者にとっては導きの灯りとなっている。本書においても7年前に出版された『現実批判の人類学』(春日 2011b) から多くを参照している。筆者にしてみれば, ようやくそこでの議論を応用できるフィールドに遭遇し, 現場からの理論的考察が可能になったのであった。また, 本科研メンバーの研究や観光学術学会での議論からも多くを参照している。そして, 「地域芸術祭」のアクターネットワーク論的考察を中心に据えた『地域文化観光論』の出版について相談したとき, この研究の意義を認識してすぐに出版を承諾してくださったナカニシヤ出版の米谷龍幸さんに, ここに感謝の意を表したい。

【引用・参考文献】

●日本語文献

アーリ，J.／加太宏邦［訳］（1995）．『観光のまなざし―現代社会におけるレジャーと旅行』法政大学出版局

アーリ，J.・ラースン，J.／加太宏邦［訳］（2014）．『観光のまなざし 増補改訂版』法政大学出版局

青山征彦（2012）．「エージェンシー概念の再検討―人工物によるエージェンシーのデザインをめぐって」『認知科学』*19*(2), 164-174.

足立 明（2001）．「開発の人類学―アクター・ネットワーク論の可能性」『社会人類学年報』*27*, 1-33.

足立 明（2009）．「人とモノのネットワーク―モノを取りもどすこと」田中雅一［編］『フェティシズム論の系譜と展望』京都大学学術出版会，pp.175-193.

アパデュライ，A.／門田健一［訳］（2004）．『さまよえる近代―グローバル化の文化研究』平凡社

石井美保（2011）．「呪術的世界の構成―自己制作，偶発性，アクチュアリティ」春日直樹［編］『現実批判の人類学―新世代のエスノグラフィへ』世界思想社，pp.181-202.

伊藤真一（2014）．「社会構成主義的リーダーシップ研究におけるシンボリック・マネジャー論の可能性―アクター・ネットワーク理論的視点から」『経営学研究論集』*41*, 153-168.

稲垣 勉（2011）．「マスツーリズム―大衆観光の光と陰」山下晋司［編］『観光学キーワード』有斐閣，pp.114-115.

大谷裕文（2006）．「ポストコロニアル論」綾部恒雄［編］『文化人類学20の理論』弘文堂，pp.266-283.

大橋昭一（2014a）．「観光学はどのようなものか」大橋昭一・橋本和也・遠藤英樹・神田孝治［編］『観光学ガイドブック―新しい知的領野への旅立ち』ナカニシヤ出版，pp.8-13.

大橋昭一（2014b）．「今日における協働体のとらえ方―ラトゥールのアクターネットラーク理論の研究」『経済理論』*378*, 81-101.

岡本 健（2009）．「らき☆すた聖地「鷲宮」巡礼と情報化社会」神田孝治［編］『観光の空間―視点とアプローチ』ナカニシヤ出版，pp.133-144

海津ゆりえ（2011a）．「オルタナティヴツーリズム―新しい時代の観光」山下晋司［編］『観光学キーワード』有斐閣，pp.116-117.

海津ゆりえ（2011b）．「エコツーリズム―自然と地域文化の魅力をいつまでも保ち，楽しむ」山下晋司［編］『観光学キーワード』有斐閣，pp.118-119.

海津ゆりえ（2011c）．「グリーンツーリズム―農と食をめぐる観光」山下晋司［編］『観光学キーワード』有斐閣，pp.120-121.

春日直樹（2011a）．「人類学の静かな革命―いわゆる存在論的転換」春日直樹［編］『現実批判の人類学―新世代のエスノグラフィへ』世界思想社，pp.9-31.

春日直樹（2011b）．「人間の（非）構築とヴィジョン」春日直樹［編］『現実批判の人類学―新世代のエスノグラフィへ』世界思想社，pp.290-310.

カロン，M.／川床靖子［訳］（2006）．「参加型デザインにおけるハイブリッドな共同体と社会・技術的アレンジメントの役割」上野直樹・土橋臣吾［編］『科学技術実践のフィールドワーク―ハイブリッドのデザイン』せりか書房，pp.38-54．

ギアーツ，C.／梶原景昭・小泉潤二・山下晋司・山下淑美［訳］（1991）．『ローカル・ノレッジ―解釈人類学論集』岩波書店

北川フラム（2014）．『美術は地域をひらく―大地の芸術祭10の思想』現代企画室

北川フラム（2015）．『ひらく美術―地域と人間のつながりを取り戻す』筑摩書房

北川フラム・瀬戸内国際芸術祭実行委員会［監修］（2011）．『瀬戸内国際芸術祭2010―作品記録集』美術出版社

北川フラム・大地の芸術祭実行委員会［監修］（2015）．『大地の芸術祭―越後妻有アートトリエンナーレ2015―公式ガイドブック―里山アートをめぐる旅』現代企画室

ギブソン，J. J.／古崎 敬・古崎愛子・辻敬一郎・村瀬 旻［訳］（1985）．『生態学的視覚論―ヒトの知覚世界を探る』サイエンス社（Gibson, J. J.（1979）．*The ecological approach to visual perception.* Boston: Houghton Mifflin Company.）

熊倉純子［監修］菊地拓児・長津結一郎［編］（2014）．『アートプロジェクト―芸術と共創する社会』水曜社

グリック，J.／大貫昌子［訳］上田睆亮［監訳］（1991）．『カオス―新しい科学をつくる』新潮社

クリフォード，J.／太田好信・慶田勝彦・清水 展・浜本 満・古谷嘉章・星埜守之［訳］（2003）．『文化の窮状―二十世紀の民族誌，文学，芸術』人文書院

クリフォード，J.・マーカス，G.［編］／春日直樹・足羽與志子・橋本和也・多和田裕司・西川麦子・和邇悦子［訳］（1996）．『文化を書く』紀伊國屋書店（Clifford, J., & Marcus, G. E. (ed.) (1986). *Writing culture: The poetics and politics of ethnography.* Berkeley: University of California Press.）

久保明教（2011）．「世界を制作＝認識する―ブルーノ・ラトゥール×アルフレッド・ジェル」春日直樹［編］『現実批判の人類学―新世代のエスノグラフィへ』世界思想社，pp.34-53．

久保明教（2015）．『ロボットの人類学―二〇世紀日本の機械と人間』世界思想社

サイード，E.／今沢紀子［訳］板垣雄三・杉田英明［監修］（1986）．『オリエンタリズム』平凡社（Said, E. (1978). *Oreientalism.* New York: Pantheon Books.）

敷田麻実（2007）．「工学の知識から知識の工学へ―新たな学習モデルに基づくCLIPの試み」『KIT Progress―工学教育研究』*13*, 153-172．

敷田麻実（2009）．「ブランディングを欠いた観光まちづくりの問題点」敷田麻実・内田純一・森重昌之［編著］『観光の地域ブランディング―交流によるまちづくりのしくみ』学芸出版社

敷田麻実（2015）．「効果的地域人材育成とは？―北海道の北の観光リーダー養成事業の先進的トライアル」橋本和也・堀野正人・遠藤英樹・金武 創・岡本 健・森 正美・片山明久［編著］『観光まちづくりと地域振興に寄与する人材育成のための観光理論の構築 中間報告書』課題番号255010125 平成25 ～ 28年度科学研究費補助金基盤研究（C），19-26．

敷田麻実・内田純一・森重昌之［編著］(2009).『観光の地域ブランディング―交流によるまちづくりのしくみ』学芸出版社
清水高志 (2013).『ミシェル・セール―普遍学からアクター・ネットワークまで』白水社
周　菲菲 (2013).「観光研究へのアクター・ネットワーク論的アプローチ―北海道における中国人観光者の実践を例として」『北海道大学大学院文学研究科研究論集』13, 111-135.
杉原桂太 (2014).「技術者倫理事例へのアクターネットワーク理論の適用―デンソーにおける環境に配慮したカーエアコンの開発」『技術倫理研究』11, 105-121.
須藤　廣 (2010).「再帰的社会における観光文化と観光の社会学的理論」遠藤英樹・堀野正人［編著］『観光社会学のアクチュアリティ』晃洋書房，pp.3-21.
須藤　廣 (2012).『ツーリズムとポストモダン社会―後期近代における観光の両義性』明石書店
須藤　廣 (2017).「観光者のパフォーマンスが現代芸術と出会うとき―アートツーリズムを中心に，参加型観光における「参加」の意味を問う」『観光学評論』5(1), 63-78.
ストラザーン，M.／大杉高司・浜田明範・田口陽子・丹羽充・里見龍樹［訳］(2015).『部分的つながり』水声社 (Strathern, M. (2004). *Partial connections,* updated edition. Walnut Creek, CA: Altamira Press.)
セール，M.／及川　馥［訳］(1983)『生成―概念をこえる試み』法政大学出版局（「本書の対象」）(Serres, M. (1982). *Genèse.* Paris: Grasset.)
ターナー，V. W.／梶原景昭［訳］(1981).『象徴と社会』紀伊國屋書店
竹岡志朗・太田雅晴 (2009).「イノベーション研究におけるアクター・ネットワーク理論の適用可能性」『日本情報経営学会誌』30(1), 52-63.
豊田由貴夫 (2015).「観光人材育成に関する理論の構築は可能か？―立教大学観光学部の事例から」橋本和也・堀野正人・遠藤英樹・金武　創・岡本　健・森　正美・片山明久［編著］『観光まちづくりと地域振興に寄与する人材育成のための観光理論の構築 中間報告書』課題番号 255010125 平成 25〜28 年度科学研究費補助金基盤研究 (C), 3-10.
西村幸夫 (2002).「町の個性を活かした観光まちづくり」国土交通省総合政策局観光部［監修］観光まちづくり研究会［編］『新たな観光まちづくりの挑戦』ぎょうせい，pp.16-32.
橋本和也 (1980).「Barth, Fredrik.: *Ritual and knowledge among the Baktaman of New Guinea, 1975*」『民族学研究』45(3), 285-287.
橋本和也 (1985).「フィジーの火渡り―ツーリズムの人類学的研究」『社会人類学年報』11, 167-181.
橋本和也 (1996).『キリスト教と植民地経験―フィジーにおける多元的世界観』人文書院
橋本和也 (1999a).「1870 年代のフィジーとブラウン・コレクション」『国立民族学博物館調査報告』10, 49-64.
橋本和也 (1999b).『観光人類学の戦略―文化の売り方・売られ方』世界思想社

橋本和也（2001）.「スポーツにおける語りと土着性—近代スポーツの土着化」『スポーツ人類学研究』3, 1-17.

橋本和也（2003）.「観光開発と文化研究」橋本和也・佐藤幸男［編］『観光開発と文化—南からの問いかけ』世界思想社, pp.54-82.

橋本和也（2006）.『ラグビー＆サッカー in フィジー—スポーツをフィールドワーク』風響社

橋本和也（2011）.『観光経験の人類学—みやげものとガイドの「ものがたり」をめぐって』世界思想社

橋本和也（2013）.「観光学の新たな展望—なぜ，いま「観光経験」なのか」『観光学評論』1(1), 19-34.

橋本和也（2014）.「書評 近代社会の構造分析のための観光研究—MacCannell, D 著『ザ・ツーリスト—高度近代社会の構造分析』」『観光学評論』2(2), 169-173.

橋本和也（2016）.「スポーツ観光研究の理論的展望—「パフォーマー・観光者への視点」」『観光学評論』4(1), 3-17.

橋本和也・佐藤幸男［編］（2003）.『観光開発と文化—南からの問いかけ』世界思想社

橋本和也・杉本星子・松田　凡・森　正美（2006）.『(人と人を結ぶ)「地域まるごとミュージアム」構築のための研究 中間報告書』課題番号15320123 平成15〜18年度科学研究費補助金基盤研究（B）（2）

橋本和也・堀野正人・遠藤英樹・金武　創・岡本　健・森　正美・片山明久［編著］（2015）.『観光まちづくりと地域振興に寄与する人材育成のための観光理論の構築 中間報告書』課題番号255010125 平成25〜28年度科学研究費補助金基盤研究（C）

橋本和也・堀野正人・遠藤英樹・金武　創・岡本　健・森　正美・片山明久［編著］（2017）.『観光まちづくりと地域振興に寄与する人材育成のための観光理論の構築 最終報告書』課題番号255010125 平成25〜28年度科学研究費補助金基盤研究（C）

ハラウェイ, D. J.（2000a）.「サイボーグ宣言—20世紀後半の科学，技術，社会主義フェミニズム」D. J. ハラウェイ／高橋さきの［訳］『猿と女とサイボーグ—自然の再発明』青土社, pp.285-348.

ハラウェイ, D. J.（2000b）.「状況に置かれた知—フェミニズムにおける科学という問題と，部分的視角が有する特権」D. J. ハラウェイ／高橋さきの［訳］『猿と女とサイボーグ—自然の再発明』青土社, pp.349-387.（Haraway, D. J.（1988）. Situated knowledges: The science question in feminism and the privilege of partial perspective. *Feminist Studies*, 14 (3), 575-599.）

ファノン, F.／海老坂武・加藤晴久［訳］（1998）.『黒い皮膚・白い仮面』みすず書房

福武總一郎・安藤忠雄ほか（2011）.『直島 瀬戸内アートの楽園』新潮社

藤田直哉（2016a）.「地域アート—希望託せるか」『読売新聞』（2016年5月31日）, 11.

藤田直哉［編著］（2016b）.『地域アート—美学／制度／日本』堀之内出版

ブレンドン, P.／石井昭夫［訳］（1995）.『トマス・クック物語—近代ツーリズムの創始者』中央公論社

ホブズボウム, E.・レンジャー, T.［編］／前川啓治・梶原景昭ほか［訳］（1992）.『創られた伝統』紀伊國屋書店

堀野正人（2006）．「まちづくりと観光」安村克己・遠藤英樹・寺岡伸悟［編］『観光社会文化論講義』くんぷる，pp.143-152.
堀野正人（2011）．「アートの観光の展開について」『地域創造学研究』21(4), 1-36.
堀野正人（2017）．「観光まちづくり論の変遷における人材育成の位置づけ―経営・制作思考を相対化する研究視角の必要性」橋本和也・堀野正人・遠藤英樹・金武　創・森　正美・片山明久［編著］『観光まちづくりと地域振興に寄与する人材育成のための観光理論の構築 最終報告書』課題番号 255010125 平成 25 ～ 28 年度科学研究費補助金基盤研究 (C), 12-30.
ベンヤミン，W.／高木久雄・高原宏平ほか［訳］（1999）．『複製技術時代の芸術』晶文社
マキァーネル，D.／安村克己・須藤　廣・高橋雄一郎・堀野正人・遠藤英樹・寺岡伸悟［訳］（2012）．『ザ・ツーリスト―高度近代社会の構造分析』学文社
山口裕美（2010）．『観光アート』光文社
山下晋司［編］（2011）．『観光学キーワード』有斐閣
山田香織（2017）．「サイト・スペシフィック・アートプロジェクトから観光人材育成について考える―地方開催の芸術祭における運営体制に注目して」橋本和也・堀野正人・遠藤英樹・金武　創・森　正美・片山明久［編著］『観光まちづくりと地域振興に寄与する人材育成のための観光学理論の構築 最終報告書』課題番号 255010125 平成 25 ～ 28 年度科学研究費補助金基盤研究 (C), 81-100.
山村高淑（2011）．「エスニックツーリズム―権利回復のための観光に向けて」山下晋司［編］『観光学キーワード』有斐閣，pp.122-123.
ラトゥール，B.／川崎　勝・高田紀代志［訳］（1999）．『科学が作られているとき―人類学的考察』産業図書
ラトゥール，B.／川崎　勝・平川秀幸［訳］（2007）．『科学論の実在―パンドラの希望』産業図書
ラトゥール，B.／川村久美子［訳］（2008）．『虚構の「近代」―科学人類学は警告する』新評論
ワーチ，J.V.／佐藤公治・田島信元・黒須俊夫・石橋由美・上村佳世子［訳］（2002）．『行為としての心』北大路書房
渡辺　文（2014）．『オセアニア芸術―レッド・ウェーヴの個と集合』京都大学学術出版会

●外国語文献

Alter, S. J. (2000). Kabaddi, A National Sport of India: The Internationalism of Nationalism and the Foreignness of Indianness, in N. Dyck (ed.), *Games, sports and cultures*. New York: Oxford, pp.83-115.

Appadurai, A. (ed.) (1986). *The social life of things: commodities in cultural perspective*. Cambrige: Cambridge University Press.

Appadurai, A. (1995). Playing with modernity: The Decolonization of Indian cricket, in C. A. Breckenridge (ed.), *Consuming modernity: Public culture in a South Asian world*. Minneapolis: University of Minnesota Press, pp.23-48.

Barth, F. (1975). *Ritual and knowledge among the Baktaman of New Guinea*. Oslo, New Haven: Universitetsforlaget, Yale University Press.

Barth, F. (1987). *Cosmologies in the making: A generative approach to cultural variation in Inner New Guinea*. Cambridge; New York: Cambridge University Press.

Boorstin, D. J. (1961). *The image: or, What happened to the American dream*. London: Weidenfeld and Nicolson.（ブーアスティン, D. J.／星野郁美・後藤和彦 [訳] (1964).『幻影（イメジ）の時代―マスコミが製造する事実』東京創元社）

Brown, G. (1978). *George Brown, D.D. pioneer-missionary and explorer an autobiography*. New York: AMS Press.

Callon, M. (1986). Some elements of a sociology of a translation: Domestication of the scallops and the fishermen of St Brieuc Bay, in J. Law (ed.), *Power, action and belief: A new sociology of knowledge?* London: Routledge and Kegan Paul, pp.196-223.

Callon, M., & Law, J. (1995). Agency and the hybrid collectif. *The South Atlantic Quaterly, 94*(2), 481-507.

Cohen, E. (1988). Authenticity and commoditization in tourism. *Annals of Tourism Research, 15*(3), 371-386.

Cohen, E., & Cohen, S. A. (2012). Authentication: Hot and cool. *Annals of Tourism Research, 39*(3), 1295-1314.

Feifer, M. (1985). *Going places: The ways of the tourist from Imperial Rome to the present day*. London: Macmillan.

Gell, A. (1998). *Art and agency: An anthropological theory*. Oxford: Clarendon Press.

Gell, A.／Hirsch, E. (ed.) (1999). *The art of anthropology: Essays and diagrams*. New Brunswick, NJ: Athlone Press.

Gibson, J. (1986). *The ecological approach to visual perception*. Hillsdale, NJ: Lawrence Erlbaum Associates.

Goodman, D. (2001). Ontology matters: The relational materiality of nature and agro-food studies. *Sociologia Ruralis, 41*(2), 182-200.

Haraway, D. J. (1986). Primatology is politics by other means, in R. Bleier (ed.), *Feminist approaches to science*. New York: Pergamon Press.

Ingold, T. (2000). Making culture and weaving the world, in P. M. Graves-Brown (ed.), *Matter, materiality and modern culture*. London: Routledge, pp.50-71.

Jóhannesson, G. T. (2005). Tourism translations: Actor-network theory and tourism research. *Tourist studies, 5*(2), 133-150.

Lanfant, M. F., & Graburn, N. (1992). International tourism reconsidered: The principle of the alternative, in V. L. Smith, & W. R. Eadington (eds.), *Tourism alternatives: Potentials and problems in the development of tourism*. Philadelphia:

University of Pennsylvania Press, pp.88-112.
Latour, B.（2005）. *Reassembling the social: An introduction to actor-network-theory.* Oxford: Oxford University Press.
Law, J.（1991）. Introduction: Monsters, machines and sociotechnical relations, in J. Law（ed.）, *A sociology of monsters: Essays on power, technology, and domination.* London; New York: Routledge, pp.1-24.
Law, J., & Mol, A.（2001）. Situating technoscience: An inquiry into spatialities. *Environment and Planning D: Society and Space, 19*(5), 609-621.
Nash, D.（1981）. Tourism as an anthropological subject. *Current Anthropology, 22*(5), 461-481.
Nash, D.（1996）. *Anthropology of tourism.* Oxford: Pergamon.
Oppenheim, R.（2007）. Actor-network theory and anthropology after science, technology, and society. *Anthropological Theory, 7*(4), 471-493.
Pickering, A.（1993）. The mangle of practice: Agency and emergence in the sociology of science. *American Journal of Sociology, 99*(3), 559-589.
Ren, C.（2011）. Non-human agency, radical ontology and tourism realities. *Annals of Tourism Research, 38*(3), 858-881.
Ren, C., Pritchard, A., & Morgan, N.（2010）. Constructing tourism research: A critical inquiry. *Annals of Tourism Research, 37*(4), 885-904.
Selwyn, T.（1996）. Introduction, in T. Selwyn（ed.）, *The tourist image: Myths and myth making in tourism.* Chichester; New York: John Wiley & Sons, pp.1-32.
Smith, V. L.（1978）. *Hosts and guests: The anthropology of tourism.* Oxford: Basil Blackwell.
Smith, V. L.（1989）. *Hosts and guests: The anthropology of tourism,* Second Edition. Philadelphia: University of Pennsylvania Press.
Smith, V. L., & Eadington, W. R.（1992）. Preface, in V. L. Smith, & W. R. Eadington（eds.）, *Tourism alternative: Potentials and problems in the development of tourism.* Philadelphia: University of Pennsylvania Press.
Taylor, J. P.（2001）. Authentity and sincerity in tourism. *Annals of Tourism Research, 28*(1), 7-26.
Tippett, A. R.（1980）. *Oral tradition and ethnohistory: The transmission of information and social values in early Chiristian Fiji, 1835-1905.* Canberra: St. Mark's Library.
Van der Duim, R.（2007）. Tourismscapes: An actor-network perspective. *Annals of Tourism Research, 34*(4), 961-976.
Wagner, R.（1986）. *Asiwinarong: Ethos, image, and social power among the Usen Barok of New Ireland.* Princeton, NJ: Princeton University Press.
Wagner, R.（1987）. Figure-ground reversal among the Barok, in L. Lincoln（ed.）, *Assemblage of spirits: Idea and image in New Ireland.* New York: Geo Braziller.
Wang, N.（1999）. Rethinking authenticity in tourism experience. *Annals of Tourism Research, 26*(2), 349-370.

事項索引

あ行

アーティスト 135, 197, 198
アート 135
アートイベント 146
アート・イン・コンテナ国際展 217
アート・ネクサス 197
アートツーリズムにおける「参加」 213
アートプロジェクト 145, 146, 152, 196, 202
　——の時代 147
　——の前史 146
アウラ iv
空き家プロジェクト 153
アクター（アクタント） 39, 49, 151, 201, 228
アクターネットワーク（理）論（ANT） vii, 39-41, 44, 48-50, 58, 59, 69, 75, 145, 151, 152, 161-163, 196, 201, 227, 228
　——の評価 50
アフォーダンス 52, 210, 211
アブダクション 198
アンブレラ・プロジェクト 130

家プロジェクト 149
「移住」による「まちづくり」 195
異種混淆性 41, 51
犬島精錬所美術館 149
イノベーション研究 57
畏怖的まなざし 8

内向きの観光まちづくり 121
「無戸室 UTSUMURO」 133
うぶすなの家 141-143, 160
「うみのうつわ」 206
裏局域 7

エイチラボ（HLAB） 174
エージェンシー 51, 139, 144, 145, 151, 152, 163
エコツーリズム 11, 12
エスニックツーリズム 11, 13
演出された真正性 7

おおへび隊 127
おぐに自然学校 89
オブセッション 181
小布施見にマラソン 182, 183
小布施若者会議 172, 174
オルタナティヴ・ツーリズム 10, 11, 14

か行

案山子隊 129
家族的まなざし 8
「課題解決的」方法論 121
学校の旧校舎 190
かのやまプロジェクト 187
カバディ 28
彼らの視点 74
環境的まなざし 8
関係的規定性 41
観光 i, iv, 2, 4, 220
　——の制作 78, 229
　——のタイプ 3
　——のパフォーマンス転回 211
　——のまなざし 7
　持続可能な—— 11
　責任ある—— 11
観光アトラクション 146
観光学 60, 61, 220, 221, 227
観光環境 212
観光景観 54
観光系大学 75
観光研究 60
観光研究認識論 79
観光者 4
　——コミュニタス 33
　気晴らし型—— 30
　実存型—— 30
　体験型—— 30
　大衆—— 115, 219
　地域文化—— v, 32, 115, 118, 136, 165
　レクリエーション型—— 30
観光人材 229
観光文化 ii, iii, 5
観光まちづくり viii, 75, 119, 120, 122, 195
　——人材育成 103, 121
　内向きの—— 121
観光立国推進基本法 147
間人的真正性 33
カントールの塵 64
擬似イベント 5, 14
擬似コミュニタス 34
擬似物体 39, 40, 59, 151
きたかん.net 110, 113, 117, 121
北の観光まちづくりリーダー養成セミナー 81, 103, 106, 107, 109, 110, 117
木津川アート 217
気晴らし型観光者 30
基盤にある社会性 71
客観的真正性 15, 29
九州ツーリズム大学 81, 82, 116, 117
教育，農泊体験型 91
共 - 可能 49
共犯性 131
キリスト教の土着化 25

空間と時間の社会化 20
空白 65, 66, 72
クールな真正化 35, 36
クールな真正性 32
草取り 101
蔵部 180, 184
グリーンツーリズム 11-13
クリケット 26
栗の小径 176
グローカル化 192
グローバル化 188

ケ 143

事項索引 239

芸術 216
芸術＝文化システム 215, 216, 219
芸術祭 vii, 152
芸術的作品 216
結果観光論 119, 120
幻影 6

神戸ビエンナーレ 217
交流 184, 195
交流者 170
交流人口 170, 177, 186
交流まちづくり 195
こえび隊 148, 151
個人の真正性 33
個人旅行 2
こへび隊 127, 131, 153, 155

さ行

サイボーグ 68, 224
裂け目 65
里山科学館「キョロロ」 129
残余 65

シーニックバイウェイ北海道 111
持続可能な観光 11
実践的・実利的方法論 122
実存型観光者 30
実存的真正性 32
視点 72
指標 197, 198
島キッチン 150, 160
社会学 5
社会的なエージェントとペーシェントの関係 197
修学旅行型 91
集合体 45-47
集合的なまなざし 8
主観的真正性 vi, 15, 16, 30, 31
呪術的審美性 214
呪物 199
受容 184
純化 48
準-客体 47, 49, 50
上演された真正性 35
焦点化 52
商品化 10
情報の喪失 67

諸関係をとらえる視点 74
自立する地域づくり 133
人材の地域化 191, 192
真摯さ 35
真正化 139
──（地域化）の過程 158
真正性 iv, vi, 16, 29, 30, 32, 35
　演出された── 7
　間人的── 33
　客観的── 15, 29
　クールな── 32
　個人的── 33
　実存的── 32
　主観的── vi, 15, 16, 30, 31
　上演された── 35
　ホットな── 23, 32, 36
真正な経験 14
真正なる観光経験 31, 32
「人生のアーチ」 136, 156
身体的翻訳作業 161
人類学 5, 221
　──（第一期） 62
　──（第二期） 62
　──（第三期） 63
　──的まなざし 8
　──の静かな革命 63, 222

ステージづくり 128
「ステキ発見」事業 127
図と地の反転 70, 71
スポーツの土着化 25

世界（物質＝記号のネットワーク） 229
世界遺産 76
世界を編むこと 56
責任ある観光 11
切断 223
瀬戸内アートネットワーク構想 148
瀬戸内国際芸術祭 147-149, 219

ソーシャル・エンゲージド・アート 213
ぞろ目バー 171, 181

た行

第2町民 173
体験型観光者 30
体験商品 118
大衆観光 ii, iii, 4, 10
大衆観光者 115, 219
大地の芸術祭（越後妻有アートトリエンナーレ） 125-127, 132, 134, 137, 143, 147, 219
　──の里 138
　──の参加集落 137
大地の芸術祭の来訪者数 137
他者の「視点」 225
「棚田」 135, 136, 156, 201
「棚守る竜神の御座」 134, 139, 144, 152
「棚守る竜神の塔」 134, 139, 144

地域アートプロジェクト 164, 165, 204
地域おこし協力隊 140
地域化＝ローカル化・土着化 28, 37, 58, 59, 139, 145, 157-159, 161, 162, 189, 193, 206
　人材の── 191, 192
地域芸術祭 20, 42, 59, 145, 151, 196
地域づくりインターンの会 93
地域の作品 154
地域の人（々） 18, 158, 164
地域の文化資源 194
地域文化 18, 24, 38, 158, 229
地域文化観光 v, 3, 10, 40, 101, 102, 115, 118, 139, 193, 194, 204, 218, 219, 229
地域文化観光者 v, 32, 115, 118, 136, 165
地域文化観光論 189, 227
チームワーク 116
地中美術館 149
地方化 157
仲介者 ii

ツアー 6

通過儀礼 19
ツーリズム
　エコ—— 11, 12
　エスニック—— 11, 13
　オルタナティヴ・—— 10, 11, 14
　グリーン—— 11-13
　ポスト—— 9
　レスポンシブル・—— 10
ツーリズム大学 85, 190, 193
つながり 220
DMO 105, 122
定点なき視点 222
豊島美術館 150
伝統文化 15
「土石流のモニュメント」 165
土着化（＝完全な地域化） 27, 28, 37, 145, 157-160, 161, 165-167, 188, 189, 228
　キリスト教の—— 25
　スポーツの—— 25
トリエンナーレ 139, 140

な行
ネイバーフッド 19, 20
ネットワーク 48, 77, 151, 201
根となる隠喩 71
農泊 194
農泊体験の効果 92

は行
パースペクティヴ 73
ハイブリッド 48, 50
ハイブリッド・コレクティヴ（混淆的集合性） 43
場所に関するわざ 21
鉢＆田島征三 絵本と木の実の美術館 155, 200
花の道ネットワーク 128
パラソフィア京都 217
ハレ 143
火 55
比較可能性＝等質なき共存可能性 225

「人，アート，地域」の分析 208
「美」という神話 219
ヒューマン・エージェンシー 52
表局域 7
ファクティッシュ 53
フィジー・ラグビー 28
物質 46
部分的真実 63, 221
部分的つながり 61, 63, 73, 74, 221, 222, 225
ブラックボックス 42, 44, 51
　——化 161, 202
ブラムリープロジェクト 178
フローラルガーデンおぶせ 175
プロトタイプ 198
文化解釈学 22
文化芸術振興基本法 147
分析者の「視点」 225
ペーシェント 228
ベネッセハウスミュージアム 149
傍観的まなざし 8
方法論的世俗主義 219
北斎館 171
ポストツーリズム 9
ポストモダン観光 15
ポストモダン人類学 62, 221
「ポチョムキン」 156, 157, 207
ホットな真正化 36, 37
ホットな真正性 23, 32, 36
「盆景-Ⅱ」 133
翻訳 iv, 41, 48, 54, 145, 152, 154, 155, 161, 163, 164
　——の四つのステップ 41
翻訳作業 153, 163

ま行
まちづくり
　「移住」による—— 195
　観光—— viii, 75, 119, 120, 122, 195
　交流—— 195
まつだい雪国農耕文化村センター 129, 162
学びやの里 86

メディア化されたまなざし 8

木魂館 83
モナド 46
モノ 135, 139, 144, 152
　——のエージェンシー vii, 52, 156, 197, 199, 212
　——の社会的生活 215

ものがたり 77, 136, 139, 144, 145, 152, 154-156, 163
モノと人の「非対称性」 198

や行
野外美術展 146
やり甲斐搾取 205
遊戯的ポスト大衆観光 9, 31
悠木の里 83
余暇観光 4

ら行
リアリティ 222
流動性 55
旅行商品 115, 116, 118
レクリエーション型観光者 30
レシピアント 197
レスポンシブル・ツーリズム 10
ローカリティ 18, 19
　——の生産 20
ローカル化 27, 37, 145, 157-159, 161, 165, 166, 189
ローカル化＝地方化 188
ローカルな主体の生産 23
ローカルノレッジ（固有の知） 20
6次産業 172

人名索引

A-Z
Brown, G. 25, 158
Dale, E. 105
Eadington, W. R. 11
Goodman, D. 50
Graburn, N. 11
Lanfant, M. F. 11

あ行
アーリ, J. ii, v, 7-9, 15, 31, 210-212
青木辰司 82
青山征彦 43, 58
赤瀬川原平 203
足立 明 39-42, 44, 50-53, 230
アパデュライ（Appadurai, A.） 16, 19, 20, 23-28, 215
阿部 良 150
阿部真理子 128
アルター（Alter, S. J.） 28
安齋重男 128
安藤忠雄 147-149
安藤雅信 141

石井大五 129
石井美保 197-200, 216
市村郁夫 171
市村良三 171, 176
伊藤 薫 128
伊藤真一 45
稲垣 勉 10
井原満明 82
インゴルド（Ingold, T.） 56

ヴァン・デル・デュイム（Van der Duim, R.） 54
内田純一 121
江藤訓重 99, 101
江藤理一郎 82, 87, 99, 101
エルゲラ, P. 213
遠藤英樹 230

大岡 信 128
大竹伸朗 149

大谷裕文 14
太田雅晴 57
大徳孝幸 170
大橋昭一 60
岡崎昌之 82
岡本 健 38, 230

か行
海津ゆりえ 11-13
ガウディ, A. 130
春日直樹 61-64, 72, 222, 225, 230
片山明久 230
勝 海舟 170
葛飾北斎 170, 171, 182, 185
金澤克夫 125
金武 創 230
カバコフ, E. 132, 135, 136, 156, 201
カバコフ, I. 132, 135, 136, 156, 201
カミングス, S. M. 172, 179, 184, 186
唐沢彦三 171, 175, 185
カルマン, J. 190
カロン（Callon, M.） 39, 41, 43, 44, 48, 201, 202
河合喜夫 129
川崎和也 230
川俣 正 191

ギアーツ, C. 20-24
北川フラム 123-136, 138, 141-143, 148, 150, 151, 153-156, 164, 190, 191, 200
北里柴三郎 86, 95, 96, 98, 100, 101
ギブソン（Gibson, J. J.） 210, 211

クック（Cook, T.） ii, 10
久保明教 72-74, 77, 78, 197, 202, 225
熊倉純子 146
クリスト 130

グリック, J. 65
クリフォード, J. 62, 63, 214, 215, 221

コーエン（Cohen, E.） v, 29, 30, 32, 35-38
コーエン（Cohen, S. A.） v, 29, 35-38
國安孝昌 134
ゴフマン, E. 7

さ行
サイード, E. 62
佐久間象山 170
佐々木常夫 180, 181
佐藤 誠 82
佐野良吉 128
サンデル, M. 106

ジェル（Gell, A.） 169, 197-200, 215, 216, 219
敷田麻美 81, 103-111, 115, 116, 121, 190, 224
清水高志 46-50
周 菲菲 53
新江憲一 82

杉浦嘉雄 82
杉原桂太 57
図司直也 82
須藤 廣 5-7, 14, 210, 212, 213
ストラザーン（Strathern, M.） 1, 5, 59, 61-72, 74, 221-225, 228
スミス（Smith, V. L.） 3, 4, 11

セール, M. 45-50, 228
妹島和世 150
セルウィン（Selwyn, T.） 29, 32

ソレリ, P. 129

た行
ターナー, V. W.　33, 34, 36
タイラー, S.　62
高井鴻山　170, 171, 185
高野辰之　187
竹岡志朗　57
田島征三　144, 155, 190, 200, 201
タレル, J.　129, 149

デ・マリア, W.　149
ティペット (Tippett, A. R.)　25, 158
テイラー (Taylor, J. P.)　34, 35
寺山修司　203

徳野貞雄　82
豊田由貴夫　77

な行
内藤礼　150
中塚大輔　128
ナッシュ (Nash, D.)　3, 4

西沢立衛　150
西村幸夫　120

は行
橋本和也　iii-vi, 3-5, 7, 9, 11, 12, 15-18, 24, 25, 27, 28, 31-37, 61, 66, 74, 99-101, 158, 190, 194, 221
パストゥール, L.　77
長谷川祐子　150
花井裕一郎　177
林文映　178
ハラウェイ (Haraway, D. J.)　68, 72, 73
バルト (Barth, F.)　66, 67

ピカリング (Pickering, A.)　43
ビショップ, C.　213
日比野克彦　191

ビュレンヌ, D.　130
平山征夫　125

ファイファー (Feifer, M.)　9
ファノン, F.　14
ブーアスティン (Boorstin, D.)　iv, 5-7, 14
福武總一郎　124, 147-149, 150, 164
藤田直哉　23, 24, 163, 167, 202-208, 213, 216, 219
ブリオー, N.　213
プリチャード (Pritchard, A.)　78, 79
古郡弘　133
フレイザー, J.　62
ブレンドン, P.　4

ベルモア, R.　166
ベンヤミン (Benjamin, W.)　iv

ホブズボウム, E.　15
堀野正人　119-122, 146, 230
ボルタンスキー, C.　135, 190

ま行
マーカス, G.　62, 63, 221
マキァーネル (MacCannell, D.)　iv, 7, 14, 15, 29, 30, 34, 213
マトン, B.　155
真野響子　128

三島由紀夫　150
水落静子　141, 142
光岡研二　172, 176
宮口侗廻　82
宮崎暢俊　82, 98, 101
宮島達男　149

モーガン (Morgan, N.)　78, 79
モネ, C.　149

森正美　230
森重昌之　121
森本忠彦　125
モル (Mol, A.)　55
モンフォード, J.　180

や行
柳幸典　149
山下晋司　10
山田香織　146, 148, 230
山村高淑　13
山本暁美　125

葉祥栄　99
養父信夫　82
ヨハンネソン (Jóhannesson, G. T.)　54-56

ら行
ラースン, J.　ii, v, 7-9, 210-212
ライプニッツ, G. W.　45-48, 228
ラトゥール (Latour, B.)　39, 40, 43, 44, 47-50, 53, 72, 77, 201, 225, 228
ラワンチャイクン, N.　191

李禹煥　149
リップマン, W.　6

レン (Ren, C.)　56, 57, 78, 79
レンジャー, T.　15

ロー (Law, J.)　39, 44, 48, 55

わ行
ワーチ, J. V.　51
ワグナー (Wagner, R.)　69, 70
渡辺文　214-216, 219
ワン (Wang, N.)　29-34

地名索引

海外
アイスランド 54
 ……シンクエイリ 54, 55
イギリス 27
インド 25-28
キューバ 32
ニュージーランド v
パプアニューギニア 66
 ……ニューアイルランド島 69
フィジー iii, 25, 27, 28, 158, 189, 214
ポーランド 54
 ……ザコパネ 56

国内
岩手県
 ……遠野市 100
大分県
 ……宇佐郡安心院町（現，宇佐市） 88, 91
 ……宇佐市 91
 ……大分郡湯布院町（現，由布市） vi, 82, 97, 100, 176
 ……杵築市 91
 ……玖珠郡九重町 91
 ……国東市 91
 ……佐伯市 91
岡山県
 ……岡山市東区犬島 149, 150
香川県 148
 ……香川郡直島町 124, 143, 147, 148

 ……小豆郡土庄町豊島 143, 150, 160
鹿児島県 190
京都府
 ……京都市 217
熊本県
 ……阿蘇郡小国町 v, 81-83, 85, 86, 91-95, 97, 99-102, 116, 118, 190-192, 194
埼玉県
 ……久喜市 38
佐賀県 170
滋賀県 190
東京都
 ……渋谷区 174
徳島県
 ……海部郡牟岐町 174
長野県
 ……上高井郡小布施町 vi, viii, 169-174, 176-179, 182, 184, 185, 187, 195
 ……北安曇郡白馬村 181
 ……下水内郡栄村 129
 ……長野市若穂保科 179
 ……松本市 181
新潟県
 ……越後妻有（新潟県十日町市／新潟県中魚沼郡津南町） vii, 124, 130, 140, 143, 151, 153, 154, 160, 162, 169, 190, 203, 219

 ……高田市（現，上越市） 126, 128
 ……十日町市 100, 124, 128, 137, 138, 140, 144, 218
 ……中魚沼郡川西町（現，十日町市） 128, 129, 133
 ……中魚沼郡津南町 128, 129, 138
 ……中魚沼郡中里村（現，十日町市） 128
 ……新潟市 127, 144
 ……東頚城郡松代町（現，十日町市） 128, 129, 134, 137, 156
 ……東頚城郡松之山町 128, 129
 ……南魚沼郡湯沢町（越後湯沢） 137, 140
 ……南魚沼市 128
兵庫県
 ……神戸市 217
福岡県
 ……北九州市 91
北海道 v, 190, 191
 ……石狩市 117
 ……小樽市 117
 ……日高市 117
 ……勇払郡むかわ町 117
宮城県
 ……牡鹿郡女川町 174
宮崎県 190

橋本和也（はしもと かずや）

1947 年生まれ。國學院大學文学部卒業，大阪大学大学院人間科学研究科博士課程単位取得退学。博士（人間科学）。京都文教大学名誉教授。
主要著作に『キリスト教と他界観』（人文書院，1996 年），『観光人類学の戦略』（世界思想社，1999 年），『観光開発と文化』（共編著，世界思想社，2003 年），『ディアスポラと先住民』（世界思想社，2005 年），『観光経験の人類学』（世界思想社，2011 年），『観光学ガイドブック—新しい知的領野への旅立ち』（ナカニシヤ出版，2014 年）他。

地域文化観光論

新たな観光学への展望

2018 年 2 月 17 日　初版第 1 刷発行
2021 年 4 月 20 日　初版第 2 刷発行

　　　　　　著　者　橋本和也
　　　　　　発行者　中西　良
　　　　　　発行所　株式会社ナカニシヤ出版
〒606-8161　京都市左京区一乗寺木ノ本町 15 番地
　　　　　　Telephone　075-723-0111
　　　　　　Facsimile　　075-723-0095
　　　　Website　http://www.nakanishiya.co.jp/
　　　　Email　　iihon-ippai@nakanishiya.co.jp
　　　　　　　郵便振替　01030-0-13128

印刷・製本＝ファインワークス／装幀＝白沢　正
Copyright © 2018 by K. Hashimoto
Printed in Japan.
ISBN978-4-7795-1246-9

本書のコピー，スキャン，デジタル化等の無断複製は著作権法上の例外を除き禁じられています。本書を代行業者等の第三者に依頼してスキャンやデジタル化することはたとえ個人や家庭内での利用であっても著作権法上認められていません。